Zschenderlein/Meurer/Schüller/Stöber
Lernsituationen für Steuerfachangestellte 1

Zusätzliche digitale Inhalte für Sie!

Dieses Buch bietet Ihnen mehr als nur eine gedruckte Version! Nutzen Sie die folgenden Möglichkeiten, die Ihnen für dieses Produkt auf mein.kiehl.de zur Verfügung stehen.

Online-Version

Sie haben das gedruckte Exemplar Ihres Buches nicht zur Hand oder möchten etwas schnell recherchieren? Dann nutzen Sie die Online-Version Ihres Buches. Diese steht Ihnen nach Eingabe des folgenden Freischaltcodes direkt zur Verfügung.

Schalten Sie sich Ihre digitalen Mehrwerte direkt frei:

Scannen Sie den QR-Code **oder** rufen Sie die Seite mein.kiehl.de auf.
Geben Sie den Freischaltcode ein und folgen Sie dem Anmeldedialog. Fertig!

Ihr Freischaltcode

BRKF-NLKT-CWZI-IHWT-GFAY-DZ

Lernsituationen für Steuerfachangestellte 1

Erstes Ausbildungsjahr: Lernfelder 1 bis 4

Von
OStR Dipl.-Hdl. Oliver Zschenderlein
StR' M. Tax Steuerfachangestellte Lena Meurer
StD' i. R. Dipl.-Hdl. Karin Schüller
OStR' i. R. Dipl. Betriebswirtin Roswitha Stöber

2., aktualisierte Auflage

kiehl

Bildnachweis U1: © tomertu – stock.adobe.com
Bildnachweis U4: © Worawut – stock.adobe.com

Bearbeitervermerk

- Lernfeld 1:
  OStR Dipl.-Hdl. Oliver Zschenderlein
- Lernfeld 2:
  StR' M. Tax Steuerfachangestellte Lena Meurer
- Lernfelder 3 und 4:
  StD' i. R. Dipl.-Hdl. Karin Schüller und OStR' i. R. Dipl. Betriebswirtin Roswitha Stöber

ISBN 978-3-470-**10982**-4 – 2., aktualisierte Auflage 2024

Kiehl ist eine Marke des NWB Verlags

Satz: Druckpunkt Ruhr GmbH, Castrop-Rauxel
Druck: Elanders Waiblingen GmbH, Waiblingen

Um eine gute Lesbarkeit zu gewährleisten, verwenden wir in den Fachtexten in der Regel geschlechtsspezifische Personenbezeichnungen. Selbstverständlich sind damit alle Menschen gleichermaßen gemeint.

Vorwort

Nach dem „Rahmenlehrplan für den Ausbildungsberuf Steuerfachangestellter und Steuerfachangestellte" vom 10.06.2022 gehört es zu den Aufgaben der Berufsschulen, die Entwicklung berufsbezogener und berufsübergreifender Handlungskompetenz bei den Auszubildenden zu fördern. Das selbstständige Handeln der Lernenden soll hierbei in den Vordergrund des Lernprozesses treten.

Die vorliegenden „Lernsituationen für Steuerfachangestellte 1" sollen der Bearbeitung der Lernfelder 1 – 4 durch die Lernenden dienen. Der thematische Aufbau der Lernsituationen erfolgt entsprechend der in den Lernfeldern formulierten Kompetenzen. Die Lernsituationen sind von der Idee geleitet, die Lernenden mit realitätsnahen, eingrenzbaren Problemstellungen zu konfrontieren, die das Interesse wecken, eine Lösung zu erarbeiten. Hierzu werden Arbeitsaufträge („Lernjobs") und Suchhinweise zur Informationsbeschaffung als Hilfestellung gegeben.

Die „Lernsituationen für Steuerfachangestellte" sollen allen Lernenden die Möglichkeit eröffnen, Kenntnisse, Fertigkeiten und Fähigkeiten weitgehend selbstständig, ggf. mit Hilfestellungen der Lehrenden, zu erwerben. Die Auseinandersetzung mit den vorgegebenen Problemstellungen und deren Lösung unter Zuhilfenahme von Informationsbänden („Lehrbüchern"), Gesetzen und Internetquellen ist als Anleitung zu verstehen, die von dem Rahmenlehrplan geforderte Entwicklung berufsbezogener Handlungskompetenz weitgehend selbständig zu erreichen. Bewusst offen gelassen sind die Methodik des Unterrichts, die Sozialformen (Einzel-, Partner-, Teamarbeit), wie auch mögliche Erweiterungen durch die Lehrenden (beispielsweise Auftrag zum Verfassen digitaler Lösungsvorschläge und/oder Präsentation der Ergebnisse durch die Lernenden).

Wir haben einen pragmatischen, im Unterricht sofort umsetzbaren Ansatz gewählt, der allen Lernenden gerecht werden soll. Bei der Auswahl der behandelten Themen und Problemstellungen wurde auf den Lebensweltbezug und die Nähe zu der praktischen Arbeit im Ausbildungsbetrieb geachtet. Die Lernsituationen sind so formuliert, dass sich die Auszubildenden in dieser wiederfinden oder sie aufgrund ihrer eigenen bisherigen Erfahrungen leicht nachvollziehen können. Da das Niveau der Berufsausbildung je nach Ausbildungsbetrieb, Bundesland, Berufsschule, eigener Vorbildung und praktischer Erfahrungen sehr unterschiedlich sein kann, sind die Lernsituationen und Lernjobs in ihrem Umfang und Schwierigkeitsgrad so zugeschnitten, dass durch ihre Bearbeitung Basiskompetenz erarbeitet werden kann. Mithilfe von ergänzenden Impulsen oder weiteren Aufträgen und Materialien kann diese Kompetenz erweitert werden, um vollständige Handlungen zu vollziehen oder gedanklich nachvollziehen zu können.

Unser Bestreben war es im ersten Band, die Lernsituationen nicht zu umfangreich zu gestalten, da sich die Auszubildenden zu Beginn ihrer Ausbildung befinden und sich erst mit der Bearbeitung der ihnen noch fremden Themengebiete und der Zuhilfenahme der Gesetzestexte vertraut machen müssen. Aus diesem Grund sind in diesem Band auch viele konkrete Hinweise zur Bearbeitung vorgegeben.

Die jeweiligen Lernsituationen und Lernjobs sind am Ende jedes Kapitels durch Übungsaufgaben ergänzt. Sie bieten die Möglichkeit der Anwendung und Festigung der erworbenen Kenntnisse und Fertigkeiten.

Unsere Lernmaterialien ermöglichen es, sich mit unterschiedlichen Themen aus dem Berufsfeld auseinanderzusetzen. Die erlangten Kompetenzen bilden eine wichtige Grundlage für das erfolgreiche Bestehen der Abschlussprüfung und die erfolgreiche Ausübung des Berufs.

Die vorliegende 2. Auflage wurde vollständig durchgesehen und aktualisiert (Rechtsstand: Juni 2024).

Im Hinblick auf zukünftige Überarbeitungen sind Verfasser und Verlag für konstruktive Kritik, Verbesserungs- und Erweiterungsvorschläge und Hinweise auf Fehler stets dankbar; vorzugsweise auf elektronischem Weg an die folgende E-Mail-Adresse: **steuerfachangestellte@kiehl.de**

Oliver Zschenderlein
Lena Meurer
Karin Schüller
Roswitha Stöber
Koblenz und Bonn, im Juni 2024

Benutzungshinweise

Diese Symbole erleichtern Ihnen die Arbeit mit diesem Buch:

TIPP

Nützliche Hinweise und Tipps rund um das ausgeführte Thema.

MERKE

Wichtige Merksätze oder relevante Definitionen.

ACHTUNG

Beachtenswertes, wie z. B. Fehler, die immer wieder vorkommen, typische Stolpersteine oder wichtige Ausnahmen.

INFO

Weitere interessante Zusatz- und Hintergrundinformationen zum Thema.

RECHTSGRUNDLAGEN

Rechtliche Grundlagen, wie z. B. Gesetzestexte oder Rechtsprechungen.

MEDIEN

Hinweis auf ergänzende Medien, wie z. B. Zusatzmaterialien und Audiodateien, die (teils zum Download) kostenfrei auf mein.kiehl.de zur Verfügung stehen.

Hinweis

Die Namen und Angaben zu allen Personen und Unternehmen in diesem Werk sind frei erfunden.
Jegliche Übereinstimmung zu real existierenden Personen/Unternehmen ist rein zufällig.

Feedbackhinweis

Kein Produkt ist so gut, dass es nicht noch verbessert werden könnte. Ihre Meinung ist uns wichtig.
Was gefällt Ihnen gut? Was können wir in Ihren Augen verbessern?
Bitte schreiben Sie einfach eine E-Mail an: **steuerfachangestellte@kiehl.de**

AB	Anfangsbestand
Abs.	Absatz
agB	außergewöhnliche Belastungen
aG	außergewöhnliche Gehbehinderung
AG	Aktiengesellschaft
AO	Abgabenordnung
a LuL	aus Lieferungen und Leistungen
AR	Ausgangsrechnung
BAB	Betriebsabrechnungsbogen
BBiG	Berufsbildungsgesetz
BGB	Bürgerliches Gesetzbuch
BMF	Bundesministerium der Finanzen
bspw.	beispielsweise
bzw.	beziehungsweise
BUrlG	Bundesurlaubsgesetz
ca.	circa
d. h.	das heißt
DSGVO	Datenschutz-Grundverordnung
einschl.	einschließlich
EK	Eigenkapital
e. K.	eingetragener Kaufmann
ESt	Einkommensteuer
EStDV	Einkommensteuer-Durchführungsverordnung
EStG	Einkommensteuergesetz
EStR	Einkommensteuer-Richtlinien
ER	Eingangsrechnung
Fa.	Firma
FVG	Finanzverwaltungsgesetz
Ford.	Forderungen
GdB	Grad der Behinderung
ggf.	gegebenenfalls
gem.	gemäß
ggü.	gegenüber
GmbH	Gesellschaft mit beschränkter Haftung
GoB	Grundsätze ordnungsmäßiger Buchführung
GuVK	Gewinn- und Verlustkonto
HGB	Handelsgesetzbuch

i. H. v.	in Höhe von
inkl.	inklusive
i. S. d.	im Sinne des
i. S. v.	im Sinne von
KG	Kapitalgesellschaft
km	Kilometer
KV	Krankenversicherung
LStR	Lohnsteuer-Richtlinien
LuF	Land- und Forstwirtschaft
lt.	laut
MuSchG	Mutterschutzgesetz
Mio.	Millionen
Mrd.	Milliarden
MwSt.	Mehrwertsteuer
Nr.	Nummer
o. a.	oben angegeben
OHG	Offene Handelsgesellschaft
RV	Rentenversicherung
SBK	Schlussbilanzkonto
SE	Europäische Gesellschaft
SKR	Standardkontenrahmen
s. L.	sonstige Leistungen
sog.	sogenannt
u. a.	unter anderem
u. e. Wertabgabe	unentgeltliche Wertabgabe
UK	United Kingdom (Vereinigtes Königreich)
USt	Umsatzsteuer
UStAE	Umsatzsteuer-Anwendungserlass
UStG	Umsatzsteuergesetz
usw.	und so weiter
u. U.	unter Umständen
Verb.	Verbindlichkeiten
VoSt	Vorsteuer
VZ	Veranlagungszeitraum
WK	Werbungskosten
z. B.	zum Beispiel
zzgl.	zuzüglich

Lernfeld 1: Die eigene Rolle im Betrieb mitgestalten und am Wirtschaftsleben teilnehmen

Einführung

Im Lernfeld 1 Ihrer Ausbildung zum/zur Steuerfachangestellten sollen Sie die Kompetenz erwerben, Ihre Stellung im Betrieb als Mitarbeiterin oder Mitarbeiter eines Unternehmens sowie als Privatperson, die am Wirtschaftsleben teilnimmt, zu klären und mitzugestalten. Es wird das Ziel verfolgt, dass Sie Aufgaben und Rechte im Wirtschaftsleben und in der Gesellschaft verantwortlich wahrnehmen können.

Im ersten Schritt setzen Sie sich mit den Aufgaben des dualen Systems der Berufsausbildung sowie Ihren damit einhergehenden Rechten und Pflichten auseinander. Wichtig ist hierbei der Erwerb von Kenntnissen zu rechtlichen Regelungen der Berufsausbildung, des Jugendarbeitsschutzes und des Ausbildungsvertrags.

Im nächsten Schritt folgt die Auseinandersetzung mit Ihrer Stellung, Ihren Rechten und Pflichten in Ihrem Arbeitsverhältnis sowie einem Arbeitsverhältnis im Allgemeinen. Hierbei erwerben Sie insbesondere Kenntnisse zu den Grundlagen des Arbeitsrechts und zum Arbeitsschutz (Arbeitsvertrag, Kündigung, Kündigungsschutz, Urlaub, Mutterschutz etc.).

Anschließend besteht Ihre Aufgabe darin, sich über weitere rechtliche Grundlagen des Wirtschaftens zu informieren. Zunächst erfolgt ein Einblick in die Unterscheidung zwischen dem privaten und öffentlichen Recht, zu dem auch das Steuerrecht gehört. In diesem Bereich klären Sie, was Steuern sind, welche Steuerarten es gibt, wie diese eingeteilt werden und wer sie einzieht (Finanzverwaltung). In diesem Themenbereich setzen Sie sich auch mit den Rechtsgrundlagen des Steuerrechts und der Finanzgerichtsbarkeit auseinander.

Nach der Klärung wichtiger Teilbereiche des Öffentlichen Rechts setzen Sie sich mit den Grundlagen des Privatrechts auseinander, zu denen Grundbegriffe wie Rechts- und Geschäftsfähigkeit, Besitz und Eigentum sowie Grundkenntnisse über Rechtsgeschäfte, gehören.

Im Lernfeld 1 setzen Sie sich auch mit wichtigen, Sie betreffende Fragen des Rechts der steuerberatenden Berufe auseinander. Hierzu gehören u. a. Hilfeleistung in Steuersachen, Datenschutz, Verschwiegenheit, Fristenkontrolle und Aufbewahrungsfristen.

Die oben aufgeführten Lernbereiche sind nachfolgend in Form von Lernsituationen mit zugehörigen Lernjobs zur Erschließung der Kenntnisse, Fertigkeiten und Fähigkeiten aufgearbeitet. Die sich jeweils anschließenden Übungsaufgaben dienen der Festigung und ggf. Vertiefung der erworbenen Kompetenzen.

Die Informationen zur Lösung der vorliegenden Lernsituationen und Lernjobs finden Sie in Ihren Lehrbüchern und Gesetzestexten sowie unter Zuhilfenahme digitaler Medien. Sie sollen sich unbedingt mit der Gesetzessystematik und dem Arbeiten mit Gesetzestexten vertraut machen. Deshalb erfordert die Bearbeitung der Lernjobs in den meisten Fällen die Hinzuziehung der für den jeweiligen Lernbereich relevanten Gesetze.

A. Duales System der Berufsausbildung

Lernsituation

Nina Reichert absolviert die Berufsausbildung zur Steuerfachangestellten. In ihrem Ausbildungsbetrieb ist sie nun schon seit zwei Wochen beschäftigt und hat schon viel gelernt.

Heute ist ihr erster Berufsschultag. Neben Formalitäten und Vorstellungsrunden wird bei der ersten Unterrichtseinheit die Frage aufgeworfen, welche Ausbildungs- bzw. Lernorte die Steuerfachangestelltenausbildung hat und was unter „Dualer Berufsausbildung" zu verstehen ist. Ein Mitschüler äußert sich dahingehend, dass die „Duale Berufsausbildung" in Deutschland eine gute Form der Berufsausbildung ist, um die Arbeitgeber in anderen Ländern uns teilweise beneiden. Dies habe er in einer Zeitschrift gelesen.

Nina möchte wissen, was unter dem System der dualen Berufsausbildung genau zu verstehen ist und welche rechtlichen Regelungen dahinter stehen, damit sie an einer Diskussion zur Berufsausbildung qualifiziert teilnehmen kann.

Versetzen Sie sich in die Rolle von Nina Reichert und lösen Sie die nachfolgenden Lernjobs unter Zuhilfenahme ihres Lehrbuchs („Infoband") sowie des Berufsbildungsgesetzes (BBiG) in gedruckter Form oder online unter www.gesetze-im-internet.de/bbig_2005/

Lernjob 1

Füllen Sie die Lücken in dem nachfolgenden Text mithilfe der gesetzlichen Vorgaben aus [Hinweis: siehe § 1 Abs. 2 und § 2 BBiG]:

Die Berufsausbildung hat die für die Ausübung einer qualifizierten beruflichen Tätigkeit notwendigen beruflichen

- ______________________________
- ______________________________
- ______________________________

(= berufliche Handlungsfähigkeit) in einem ______________________________ zu vermitteln.

Sie hat ferner den Erwerb der erforderlichen ______________________________ zu ermöglichen.

Die Berufsausbildung wird insbesondere durchgeführt in (Hauptfälle)

- ______________________________ (= ______________________ Berufsbildung) und
- ______________________________ (= ______________________ Berufsbildung).

Die Berufsausbildung in der Bundesrepublik Deutschland wird als „duale Berufsausbildung" bezeichnet, weil sie ...

____

[Schlagen Sie das Wort „dual" nach, falls Sie nicht wissen, was es bedeutet.]

Die rechtliche Grundlage der Berufsausbildung ist die ______________________________
[Hinweis: siehe § 4 Abs. 3 und § 5 BBiG.]. Sie bildet die Grundlage für den Ausbildungsrahmenplan (Betrieb) und den Rahmenlehrplan (Schule).

Lernjob 2

Ergänzen Sie die nachfolgende Übersicht (nehmen Sie hierfür Ihr Lehrbuch zu Hilfe).

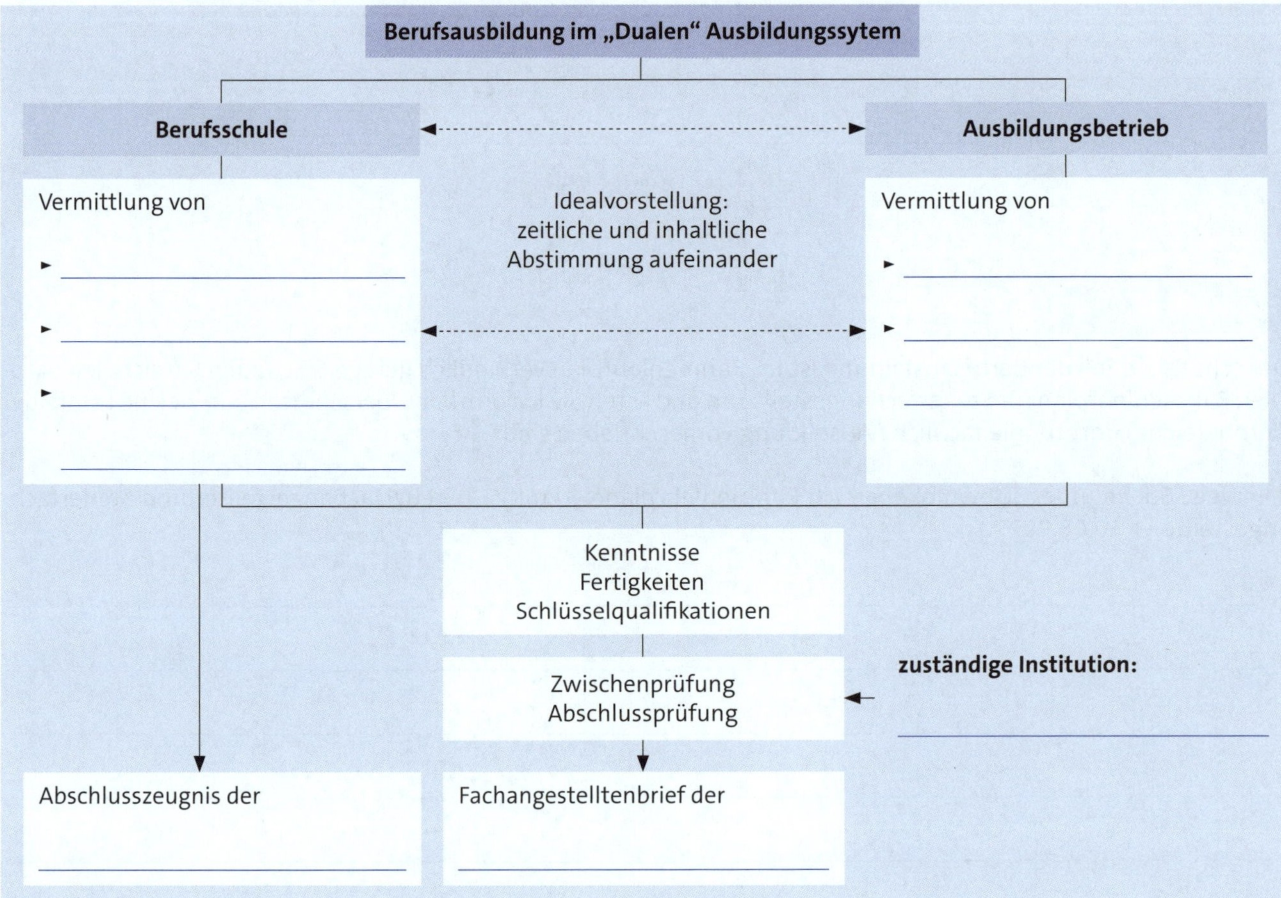

Lernjob 3

Das Berufsbildungsgesetz (BBiG) gibt den Rechtsrahmen für die Berufsausbildung in allen staatlich anerkannten Ausbildungsberufen in der Bundesrepublik Deutschland vor.

In den Ausbildungsordnungen sind die besonderen Rechtsregeln für die Ausbildung in den einzelnen Berufen zusammengefasst.

Stellen Sie in einer Übersicht in Stichworten zusammen, was die Ausbildungsordnung verbindlich festlegen muss [Hinweis: siehe § 2 BBiG]. Schauen Sie hierfür auch in Ihre Ausbildungsordnung [Hinweis: siehe z. B. „Bundesgesetzblatt online Nr. 30 vom 22.08.2022“].

Die Ausbildungsordnung legt u. a. fest:

- ______________________________
- ______________________________
- ______________________________
- ______________________________
- ______________________________

Lernjob 4

Der schulische Teil der Berufsausbildung ist im Rahmenlehrplan verbindlich geregelt. Schauen Sie sich den aktuellen Rahmenlehrplan für Steuerfachangestellte an und listen Sie in Form von Überschriften auf, welche Lernfelder (Lernbereiche) dort für die fachliche Ausbildung vorgeschrieben sind.

[Hinweis: Suche unter „Downloadbereich Rahmenlehrpläne – kmK“ → Steuerfachangestellter und Steuerfachangestellte → 10.06.2022.]

- ______________________________
- ______________________________
- ______________________________
- ______________________________
- ______________________________
- ______________________________
- ______________________________
- ______________________________
- ______________________________
- ______________________________
- ______________________________
- ______________________________

Ergänzende Übungsaufgaben

Übungsaufgabe 1

Erläutern Sie in einigen Sätzen, was unter dem System der dualen Berufsausbildung zu verstehen ist.

Übungsaufgabe 2

Welches nachfolgende Begriffspaar kennzeichnet die duale Berufsausbildung?

a) Steuerfachangestellte/r und Steuerberater
b) Steuerfachangestellte/r und Berufsschule
c) Steuerberaterkammer und Berufsschule
d) Steuerberaterkanzlei und Berufsschule
e) Steuerberaterkammer und Steuerberater

Übungsaufgabe 3

Der rechtliche Rahmen der Berufsausbildung in einem Ausbildungsberuf ist in einer Rechtsverordnung geregelt.

a) Wie heißt diese Rechtsverordnung (Begriff)?
b) Wo ist diese Verordnung im Berufsbildungsgesetz genannt?
c) Geben Sie in Stichworten beispielhaft an, was in dieser Verordnung geregelt ist.

Übungsaufgabe 4

Welche Aufgabe(n) übernimmt der Ausbildungsbetrieb im System der dualen Berufsausbildung?

Übungsaufgabe 5

Welche Aufgabe(n) übernimmt die Berufsschule im System der dualen Berufsausbildung?

Übungsaufgabe 6

Was ist ein Rahmenlehrplan und für wen ist dieser verbindlich?

Übungsaufgabe 7

Was sind Stärken des schulischen Teils der Berufsausbildung?

Übungsaufgabe 8

Was sind Stärken des betrieblichen Teils der Berufsausbildung?

B. Rechtliche Regelungen zur Berufsausbildung und zum Ausbildungsvertrag

Lernsituation

Im vorangegangenen Kapitel haben Sie einige grundlegende Kenntnisse zur Konzeption der Berufsausbildung erworben. Diese betreffen vor allem das System der dualen Berufsausbildung im Allgemeinen.

Da Sie Ihre Berufsausbildung ja erst vor kurzer Zeit begonnen haben und über die rechtlichen Rahmenbedingungen, die Sie persönlich betreffen, noch nicht detailliert informiert wurden, interessiert Sie nun, welche Rechtsvorschriften für Sie gelten und was Sie in rechtlicher Hinsicht besonders beachten müssen. Sie möchten aber auch wissen, welche Rechte Sie in Ihrer Berufsausbildung haben.

Lernjob 1

Im Gespräch mit Ihren Mitschülern und Mitschülerinnen tauchen Fragen zum Ausbildungsvertrag auf. Einige Fragen werden durch Vermutungen beantwortet, aber rechtliche Klarheit herrscht insgesamt nicht.

Informieren Sie sich in Ihrem Lehrbuch oder in Internetquellen über das Thema „Berufsausbildungsvertrag“ bzw. „Abschluss eines Ausbildungsvertrages“.

Lesen Sie parallel dazu die §§ 10 - 12 im Berufsbildungsgesetz (BBiG). Beantworten Sie anschließend die nachfolgenden Fragen. Geben Sie bei Ihren Antworten auch die Rechtsquellen (§, Absatz, Gesetz) mit an, die Sie jeweils gefunden haben.

a) Welche Gesetze müssen beim Abschluss eines Ausbildungsvertrages und der Durchführung der Berufsausbildung insbesondere beachtet werden (Namen der Gesetze)?

b) Hätten Sie Ihren Ausbildungsvertrag nur mündlich abschließen können?

c) Ist es zulässig, einen Ausbildungsvertrag elektronisch (z. B. per E-Mail) abzuschließen?

d) Können Auszubildende, die noch nicht volljährig sind, einen Ausbildungsvertrag mit dem Ausbilder allein rechtsgültig abschließen?

e) Ein Berufsausbildungsvertrag muss bestimmte Mindestangaben enthalten. Erstellen Sie auf einem separaten Blatt eine Liste der Angaben, die mindestens in dem Vertrag enthalten sein müssen.

Lernjob 2

Eine Mitschülerin berichtet im Unterricht, dass ihr Ausbilder recht streng ist. Er habe ihr am ersten Tag ihrer Ausbildung bei einem Einführungsgespräch zahlreiche Verhaltensgebote (wie Pünktlichkeit, Verschwiegenheit über betriebliche Angelegenheiten usw.) auferlegt. Sie kann sich aber nicht mehr an alle Details erinnern, weil es „so viel" war, was sie sich merken sollte.

Ihr/e Lehrer/in findet dieses Thema auch sehr wichtig und erteilt Ihnen deshalb den Arbeitsauftrag, sich mit dem Thema „Pflichten der Auszubildenden" zu befassen und folgende Übersichten zu erstellen:

a) Auflistung von mindestens sechs Pflichten eines Auszubildenden

b) Auflistung von mindestens sechs Pflichten eines Ausbildenden (= Rechte eines Auszubildenden).

[Hinweis: Verwenden Sie als Informationsquellen Ihr Lehrbuch sowie die §§ 13 - 17 sowie 28 und 36 BBiG.]

Pflichten eines Auszubildenden (Azubi)

Pflichten eines Ausbildenden (= Rechte des Azubis)

Lernjob 3

Eine Mitschülerin möchte wissen, ob sie die Zeiten des Berufsschulunterrichts auf ihre betriebliche Arbeitszeit voll anrechnen darf. Außerdem ist ihr nicht klar, ob sie von ihrem Ausbilder für jeden Berufsschultag freigestellt werden muss, ob sie nach dem Unterricht noch in den Betrieb muss usw.

Sie stellen sich die gleichen Fragen und suchen nach Antworten. Lesen Sie hierzu § 15 BBiG und in Ihrem Lehrbuch[1] die Informationen zur „Freistellung für den Berufsschulunterricht", für Prüfungen etc. sowie zur „Anrechnung von außerbetrieblichen Ausbildungszeiten" auf die betriebliche Ausbildungszeit.

Ergänzen Sie anschließend die Lücken in der nachfolgenden Tabelle:

Pflicht zur Freistellung für Berufsschulunterricht (§ 15 Abs. 1 BBiG)	Anrechnung auf die betriebliche Ausbildungszeit (§ 15 Abs. 2 BBiG)
► an einem Berufsschultag einmal in der Woche mit mehr als 5 Unterrichtsstunden von jeweils mindestens 45 Minuten (z. B. 6 Unterrichtsstunden à 45 Minuten)	► mit der __________ Arbeitszeit (z. B. 8 Stunden)
► weiterer Berufsschulunterricht (z. B. zweiter Berufsschultag in einer Woche von 8 bis 13 Uhr)	► mit der __________ __________ (z. B. 5 Stunden)
► Berufsschulwochen mit planmäßigem Blockunterricht von mindestens 25 Stunden an mindestens 5 Tagen	► mit der __________ __________ (z. B. 40 Stunden)
► Teilnahme an Prüfungen und Ausbildungsmaßnahmen, die aufgrund öffentlich-rechtlicher oder vertraglicher Bestimmungen außerhalb der Ausbildungsstätte durchzuführen sind (z. B. Zwischen- und Abschlussprüfung)	► mit der __________ __________
► Arbeitstag, der der Abschlussprüfung unmittelbar vorangeht (voller Arbeitstag am Tag vor der Abschlussprüfung)	► mit der __________ __________ (z. B. 8 Stunden)

Lernjob 4

Kann Ihr Ausbildungsvertrag eigentlich gekündigt oder aufgelöst werden? Klar, am Anfang Ihrer Ausbildung haben Sie noch eine Probezeit. Aber was ist nach Ablauf der Probezeit? Kann der Ausbilder Ihnen dann ohne Grund kündigen? Und wie lang dauert die Probezeit? Wieder eine Vielzahl von Fragen, die Ihre Berufsausbildung betreffen.

Lesen Sie hierzu die §§ 22 - 23 BBiG und in Ihrem Lehrbuch[2] die Informationen zur „Beendigung des Ausbildungsverhältnisses". Ergänzen Sie anschließend die Lücken in der nachfolgenden Übersicht:

---

[1] Z. B. Schlafmann/Zschenderlein, *Wirtschafts- und Sozialkunde für Steuerfachangestellte*, A. Rahmenbedingungen der Berufsausbildung, 3.1 Berufsausbildungsgesetz und Ausbildungsordnung.

[2] Z. B. Schlafmann/Zschenderlein, *Wirtschafts- und Sozialkunde für Steuerfachangestellte*, A. Rahmenbedingungen der Berufsausbildung, 3.1 Berufsausbildungsgesetz und Ausbildungsordnung.

<table>
<tr><th>Zeitpunkt der Kündigung</th><th>Wer kann kündigen?</th><th>Kündigungsfrist?</th><th>Form der Kündigung?</th><th>Angabe des Kündigungsgrundes erforderlich?</th></tr>
<tr><td>in der Probezeit</td><td>► ____________
oder
► ____________</td><td>____________
(§ 22 Abs. 1 BBiG)</td><td>muss ____________
erfolgen
(§ 22 Abs. 3 BBiG)</td><td>____________
Angabe erforderlich</td></tr>
<tr><td>nach der Probezeit
a) ordentliche Kündigung</td><td>____________</td><td>____________
(§ 22 Abs. 2 Nr. 2 BBiG)</td><td rowspan="2">muss ____________
erfolgen
(§ 22 Abs. 3 BBiG)</td><td rowspan="2">Angabe des Kündigungsgrundes
____
(§ 22 Abs. 3 BBiG)
► Azubi:
Kündigung wegen
____
____
____
____
zulässig
► Ausbildungsbetrieb:
Angabe des
____________,
warum die Fortsetzung des Ausbildungsverhältnisses unzumutbar ist</td></tr>
<tr><td>b) außerordentliche Kündigung</td><td>grundsätzlich beide Vertragsparteien, aber
____
____
möglich (z. B. wenn
____
____
____________)
[Ausschluss gem. § 22 Abs. 4 beachten!]</td><td>____________ Frist
(§ 22 Abs. 2 Nr. 1 BBiG)</td></tr>
</table>

Lernjob 5

Am Ende der Besprechung der Kündigungsmöglichkeiten und möglicher Gründe für Kündigungen wird von einem Mitschüler die Frage aufgeworfen, ob auch eine Verlängerung der Ausbildungsdauer – verbunden mit einer Weiterbeschäftigung bei dem Ausbildungsbetrieb – möglich ist.

Lesen Sie hierzu § 8 Abs. 2 sowie § 21 Abs. 3 BBiG und in Ihrem Lehrbuch die Informationen zur „Verlängerung der Ausbildungszeit“. Führen Sie anschließend mindestens drei Gründe auf, die eine Verlängerung der Ausbildungszeit ermöglichen.

____

____

____

____

____

Ergänzende Übungsaufgaben

Übungsaufgabe 1

Mareike Gilles ist 17 Jahre alt. Sie hat bereits zwei Praktika bei der Steuerberaterin Sabine Weber absolviert. Da ihr die Tätigkeit in einer Steuerkanzlei zusagt, möchte sie im Anschluss an ihren Schulabschluss eine Ausbildung zur Steuerfachangestellten beginnen. Sie spricht mit Frau Weber darüber. Beide sind sich einig, dass Mareike die Ausbildung zum 1. August in Frau Webers Kanzlei beginnen wird. Sie „besiegeln" ihren Entschluss mit einem Handschlag.

a) Ist zwischen Mareike Gilles und Frau Weber ein gültiger Ausbildungsvertrag zu Stande gekommen? Begründen Sie Ihre Antwort mit zutreffenden Rechtsvorschriften.

b) Fallvariante: Mareike Gilles ist nun bereits volljährig. Mareike Gilles und Frau Weber haben sich per E-Mail ausgetauscht und den Berufsausbildungsvertrag per E-Mail geschlossen. Ist zwischen Mareike Gilles und Frau Weber ein gültiger Ausbildungsvertrag zu Stande gekommen? Begründen Sie Ihre Antwort mit zutreffenden Rechtsvorschriften.

Übungsaufgabe 2

Mathias Müller ist 18 Jahre alt. Er wurde mit sieben Jahren eingeschult, hat alle Schuljahre erfolgreich absolviert (kein Schuljahr wiederholt), die Sekundarstufe 1 erfolgreich abgeschlossen und anschließend die Klasse 11 des Max von Laue Gymnasiums in Mainz besucht. Nun beginnt er am 01.08. eine Berufsausbildung zum Steuerfachangestellten.

a) Muss Mathias auch die Berufsschule besuchen oder ist die Teilnahme am Berufsschulunterricht freiwillig? Begründen Sie Ihre Antwort!

b) Muss Mathias von seinem Ausbilder zur Berufsschule angemeldet werden? [Hinweis auf § 14 BBiG.]

c) Muss Mathias für den Berufsschulunterricht von der betrieblichen Arbeitszeit freigestellt werden? Geben Sie die Rechtsgrundlage mit an!

d) Nehmen wir an, dass Mathias jede Woche einen Berufsschultag mit acht Unterrichtsstunden und alle zwei Wochen einen weiteren („zweiten") Berufsschultag mit sechs Unterrichtsstunden hat. Wie wird die Berufsschulzeit auf die betriebliche Arbeitszeit von Mathias angerechnet? Geben Sie die Rechtsgrundlage mit an!

Übungsaufgabe 3

Welche allgemeinen Pflichten hat ein Auszubildender nach dem Berufsbildungsgesetz? Listen Sie mindestens 5 dieser Pflichten auf!

Übungsaufgabe 4

Daniel Hähn hatte seine Ausbildung zum Steuerfachangestellten am 01.08. begonnen. Nach ein paar Monaten Ausbildungszeit ist er sich nicht mehr sicher, ob er wirklich den richtigen Ausbildungsberuf gewählt hat. Er überlegt, die Ausbildung zu beenden und stattdessen ein Studium zu beginnen.

Kann er seinen Ausbildungsvertrag kündigen? Muss er ggf. eine Frist beachten? Geben Sie die Rechtsgrundlage mit an!

Übungsaufgabe 5

Darf ein Auszubildender nach dem Ablauf der Probezeit unter bestimmten Voraussetzungen seinen Ausbildungsvertrag fristlos kündigen? Begründen Sie Ihre Antwort und geben Sie die Rechtsgrundlage mit an!

Übungsaufgabe 6

Darf ein Ausbilder nach dem Ablauf der Probezeit den Ausbildungsvertrag fristlos kündigen? Begründen Sie Ihre Antwort und geben Sie die Rechtsgrundlage mit an!

Übungsaufgabe 7

Martina Kleinteich hat einen Ausbildungsplatz bei der Steuerberatungskanzlei Dr. Clever in Trier bekommen. Ihre Ausbildung beginnt am 01.08. Martina Kleinteich ist 19 Jahre alt.

In ihrem Ausbildungsvertrag sind u. a. die nachfolgenden Vereinbarungen a) - c) getroffen.

Entscheiden Sie, ob diese Vereinbarungen rechtmäßig sind oder nicht. Begründen Sie Ihre Antworten jeweils mit der zutreffenden gesetzlichen Grundlage.

a) Die Probezeit beträgt fünf Monate.
b) Die Auszubildende Martina Kleinteich hat täglich in der letzten Stunde ihrer Arbeitszeit den Büroraum, in dem sie mit ihren Kollegen arbeitet, sowie die Toilette der Kanzlei zu reinigen.
c) Zu den besonderen Pflichten von Martina Kleinteich gehören die Sorgfaltspflicht, die Schweigepflicht und die Berufsschulpflicht.

Übungsaufgabe 8

Marius Mayer hat die Abschlussprüfung zum Steuerfachangestellten nicht bestanden. Sein Ausbilder Steuerberater Karl Launig möchte ihn über die vereinbarte Ausbildungszeit, die zwei Wochen nach der Abschlussprüfung endet, nicht weiter beschäftigen.

Hat Marius Mayer ein Recht auf Weiterbeschäftigung bei Steuerberater Karl Launig? Begründen Sie Ihre Antwort mit der zutreffenden gesetzlichen Grundlage.

C. Jugendarbeitsschutzgesetz

Lernsituation

Martina ist Mitschülerin in Ihrer Berufsschulklasse. Sie ist 17 Jahre alt. Martina ist der Ansicht, dass für sie dieselben rechtlichen Regelungen wie für die anderen volljährigen Auszubildenden in der Klasse gelten, zumal alle den gleichen Ausbildungsberuf ausüben. Sie fragt die Klassengemeinschaft, ob ihre Ansicht richtig oder falsch ist und ob sich jemand genauer damit auskennt, wie noch nicht volljährige Auszubildende rechtlich zu behandeln sind.

Lernjob 1

Schlagen Sie das Jugendarbeitsschutzgesetz (JArbSchG) in Ihrer Gesetzessammlung auf oder laden Sie es unter www.gesetze-im-internet.de/jarbschg/index.html herunter und beurteilen Sie mithilfe des Gesetzestextes, wie die nachfolgenden Fälle zu beurteilen sind. Begründen Sie Ihre Antworten kurz unter Angabe der jeweils anzuwendenden Rechtsvorschrift (§ Abs. Gesetz).

a) Martina ist – wie oben geschildert – der Ansicht, dass die Regelungen des JArbSchG in Bezug auf ihre Berufsausbildung keine Gültigkeit haben, weil sie bereits über 16 Jahre alt ist und keines besonderen Schutzes mehr bedarf. Hat sie Recht?

____

____

b) Martina berichtet, dass ihr Ausbildungsvertrag eine wöchentliche Arbeitszeit von 40 Stunden und eine tägliche Arbeitszeit von acht Stunden vorsieht. Ihr Arbeitgeber hat ihr angeboten, täglich eine Stunde mehr zu arbeiten; er würde ihr dafür eine um 200 € höhere monatliche Ausbildungsvergütung bezahlen. Wäre eine derartige Vereinbarung zulässig? [Hinweis: Siehe § 8 JArbSchG!]

____

____

____

c) Ralf ist ebenfalls Mitschüler ihrer Berufsschulklasse mit dem Ausbildungsberuf Steuerfachangestellter. Er ist 17 ½ Jahre alt. Ralf möchte wie die anderen Angestellten im Büro freitags nur von 8 bis 14 Uhr arbeiten. Deshalb arbeitet er montags bis donnerstags jeweils 8 ½ Stunden. Ist dies zulässig?

____

____

____

d) Ralf wird in der Kanzlei des Steuerberaters Teichmann ausgebildet. Die Kanzlei von Herrn Teichmann ist zu Fuß fünf Minuten von der Berufsschule entfernt. Herr Teichmann erteilt die Anweisung, dass seine Auszubildenden nach der Berufsschule noch in den Betrieb kommen müssen, weil die regelmäßige Arbeitszeit im Betrieb bis 17 Uhr dauert. Ist diese Anweisung von Herrn Teichmann zulässig?

____

____

____

e) Thomas, ein weiterer Mitschüler ihrer Berufsschulklasse, ist bei der Kanzlei Wirges als Auszubildender beschäftigt. Thomas ist 17 Jahre alt. Sein Ausbilder, Herr Wirges, vertritt die Auffassung, dass die Auszubildenden erst einmal lernen sollen, was es heißt, „richtig arbeiten zu müssen". Außerdem verbringen die Azubis seiner Meinung nach zu viel Zeit in der Schule und zu wenig Zeit im Betrieb. Aus diesem Grund gibt er die Anweisung, dass die Unterrichtszeiten des jeweils zweiten Berufsschultages pro Woche nicht auf die betriebliche Arbeitszeit angerechnet werden dürfen (diese Zeit ist also im Betrieb nachzuarbeiten). Ist diese Anweisung zulässig?

f) In dem Betrieb, in dem Thomas beschäftigt ist (siehe e), kann zurzeit wegen Personalmangel die anfallende Arbeit nicht mehr vollständig erledigt werden. Weil Termine drängen, bittet sein Arbeitgeber ihn, gegen zusätzliche Bezahlung in den folgenden vier Wochen auch samstags zu arbeiten (jeweils von 9.00 Uhr bis 16.00 Uhr). Ist dies zulässig?

g) Weil Thomas (siehe e und f) neben seiner Ausbildung in einer Fußballmannschaft spielt, die täglich ab 17 Uhr trainiert, möchte Thomas seine tägliche Anwesenheit im Betrieb um eine halbe Stunde dadurch verkürzen, dass er nur 30 Minuten Mittagspause und ansonsten keine weiteren Pausen macht. Sein Ausbilder ist damit einverstanden. Ist dies zulässig?

h) Thomas hat eine 12 Jahre alte Schwester Lea, die neben der Schule gern ein paar Euro verdienen möchte. Thomas fragt in seinem Ausbildungsbetrieb, ob Lea im Rahmen eines Minijobs täglich zwei Stunden als Aushilfe beschäftigt werden kann (z. B. für Postausgang, Ablage, Botengänge etc.). Herr Wirges wäre damit einverstanden, weil er Personalmangel in seiner Kanzlei hat. Die Eltern von Thomas wären mit einer Beschäftigung von Lea in dem beschriebenen Umfang auch einverstanden. Darf Herr Wirges Lea täglich zwei Stunden als Minijobberin beschäftigen?

i) Nadine ist 17 Jahre alt und ebenfalls Mitschülerin in Ihrer Berufsschulklasse. Ihr Ausbildungsvertrag sieht 24 Werktage Urlaub pro Jahr vor. Ist diese Anzahl an Urlaubstagen rechtens?

Lernjob 2

Martina (siehe Ausgangssituation) möchte eine Übersicht über die einschlägigen Regelungen des Jugendarbeitsschutzgesetzes haben, damit sie bei auftauchenden Fragen einen Gesamtüberblick hat, der es ihr ermöglicht, die jeweils relevanten Regelungen schnell auffinden zu können.

Ergänzen Sie die nachfolgende Übersicht. Verwenden Sie hierzu den Gesetzestext des Jugendarbeitsschutzgesetzes sowie ergänzend Ihr Lehrbuch.

Wichtige Regelungen des Jugendarbeitsschutzgesetzes (JArbSchG):

Gesetzestext	Regelung(en) zu ...
§ 1	Geltungsbereich des Gesetzes („Für wen ist das Gesetz anzuwenden?“)
§ 2 Abs. 1	
§ 2 Abs. 2	
§ 3	
§ 4	
§ 5 Abs. 1	
§ 5 Abs. 2 - 4	
	Höchstgrenzen der Arbeitszeit für Jugendliche: 8 Stunden pro Tag, 40 Stunden pro Woche
	Verlängerung der täglichen Arbeitszeit auf max. 8 ½ Stunden, um an einem Tag in der Woche (z. B. freitags) kürzer arbeiten zu können
	Freistellung von der betrieblichen Arbeitszeit für die Teilnahme am Berufsschulunterricht
	Anrechnung des Berufsschulunterrichts auf die betriebliche Arbeitszeit
	Freistellung von der betrieblichen Arbeitszeit für die Teilnahme an Prüfungen und Ausbildungsmaßnahmen, die außerhalb der betrieblichen Ausbildungsstätte durchzuführen sind
	Anrechnung der Prüfungen und Ausbildungsmaßnahmen, die außerhalb der betrieblichen Ausbildungsstätte durchzuführen sind, auf die betriebliche Arbeitszeit
	verpflichtende Ruhepausen
§ 13	
	Beschäftigungsverbot für die Zeit von 6 bis 20 Uhr
	Ausnahmen vom Beschäftigungsverbot für die Zeit von 6 bis 20 Uhr
§ 15	
§ 16	
§ 17	
§ 18	
§ 19	
§ 22	
	Verbot der körperlichen Züchtigung von Jugendlichen
	Verbot Abgabe von Alkohol und Tabak an Jugendliche
	Pflicht zur ärztlichen Untersuchung vor Beginn der Berufsausbildung

Ergänzende Übungsaufgaben

Übungsaufgabe 1

In dem Betrieb, in dem Michelle (17 Jahre alt) als Auszubildende beschäftigt ist, kann zurzeit wegen Personalmangel die anfallende Arbeit nicht mehr vollständig erledigt werden. Weil Termine drängen, bittet ihr Arbeitgeber sie, gegen zusätzliche Bezahlung in den folgenden vier Wochen auch samstags zu arbeiten (jeweils von 9.00 bis 16.00 Uhr). Ist die Bitte des Arbeitgebers zulässig? Begründen Sie Ihre Antwort.

Übungsaufgabe 2

Ralf ist 12 Jahre alt und möchte neben der Schule ein paar Euro verdienen, um sein Taschengeld aufzubessern. Er treibt aktiv Sport und ist deshalb gesund und kräftig.

Bei der Tankstelle, die er mit seinem Fahrrad von zu Hause in fünf Minuten erreichen kann, bittet er um eine entsprechende Beschäftigung als „Autowäscher". Er bietet dem Tankstellenbesitzer an, für 6 Euro/Stunde zu arbeiten und sichert zu, täglich 2 - 3 Stunden Zeit zu haben. Seine Eltern würden zustimmen, weil sie der Ansicht sind, dass Kinder nicht früh genug lernen können, dass das Geld nicht „vom Himmel fällt". Wäre die Beschäftigung von Ralf zulässig? Begründen Sie Ihre Antwort.

Übungsaufgabe 3

Simone ist 15 Jahre alt. Weil sie nach ihrem 16. Geburtstag zusammen mit ihrer Freundin eine vierwöchige Reise nach Griechenland unternehmen möchte und ihre Eltern ihr nur die Hälfte der veranschlagten Ausgaben bezahlen würden, möchte sie während der Sommerferien arbeiten, um dadurch die Finanzierung der Reise sicherzustellen.

Bei der Bäckerei, bei der sie morgens regelmäßig Brötchen kauft, hat sie nachgefragt ob sie in den Sommerferien dort als Aushilfe arbeiten kann. Simones Angebot kommt der Bäckerin wie gerufen, weil die angestellte Verkäuferin im Sommer fünf Wochen Urlaub machen möchte und bisher noch kein Ersatz für die Verkäuferin gefunden wurde. Simones Eltern stimmen der folgenden Vereinbarung zu:

- Beschäftigung für fünf Wochen;
- Arbeitszeit pro Tag: acht Stunden (montags bis freitags);
- Stundenlohn: 12 Euro (brutto).

Darf Simone in dem beschriebenen Umfang beschäftigt werden? Begründen Sie Ihre Antwort.

Übungsaufgabe 4

Verena ist 17 Jahre alt und absolviert eine Berufsausbildung zur Steuerfachangestellten. Sie möchte wie die anderen Angestellten im Büro freitags nur von acht bis 13 Uhr arbeiten. Deshalb möchte sie montags bis donnerstags jeweils acht Stunden und 45 Minuten arbeiten. Darf der Arbeitgeber Simones Bitte zustimmen? Begründen Sie Ihre Antwort.

Übungsaufgabe 5

Michael ist 18 Jahre alt. Er absolviert eine Berufsausbildung zum Steuerfachangestellten. Er möchte wie die anderen Angestellten im Büro freitags nur von 8 bis 13 Uhr arbeiten. Deshalb möchte er montags bis donnerstags jeweils acht Stunden und 45 Minuten arbeiten. Darf der Arbeitgeber Michaels Bitte zustimmen? Begründen Sie Ihre Antwort.

D. Entstehung eines Arbeitsverhältnisses

Lernsituation

Friseurmeister Philipp Luy ist Mandant Ihres Ausbildungsbetriebes. Zusammen mit Ihrem Ausbilder bzw. Ihrer Ausbilderin betreuen Sie diesen Mandanten in Buchhaltungs- und Lohnangelegenheiten.

Herr Luy betreibt seinen Friseursalon in Koblenz. Vor einem Monat hat er den Salon vergrößert. Um die zusätzliche Arbeit erledigen zu können, möchte er eine weitere Friseurin oder einen Friseur zeitnah einstellen. Einige Bewerbungen liegen ihm bereits vor.

Bevor Herr Luy eine neue Arbeitnehmerin oder einen neuen Arbeitnehmer einstellt, möchte er ein Beratungsgespräch mit Ihrem Ausbildungsbetrieb führen. Er möchte nämlich vermeiden, formale rechtliche Fehler zu machen.

Sie werden gebeten, sich für dieses Gespräch, an dem Sie auch teilnehmen werden, inhaltlich vorzubereiten.

Lernjob 1

Informieren Sie sich über die rechtlichen Rahmenbedingungen und Formalia bezüglich der Einstellung einer neuen Arbeitnehmerin oder eines neuen Arbeitnehmers. Lesen Sie hierzu in Ihrem Lehrbuch nach[1] und recherchieren Sie im Internet rund um das Thema „Entstehung eines Arbeitsverhältnisses" bzw. „Abschluss eines Arbeitsvertrags".

In einem Vorgespräch hatten Sie sich bereits folgende Stichworte notiert:

Besprechung mit Luy:

- Entstehung eines Arbeitsverhältnisses – wie?
- schriftlich oder mündlich?
- anzufordernde Personalunterlagen?

Notieren Sie systematisch Informationen zu den vorgenannten Stichworten!

Ihre Gesprächsvorbereitung:

---

[1] Z. B. Schlafmann/Zschenderlein, *Wirtschafts- und Sozialkunde für Steuerfachangestellte*, C. Wichtige Grundlagen des Arbeitsrechts, 1. Entstehung eines Arbeitsverhältnisses.

Lernjob 2

Zur Vertiefung des gesetzlich geforderten Nachweises der wesentlichen Arbeitsbedingungen notieren Sie mindestens 12 Punkte, die gem. **§ 2 Nachweisgesetz** (NachwG) schriftlich zu bestätigen oder direkt in den Arbeitsvertrag aufgenommen werden müssen. Wählen Sie diejenigen Punkte aus, die Ihnen am wichtigsten erscheinen!

Lernjob 3

Aus einem Arbeitsverhältnis resultieren **Rechte und Pflichten** für beide Vertragsparteien. Die Hauptpflichten ergeben sich aus § 611a BGB. Sogenannte Nebenpflichten ergeben sich aus anderen „Nebengesetzen".

Vervollständigen Sie die nachfolgende Übersicht, indem Sie die folgenden Pflichten richtig zuordnen:

- Erbringung/Bereitstellung der vereinbarten Arbeitsleistung(en)
- Befolgung von Weisungen
- Treuepflicht
- schriftlicher Nachweis der wesentlichen Vertragsbedingungen
- Zahlung des vereinbarten Entgelts
- Verschwiegenheitspflicht
- Fürsorgepflicht
- Urlaubsgewährung
- Zeugnispflicht
- Verbot der Annahme von Schmiergeldern.

Hauptpflichten des		Nebenpflichten des	
Arbeitgebers	Arbeitnehmers	Arbeitgebers	Arbeitnehmers

Ergänzende Übungsaufgaben

Übungsaufgabe 1

Welche der nachfolgenden Aussagen zur Entstehung eines Arbeitsverhältnisses sind **richtig bzw. falsch**?

a) Ein Bewerber/Eine Bewerberin muss beim Vorstellungsgespräch beantworten, warum er/sie sich in diesem Betrieb bewirbt.

b) Ein Bewerber/Eine Bewerberin muss beim Vorstellungsgespräch beantworten, ob er/sie in absehbarer Zukunft Nachwuchs haben möchte.

c) Ein Bewerber/Eine Bewerberin muss beim Vorstellungsgespräch beantworten, ob er/sie vorbestraft ist.

d) Ein Arbeitsvertrag muss schriftlich abgeschlossen werden.

e) Ein Arbeitsvertrag kann auch mündlich abgeschlossen werden.

f) Ein Arbeitsvertrag kann auch konkludent (= durch schlüssiges Verhalten) abgeschlossen werden.

g) Ein Bewerber/Eine Bewerberin muss beim Vorstellungsgespräch beantworten, ob er/sie an Krankheiten leidet.

h) Der Arbeitnehmer/die Arbeitnehmerin muss dem Betrieb mitteilen, bei welcher Krankenkasse er/sie Mitglied ist.

Übungsaufgabe 2

Zur Steueridentifikationsnummer eines Arbeitnehmers/einer Arbeitnehmerin:

a) Was ist die Steueridentifikationsnummer und wofür wird sie benötigt?

b) Besteht eine Mitteilungspflicht gegenüber dem Arbeitgeber bzw. der Arbeitgeberin?

[Recherchieren Sie – ggf. im Internet – welche Bedeutung die Steueridentifikationsnummer hat!]

Übungsaufgabe 3

Nehmen Sie zu den nachfolgenden Aussagen zum Nachweisgesetz (NachwG) jeweils kurz Stellung. Begründen Sie Ihre Antworten unter Angabe des Paragraphen, Absatzes und Satzes im NachwG!

a) Arbeitgeber müssen die wesentlichen Vertragsbedingungen eines Arbeitsverhältnisses schriftlich niederlegen und dem Arbeitnehmer vor dem Beginn des Arbeitsverhältnisses aushändigen.

b) Die unterzeichnete Niederschrift der wesentlichen Vertragsbedingungen eines Arbeitsverhältnisses nach § 2 NachwG kann dem Arbeitnehmer/der Arbeitnehmerin auch elektronisch übermittelt werden.

c) Nichtbeachtung des NachwG hat ein Bußgeld i. H. v. 2.000 € zur Folge.

Übungsaufgabe 4

Nennen Sie

a) die Hauptpflicht des Arbeitgebers aus einem Arbeitsverhältnis

b) die Hauptpflicht des Arbeitnehmers aus einem Arbeitsverhältnis

c) drei Nebenpflichten des Arbeitgebers aus einem Arbeitsverhältnis

d) drei Nebenpflichten des Arbeitgebers aus einem Arbeitsverhältnis.

Übungsaufgabe 5

Der Arbeitgeber Ralf Formlos stellt Herrn Willi Müller, der volljährig ist, zum 01.10. als Arbeitnehmer ein. Der Vertrag wird nur mündlich geschlossen und auch später nicht schriftlich bestätigt.

a) Kommt ein gültiger Arbeitsvertrag zu Stande? Geben Sie eine Antwort mit Kurzbegründung!

b) Gegen welche gesetzliche Vorschrift verstößt Herr Formlos?

c) Herr Müller und Herr Formlos streiten sich über die vereinbarte wöchentliche Arbeitszeit. Herr Müller vertritt die Ansicht, dass 38 Std./Woche vereinbart war, Herr Formlos ist der Ansicht, dass die Vereinbarung auf 40 Std./Woche lautet. Ein Tarifvertrag existiert nicht. Zeugen gibt es auch nicht. Wer bekommt beim Arbeitsgericht wahrscheinlich Recht? Geben Sie eine kurze Antwort mit Kurzbegründung!

Übungsaufgabe 6

Willi Protz bewirbt sich bei dem Steuerberater Franz Klotz als Buchhalter mit langjähriger Berufserfahrung und guten Kenntnissen in den Bereichen Buchhaltung und Abschluss. Herr Klotz braucht dringend Mitarbeiter für Jahresabschlussarbeiten und stellt Willi Protz aufgrund seiner eingereichten Bewerbungsunterlagen und glaubhaften Aussagen ein.

Bereits bei der Erstellung des ersten Abschlusses stellt sich heraus, dass Willi Protz wenige Kenntnisse darüber besitzt, wie ein Jahresabschluss erstellt wird. Seine Buchhaltungskenntnisse sind auch sehr lückenhaft. Steuerberater Klotz möchte den Arbeitsvertrag mit Willi Protz deshalb mit sofortiger Wirkung auflösen. Ist er berechtigt, dies zu tun? Begründen Sie Ihre Antwort!

Übungsaufgabe 7

Bruno Bani betreibt in Koblenz eine Videothek. Für sein Hauptgeschäft benötigt er noch eine Angestellte. Martina Beck, 17 Jahre alt, bewirbt sich auf diese Arbeitsstelle aufgrund eines Zeitungsinserats. Sie führt ein Gespräch mit Herrn Bani. Dieser ist von Martina Beck beeindruckt und stellt sie sofort ein. Arbeitsbeginn soll in der übernächsten Woche sein.

Er legt Martina einen schriftlichen Arbeitsvertrag vor, der alle notwendigen Vertragsaspekte enthält und die Erfordernisse des Nachweisgesetzes erfüllt. Herr Bani und Martina Beck unterzeichnen den Arbeitsvertrag.

Eine Woche nach dem Vertragsabschluss ändert Herr Bani seine Meinung und teilt Martina mit, dass er sie doch nicht benötigt; sie soll den Arbeitsvertrag vernichten, weil dieser sowieso ungültig sei. Martina gibt sich damit nicht zufrieden und fordert die Erfüllung des Vertrages. [§ 109 BGB beachten!]

Nehmen Sie Stellung zu der Rechtslage. Begründen Sie Ihre Antwort!

Übungsaufgabe 8

Die Steuerfachangestellte Monika Müller verneint bei einem Vorstellungsgespräch die Frage des Arbeitgebers nach einer bestehenden Schwangerschaft. Nach der Einstellung stellt sich heraus, dass die Angestellte zum Zeitpunkt der Einstellung schwanger war und dies auch wusste. Ist der Arbeitsvertrag rechtsgültig?

[Recherchieren Sie im Internet: „Frage nach Schwangerschaft beim Vorstellungsgespräch"!]

E. Beendigung eines Arbeitsverhältnisses

Lernsituation

Edison Kurz ist Kfz-Technikermeister. Er hatte den elterlichen Betrieb mit 15 Arbeitnehmern und Arbeitnehmerinnen vor einigen Jahren übernommen. Er ist Mandant Ihres Ausbildungsbetriebes.

Herr Kurz hat eine stark schwankende Auftragslage. Außerdem macht ihm die Umstellung auf die Elektromobilität insofern zu schaffen, dass die bisherige Werkstattausstattung für die Wartung von Elektrofahrzeugen nur sehr eingeschränkt nutzbar ist. Er muss deshalb in absehbarer Zukunft größere Investitionen tätigen und sein Personal schulen (lassen).

Aus den vorgenannten Gründen ist Herr Kurz verunsichert. Er bittet Ihren Chef um ein Beratungsgespräch, in dem neben der finanziellen Lage insbesondere die Flexibilität hinsichtlich einer möglichen Verkleinerung seiner Belegschaft für den Fall eines zukünftigen finanziellen Engpasses besprochen werden soll.

Ihr Chef möchte, dass Sie ihn bei der Vorbereitung des Beratungsgesprächs mit der Kurz in Fragen des Arbeitsrechts mit Informationen und Übersichten unterstützen. Hierzu erteilt er Ihnen die nachfolgenden Aufträge.

Lernjob 1

Ihr Chef bittet Sie, zunächst eine Übersicht zu erstellen, aus der hervorgeht, wie bzw. wodurch ein Arbeitsverhältnis beendet wird oder werden kann.

Tragen Sie in die nachfolgende Übersicht **Gründe** ein, **die zur Beendigung eines Arbeitsverhältnisses führen**. Informieren Sie sich hierzu vorab in Ihrem Lehrbuch[1].

Gründe für die Beendigung eines Arbeitsverhältnisses	
unbefristetes Arbeitsverhältnis	**befristetes Arbeitsverhältnis**
► Anfechtung des Arbeitsvertrages	► Tod des Arbeitnehmers/der Arbeitnehmerin
► Tod des Arbeitnehmers/der Arbeitnehmerin	
► ______________	► ______________
► ______________	► ______________
► ______________	► ______________

Lernjob 2

Ihr Chef möchte das Thema „**Auflösungsvertrag**“ (auch „**Aufhebungsvertrag**“ genannt) mit Herrn Kurz genauer besprechen, zumal es eine Möglichkeit zu sein scheint, im gegenseitigen Einvernehmen, also ohne allzu großen Ärger, einen Arbeitsvertrag zu beenden.

Zur Gesprächsvorbereitung gibt er Ihnen den Auftrag, die **wichtigsten Informationen zu diesem Thema** zusammenzutragen; insbesondere zur rechtlichen Einordnung und Stichpunkte zu den Vor- und Nachteilen dieser Form der Beendigung eines Arbeitsverhältnisses. Informieren Sie sich hierzu vorab in Ihrem Lehrbuch[2].

---

[1] Z. B. Schlafmann/Zschenderlein, *Wirtschafts- und Sozialkunde für Steuerfachangestellte*, C. Wichtige Grundlagen des Arbeitsrechts, 3. Beendigung des Arbeitsverhältnisses.

[2] Z. B. Schlafmann/Zschenderlein, *Wirtschafts- und Sozialkunde für Steuerfachangestellte*, C. Wichtige Grundlagen des Arbeitsrechts, 3. Beendigung des Arbeitsverhältnisses.

Begriff und rechtliche Einordnung:

Vorteile:

Nachteile:

Lernjob 3

Kündigungen sind ein Mittel zu Verkleinerung der Belegschaft. Sie können jedoch sozial problematisch sein und unterliegen zum Schutz der Beteiligten strengen rechtlichen Regeln.

Zur Vorbereitung des Beratungsgesprächs mit dem Mandanten Edison Klein gibt Ihr Chef Ihnen den Auftrag, wichtige Aspekte, die bei einer **Arbeitnehmerkündigung** zu beachten sind, zusammenzutragen und aufzulisten.

Wichtig sind Ihrem Chef insbesondere folgende Punkte:

- Begriff der Kündigung und rechtliche Einordnung
- formale Aspekte, die zu beachten sind
- Kündigungsfristen
- Kündigungsschutz
- anzuerkennende Kündigungsgründe für außerordentliche Kündigungen

Informieren Sie sich hierzu vorab in Ihrem Lehrbuch[1] oder im Internet und listen Sie die wichtigsten Informationen übersichtlich auf!

1. **Begriff der Kündigung und rechtliche Einordnung:**

2. **Formaler Aspekt:**

3. **Kündigungsfristen für ordentliche Kündigungen:**

[1] Z. B. Schlafmann/Zschenderlein, *Wirtschafts- und Sozialkunde für Steuerfachangestellte*, C. Wichtige Grundlagen des Arbeitsrechts, 3. Beendigung des Arbeitsverhältnisses.

4. **Allgemeiner Kündigungsschutz:**

5. **Besonderer Kündigungsschutz:**

6. **Anzuerkennende Kündigungsgründe für außerordentliche Kündigungen:**

Ergänzende Übungsaufgaben

Übungsaufgabe 1

Der Arbeitnehmer Alexander Laux ist bei der Steuerberatungsgesellschaft „Paffenholz & Schlemmer GmbH" seit 3 Jahren angestellt. Herr Laux möchte das Arbeitsverhältnis zum 31.03. kündigen.

Im Arbeitsvertrag ist vereinbart, dass hinsichtlich der Auflösung des Arbeitsvertrages die gesetzlichen Regelungen gelten. Ein Tarifvertrag/eine Betriebsvereinbarung existiert nicht.

a) Wann muss die Kündigung dem Arbeitgeber spätestens zugehen, damit sie zum 31.03. wirksam ist? Geben Sie auch die relevante Rechtsquelle an, aus der Sie Ihre Antwort ableiten.

b) Wie ist die Rechtslage, wenn Herr Laux am 05.03. zum 31.03. kündigt?

Übungsaufgabe 2

Die Steuerfachangestellte Andrea Maier ist bei dem Steuerberater Kühn seit fünf Jahren angestellt.

Herr Kühn beschäftigt insgesamt 15 Arbeitnehmer und Arbeitnehmerinnen ganztags, drei halbtags und verschiedene Aushilfskräfte.

Da Herr Kühn seine Kanzlei nach einem Herzinfarkt verkleinern muss (ihm „wächst die Arbeit über den Kopf"), beschließt er, zunächst den drei jüngsten Arbeitnehmerinnen zu kündigen.

Zuerst kündigt er Andrea Maier zum 28.02.

Im Arbeitsvertrag ist vereinbart, dass hinsichtlich der Auflösung des Arbeitsvertrages die gesetzlichen Regelungen gelten. Ein Tarifvertrag/eine Betriebsvereinbarung existiert nicht.

a) Ist die Kündigung zulässig? Begründen Sie Ihre Antwort kurz und geben Sie an, welche gesetzliche Regelung hierbei zu beachten ist!

b) Wann muss Frau Maier die Kündigung spätestens von Herrn Kühn erhalten, damit sie fristgerecht ist? Nennen Sie hierzu auch die gesetzliche Grundlage für die Kündigungsfrist!

Übungsaufgabe 3

Der Bankangestellte Ralf Untreu wird am 15.01. erwischt, als er 10 Goldmünzen aus dem Tresor der Bank stehlen will. Der Vorfall wird der Geschäftsleitung sofort gemeldet. Der Vorstand der Bank legt Herrn Untreu, der bisher ein fleißiger, zuverlässiger und verdienter Mitarbeiter war, am selben Tag nahe, das Arbeitsverhältnis im gegenseitigen Einvernehmen zum 31.01. aufzulösen (Auflösungsvertrag), weil der Vorstand sonst zu diesem Termin eine fristlose Kündigung aussprechen müsse.

Der Betriebsrat wurde hierzu befragt; er würde einer Kündigung zustimmen. Herr Untreu ist 40 Jahre alt und seit 10 Jahren bei der Bank beschäftigt.

a) Sind die Voraussetzungen für eine Kündigung zum 31.01. erfüllt? Eine kurze Begründung mit Angabe der Rechtsgrundlage ist notwendig!

b) Soll Herr Untreu das Angebot des Auflösungsvertrages annehmen? Begründen Sie Ihre Antwort kurz!

Übungsaufgabe 4

Welche Personengruppen haben neben dem allgemeinen Kündigungsschutz einen besonderen Kündigungsschutz? Nennen Sie mindestens drei dieser Personengruppen sowie die jeweils zugehörige Rechtsgrundlage, aus welcher der besondere Kündigungsschutz hervorgeht!

F. Ausgewählte Regelungen zum Arbeitnehmerschutz

Lernsituation

Ihr Mandant Rudolf Saxler hat vor kurzem von seinen Eltern das Handwerksunternehmen „Gebäudetechnik Saxler GmbH" als Mehrheitsgesellschafter übernommen. Er ist auch Geschäftsführer der GmbH, die insgesamt 25 Arbeitnehmer und Arbeitnehmerinnen beschäftigt.

Herr Saxler berichtet Ihnen, dass zu der Belegschaft zwei Schwangere, zwei in Elternzeit, ein Schwerbehinderter und drei minderjährige Auszubildende gehören.

Da Herr Saxler noch in der Einarbeitungsphase ist und geringe rechtliche und betriebswirtschaftliche Kenntnisse besitzt, fragt er bei Ihrem Ausbildungsbetrieb nach, ob ein Beratungsgespräch möglich wäre, in dem insbesondere die zu beachtenden Regelungen zum Arbeitnehmerschutz besprochen werden könnten.

Durch die seit einiger Zeit angespannte wirtschaftliche Lage der GmbH möchte Herr Saxler gern alle Arbeitsverträge der Mitarbeiter und Mitarbeiterinnen durchgehen und prüfen, ob Kürzungen der Urlaubstage möglich sind, um Personalkosten einsparen und dadurch betriebsbedingte Kündigungen verhindern zu können.

Bei der „Gebäudetechnik Saxler GmbH" wird regulär montags bis freitags von 8 bis 17 Uhr gearbeitet.

Lernjob 1

Ihr Chef gibt Ihnen zunächst den Auftrag, eine Übersicht zu erstellen, aus der hervorgeht, welche einschlägigen Bereiche des Arbeitnehmerschutzes zu beachten sind. Unterscheiden Sie hierbei zwischen **Betriebs- und Gefahrenschutz** einerseits und **sozialem Arbeitsschutz** andererseits.

Tragen Sie in die nachfolgende Übersicht **wichtige Regelungsbereiche des Arbeitnehmerschutzes** ein, die von der „Gebäudetechnik Saxler GmbH" zu beachten sind. Informieren Sie sich hierzu vorab in Ihrem Lehrbuch[1] oder im Internet.

Betrieblicher Arbeitsschutz	
Betriebs- und Gefahrenschutz	**Sozialer Arbeitsschutz**
▸ Arbeitsschutzgesetz (ArbSchG)	▸ Kündigungsschutzgesetz (KSchG)
▸ ______	▸ ______
▸ ______	▸ ______
▸ ______	▸ ______
	▸ ______
	▸ ______
	▸ ______

Lernjob 2

Herr Saxler möchte wegen der angespannten wirtschaftlichen Lage der „Gebäudetechnik Saxler GmbH" allen Beschäftigten nur noch 20 Werktage Urlaub im Jahr gewähren, um so Gehaltskürzungen und Kündigungen vermeiden zu können. Wer mehr Urlaub nehmen möchte, solle diese Tage durch unbezahlte Überstunden abgelten (vorarbeiten). Er fragt bei Ihrem Chef telefonisch nach, ob dies möglich sei.

Ihr Chef bittet Sie daraufhin, die **Mindesturlaubstage** für die Arbeitnehmer und Arbeitnehmerinnen der „Gebäudetechnik Saxler GmbH" mit Rechtsgrundlagen aufzulisten.

[1] Z. B. Schlafmann/Zschenderlein, *Wirtschafts- und Sozialkunde für Steuerfachangestellte*, C. Wichtige Grundlagen des Arbeitsrechts, 4. Arbeitsschutz im Überblick.

Tragen Sie in die nachfolgende Übersicht die jeweiligen **Mindesturlaubstage** für die verschiedenen Arbeitnehmergruppen ein, die von der „Gebäudetechnik Saxler GmbH" zu beachten sind. Informieren Sie sich hierzu vorab in den entsprechenden Gesetzestexten.

Mindesturlaub		
Personengruppe	**Werktage je Kalenderjahr**	**Rechtsgrundlage(n)**
Arbeitnehmer und Arbeitnehmerinnen ohne besondere Merkmale		
Schwangere Arbeitnehmerinnen		
Jugendliche Auszubildende (hier 17 Jahre alt)		
Schwerbehinderte		

Lernjob 3

Herr Saxler hat wegen Urlaubsansprüchen von Arbeitnehmern selbst schon nachgelesen. Manche Ausführungen sprechen von **„Werktagen"**, andere von **„Arbeitstagen"**. Er möchte wissen, worin der Unterschied besteht.

Erklären Sie Ihm die unterschiedliche Bedeutung der Begriffe **„Werktage"** und **„Arbeitstage"** und zeigen Sie auf, wie eine Umrechnung bei einer Fünf-Tage-Woche (Arbeitstage = Mo. – Fr.) erfolgt. Informieren Sie sich hierzu vorab in Ihrem Lehrbuch[1].

Lernjob 4

Herr Saxler hatte gelesen, dass **Schwerbehinderten** mehr Urlaub zusteht. Deshalb möchte er wissen, wie viele **Arbeitstage Urlaub pro Jahr** die GmbH dem schwerbehinderten Arbeitnehmer mindestens gewähren muss.

Berechnen Sie die **Arbeitstage Urlaub**, die dem schwerbehinderten Arbeitnehmer der „Gebäudetechnik Saxler GmbH" gesetzlich mindestens zustehen! Beachten Sie hierzu § 3 Abs. 1 BurlG und § 208 Abs. 1 SGB IX!

1 Z. B. Schlafmann/Zschenderlein, *Wirtschafts- und Sozialkunde für Steuerfachangestellte*, C. Wichtige Grundlagen des Arbeitsrechts, 4.4 Bundesurlaubsgesetz.

Lernjob 5

Die Büroangestellte Bianca Gilles hat ihren Arbeitsvertrag bei der „Gebäudetechnik Saxler GmbH" aus persönlichen Gründen zum 31.05. gekündigt. Sie ist ganztags beschäftigt und hat einen arbeitsvertraglich vereinbarten Urlaubsanspruch von 28 Werktagen.

Herr Saxler möchte wissen, wie viele Tage Urlaub Frau Gilles für das Jahr der Kündigung von der „Gebäudetechnik Saxler GmbH" zustehen.

Berechnen Sie für Herrn Saxler die **Arbeitstage Urlaub**, die Frau Gilles von der GmbH gewährt werden müssen und erläutern Sie Ihren Rechenweg kurz! Beachten Sie hierbei § 5 BurlG!

Lernjob 6

Zum 01.06. wird die neue Bürokraft Martina Schraub als Ersatz für Frau Gilles (siehe Lernjob 5) Vollzeit eingestellt. In dem Arbeitsvertrag von Frau Schraub mit der „Gebäudetechnik Saxler GmbH" sind 26 Werktage Erholungsurlaub pro Kalenderjahr vereinbart. Von ihrem vorherigen Arbeitgeber hatte Frau Schraub laut Urlaubsbescheinigung (§ 6 Abs. 2 BurlG) bereits 10 Arbeitstage Urlaub für dieses Kalenderjahr erhalten.

Herr Saxler hat zu diesem Fall erneut Fragen hinsichtlich des Urlaubsanspruchs von Frau Schraub. Er ruft Sie in der Kanzlei an und bittet um Auskunft. Sie vereinbaren einen Rückruftermin. Klären und beantworten Sie in der Zwischenzeit die von Herrn Saxler gestellten Fragen:

a) **Wann** steht Frau Schraub der **volle Jahresurlaub** zu? Beachten Sie hierzu § 4 BurlG!

b) Wie viele **Arbeitstage Erholungsurlaub** stehen Frau Schraub bei der „Gebäudetechnik Saxler GmbH" in dem Einstellungsjahr zur Verfügung? [Hinweis: Beachten Sie §§ 5 und 6 BurlG!]

Lernjob 7

Der bei der „Gebäudetechnik Saxler GmbH" vollzeitbeschäftigte Monteur Daniel Mohr möchte, damit er mehr Zeit für seine Kinder hat, seine Arbeitszeit um $\frac{1}{5}$ reduzieren (anstatt 40 Wochenstunden möchte er ab dem 01.07. nur noch 32 Wochenstunden arbeiten, und zwar an nur vier Arbeitstagen pro Woche). Laut Arbeitsvertrag hat Daniel Mohr einen jährlichen Urlaubsanspruch von 30 Werktagen bei einer vollen Stelle.

Der Mandant Saxler möchte wissen, wie viele Arbeitstage Urlaub Herrn Mohr im Jahr der Reduzierung der Stelle und im Folgejahr jeweils zustehen.

Berechnen Sie die Anzahl der **Arbeitstage**, die Herrn Mohr **im Jahr der Stundenreduzierung und im Folgejahr** zustehen!

Lernjob 8

Herr Saxler hatte Ihnen schon bei dem ersten Informationsgespräch berichtet, dass die „Gebäudetechnik Saxler GmbH" eine Arbeitnehmerin beschäftigt, die schwanger ist. Sie arbeitet als Bürokraft an fünf Arbeitstagen mit 40 Stunden pro Woche. Er möchte wissen, welche Schutzvorschriften nach dem Mutterschutzgesetz zu beachten sind und wie lang die Mutterschutzfrist wegen der Geburt des Kindes ist. Herr Saxler bittet Ihren Chef um Auskunft.

Ihr Chef gibt Ihnen den Auftrag, für Herrn Saxler ein **Informationsschreiben** zu entwerfen, aus dem hervorgeht, welche **grundsätzlichen Schutzvorschriften für Schwangere** zu beachten sind und wie lang die **„Freistellungsphase" (Mutterschutzfrist) wegen der Geburt des Kindes** ist.

Erstellen Sie den Entwurf des Schreibens an Herrn Saxler, das Sie Ihrem Chef vorlegen werden! [Lesen Sie vorab insbesondere die §§ 3 und 4 sowie 9 - 11 MuSchG!]

Lernjob 9

Nachdem Herr Saxler durch Ihr Schreiben (siehe Lernjob 8) grundlegende Informationen zu den gesetzlichen Schutzvorschriften für Schwangere und die „Freistellungsphase" (Mutterschutzfristen) wegen der Geburt eines Kindes erhalten hat, möchte er darüber informiert werden, wie die **Lohnzahlung während der Mutterschutzfrist** erfolgt bzw. welche Lohnkosten auf die GmbH zukommen. Herr Saxler bittet Ihren Chef erneut um Auskunft.

Ihr Chef gibt Ihnen den Auftrag, für Herrn Saxler erneut ein **Informationsschreiben** zu entwerfen, aus dem hervorgeht, wie sich der **Lohn und andere Bezüge während der Mutterschutzfrist** wegen der Geburt eines Kindes zusammensetzen.

Erstellen Sie den Entwurf des Schreibens an Herrn Saxler, das Sie Ihrem Chef vorlegen werden! [Lesen Sie vorab insbesondere die §§ 18 - 20 MuSchG!]

Ergänzende Übungsaufgaben

Übungsaufgabe 1

Die Steuerfachangestellte Marion Sonnenschein erhält nach ihrer erfolgreich bestandenen Steuerfachangestelltenprüfung bei der Kanzlei „Frank Steuer und Peter Schlau PartG“ eine Stelle zum 01.06.

Nach dem Arbeitsvertrag soll Frau Sonnenschein 40 Stunden wöchentlich an fünf Arbeitstagen (montags bis freitags) arbeiten. Ihr stehen vereinbarungsgemäß 24 Werktage Jahresurlaub zu. Von ihrem vorherigen Arbeitgeber legt sie eine Urlaubsbescheinigung vor, aus der hervorgeht, dass er ihr 10 Arbeitstage Urlaub gewährt hatte.

a) Wie viele Arbeitstage Erholungsurlaub stehen Marion Sonnenschein in einem vollen Arbeitsjahr bei der „Frank Steuer und Peter Schlau PartG“ zu?

b) Ab wann hat Frau Sonnenschein Anspruch auf Gewährung des vollen Jahresurlaubs bei der „Frank Steuer und Peter Schlau PartG“?

c) Wie viele Arbeitstage Erholungsurlaub stehen Frau Sonnenschein in dem ersten Beschäftigungsjahr bei der „Frank Steuer und Peter Schlau PartG“ zu?

Übungsaufgabe 2

Die seit fünf Jahren bei „Treubilanz GmbH“ angestellte Steuerfachangestellte Janina Klein hat ihren Arbeitsvertrag zum 31.08. gekündigt. Laut Vertrag hat Frau Klein einen Anspruch auf 30 Werktage Jahresurlaub.

a) Frau Klein möchte den gesamten Jahresurlaub im Juli und August in Anspruch nehmen. Hat sie ein Recht auf Inanspruchnahme des vollen Jahresurlaubs von der „Treubilanz GmbH“ im Kündigungsjahr? Begründen Sie Ihre Antwort!

b) Wie viele Arbeitstage Urlaub stehen Frau Klein von der „Treubilanz GmbH“ im Kündigungsjahr zu? Bei der „Treubilanz GmbH“ wird montags bis freitags gearbeitet.

Übungsaufgabe 3

Janina Wember bewirbt sich bei der „Autohaus Müller OHG“ als Bürokraft. Sie möchte wegen ihrer Kinder aber nur an drei Tagen in der Woche arbeiten. Herr Müller stellt Frau Wember zu diesen Rahmenbedingungen zum 01.02. ein. Frau Wember hatte in demselben Kalenderjahr zuvor keine andere Beschäftigung.

Seinen vollzeitbeschäftigten Arbeitnehmern gewährt Herr Müller 32 Werktage Erholungsurlaub pro Kalenderjahr. Frau Wember erhält diesen Anspruch anteilig.

Berechnen Sie, wie viele Arbeitstage Erholungsurlaub Frau Wember pro Kalenderjahr von der „Autohaus Müller OHG“ zustehen!

Übungsaufgabe 4

Der Arbeitnehmer Philip Rosen tritt am 01.04. ein neues Arbeitsverhältnis bei der „Polyroof GmbH“ an, für das ihm nach dem Arbeitsvertrag 28 Werktage Urlaub zustehen. Seine regelmäßige Arbeitszeit beträgt täglich acht Stunden montags bis freitags. Der Arbeitgeber, bei dem Herr Rosen zuvor in demselben Kalenderjahr beschäftigt war, hatte Herrn Rosen insgesamt acht Urlaubstage gewährt.

a) Wie viele Arbeitstage Erholungsurlaub stehen Philip Rosen in einem vollen Arbeitsjahr bei der „Polyroof GmbH“ zu?

b) Ab wann hat Herr Rosen Anspruch auf Gewährung des vollen Jahresurlaubs bei der „Polyroof GmbH“?

c) Wie viele Arbeitstage Erholungsurlaub stehen Philip Rosen in dem ersten Beschäftigungsjahr bei der „Polyroof GmbH“ zu?

Übungsaufgabe 5

Die Arbeitnehmerin Mary Dötsch ist schwanger. Der vom Arzt berechnete voraussichtliche Geburtstermin ist am 13.07.2024.

Der tatsächliche Geburtstermin ist der 17.07.2024.

Berechnen Sie den gesamten Zeitraum der Schutzfristen anlässlich der Geburt eines Kindes nach dem MuSchG!

Übungsaufgabe 6

Fall wie bei der Übungsaufgabe 5. Frau Dötsch hatte in den letzten drei Monaten vor dem Beginn der Schutzfrist nach § 3 Abs. 1 MuSchG einen durchschnittlichen kalendertäglichen Nettolohn i. H. v. 58 €.

Erläutern und berechnen Sie die Höhe des Mutterschaftsgeldes und den Arbeitgeberzuschuss zum Mutterschaftsgeld für Frau Dötsch!

G. Unterscheidung öffentliches Recht und Privatrecht

Lernsituation

Christine Schuth betreibt im Koblenz die Modeboutique „Elle“. Das Finanzamt setzt im Rahmen der Einkommensteuer-Veranlagung von Frau Schuth eine Abschlusszahlung i. H. v. 18.760 € fest. Dieser Betrag ist innerhalb eines Monats nach der Bekanntgabe des Bescheids an das Finanzamt zu bezahlen.

Marina Adler hat bei der Modeboutique „Elle“ ein elegantes Kleid gekauft. Bei der erneuten Anprobe zu Hause stellt sie fest, dass der Stoff einen Materialfehler hat. Sie möchte das Kleid am selben Tag gegen ein Kleid ohne Materialfehler umtauschen. Frau Schuth will Frau Adler den Umtausch verweigern. Sie vertritt die Ansicht: „Gekauft ist gekauft“.

Lernjob 1

Überlegen Sie, worin bei den zuvor geschilderten zwei Fällen der grundlegende Unterschied hinsichtlich der Beziehung der Akteure zueinander liegt. Gehen Sie hierbei u. a. auf folgende Fragen oder Gesichtspunkte ein:

a) Wer sind Akteure des Einkommensteuer-Falls? Welche Stellung haben diese Akteure in der Gesellschaft (in welcher „Rangordnung“ stehen sie zueinander)?

b) Wer sind die Akteure in dem „Kleid-Fall“ und in welcher „Rangordnung“ stehen diese zueinander?

c) Wie wird das Rechtsgebiet bezeichnet, bei dem der Staat zu den Bürgern in eine Rechtsbeziehung tritt (wenn bspw. das Finanzamt eine Steuer festsetzt oder die Verkehrsbehörde eine Straße sperrt)? Informieren Sie sich in Ihrem Lehrbuch vorab zur Thematik „Privates und öffentliches Recht“!

d) Wie wird das Rechtsgebiet bezeichnet, bei dem die Bürger zueinander in eine Rechtsbeziehung treten (wenn bspw. ein Kaufvertrag abgeschlossen wird oder Mängel einer Ware nach dem Kauf vom Käufer festgestellt werden)?

Lernjob 2

Lesen Sie in Ihrem Lehrbuch die Ausführungen zu dem Thema „Privates und öffentliches Recht“. Stellen Sie anschließend in der nachfolgenden Tabelle die grundlegenden Unterschiede zwischen dem „Öffentlichen Recht“ und dem „Privatrecht“ in Form von Merkmalen dieser Rechtsgebiete dar.

Öffentliches Recht	Privatrecht
► ______	► ______
______	______
______	______
► ______	► ______
______	______
______	______
► ______	► ______
______	______
______	______
______	______

Lernjob 3

Ordnen Sie die nachfolgenden Rechtsgebiete den Bereichen „Öffentliches Recht" bzw. „Privatrecht" zu.

Handelsrecht Steuerrecht Familienrecht Schulrecht Aktienrecht
Strafrecht Verwaltungsrecht Vereinsrecht Beamtenrecht
Baurecht Arbeitsrecht Sozialrecht Kaufrecht Sachenrecht

Öffentliches Recht	**Privatrecht**

Ergänzende Übungsaufgaben

Übungsaufgabe 1

Beantworten Sie für die folgenden Fälle mit jeweils kurzer Begründung, ob das „Öffentliche Recht" oder das „Privatrecht" das jeweils zutreffende Rechtsgebiet ist. Geben Sie jeweils eine kurze Begründung mit an!

a) Pascal Brück verkauft Tim Herschbach ein Auto. Pascal Brück hat Tim Herschbach hierbei arglistig getäuscht (Pascal Brück hat einige wesentliche Mängel verschwiegen), was Tim einige Tage später bemerkt. Tatsächlich ist der Wagen im Vergleich zum Kaufpreis nur die Hälfte wert.

b) Das Finanzamt Koblenz verlangt von der Steuerberaterin Laura Klein eine Einkommensteuervorauszahlung i. H. v. 10.000 €. Laura Klein erhält einen entsprechenden Vorauszahlungsbescheid.

c) Iks Üpsilon erscheint nicht zur Berufsschule, obwohl er noch schulpflichtig ist und eine Berufsausbildung absolviert. Er wird vom Schulleiter vorgeladen.

d) Das Finanzamt Koblenz lässt 20.000 Formulare bei der „Druckerei Mayer" in Koblenz drucken. 10.000 Formulare sind aus der Sicht des Finanzamtes fehlerhaft und deshalb verlangt das Finanzamt von Mayer Nachbesserung.

Übungsaufgabe 2

Erklären Sie in wenigen Sätzen, wodurch sich das „Öffentliche Recht" und das „Privatrecht" voneinander unterscheiden.

H. Steuerrecht als Teilgebiet des öffentlichen Rechts

Lernsituation

Zu Beginn des Unterrichts wird zur Wiederholung die Frage aufgeworfen, wodurch sich das öffentliche Recht von dem Privatrecht unterscheidet. Eine Mitschülerin meldet sich. Sie gibt die richtige Antwort, dass bei den Rechtsgebieten des öffentlichen Rechts der Staat in eine Rechtsbeziehung zu den Bürgern tritt und dass in dieser Hinsicht eine Art „Über-/Unterordnungsverhältnis" besteht (der Staat ist dem Bürger „übergeordnet").

Die Mitschülerin erzählt, dass sie im Rahmen eines Berufsfindungstages schon einmal mit dieser Frage zu tun hatte. Zusammen mit ihrer früheren 10. Klasse hatte sie nämlich eine Exkursion zum Finanzamt unternommen. Sie erzählt, dass zuerst eine freundliche Begrüßung durch die Vorsteherin des Finanzamts erfolgte und danach einige Vorträge von Finanzbeamtinnen und Finanzbeamten stattfanden. Anschließend wurden Führungen in Kleingruppen zu einzelnen Abteilungen des Finanzamts durchgeführt.

Bei den Vorträgen und den Führungen wurden Flyer verteilt, die viele Informationen über Steuern enthielten, beispielsweise zu den folgenden Themen:

- Steuerbegriff
- Steuerarten
- Verteilung der Einnahmen auf Bund, Länder und Gemeinden
- Rechtsgrundlagen des Steuerrechts
- Aufbau der Finanzverwaltung
- Finanzgerichte.

Ihre Lehrerin bzw. Ihr Lehrer greift den Bericht Ihrer Mitschülerin auf. Sie erhalten den Auftrag, in mehreren Lernjobs die zuvor erwähnten grundlegenden Aspekte des Steuerrechts genauer zu untersuchen.

[Hinweis: Die Lernjobs können einzeln oder in Teamarbeit erledigt, gegebenenfalls auch arbeitsteilig in mehreren Gruppen mit anschließenden Ergebnispräsentationen durchgeführt werden.]

Lernjob 1

Der Staat erhebt zur Finanzierung seiner Ausgaben u. a. Steuern, Gebühren und Beiträge. Lesen Sie § 3 Abs. 1 Abgabenordnung (AO) und listen Sie die **fünf Merkmale** auf, die eine **Steuer** charakterisieren!

Lernjob 2

Finden Sie heraus und erklären Sie anschließend, wodurch sich **Gebühren** und **Beiträge** von Steuern unterscheiden. Geben Sie kurze Definitionen für **Gebühren** und **Beiträge** sowie ein paar Beispiele an!

____

____

____

____

____

Lernjob 3

Steuern begegnen uns im alltäglichen Leben fast überall, sei es als Umsatzsteuer auf Backwaren, als Energiesteuer auf Benzin, als Versicherungsteuer auf die Kfz-Versicherung oder Hundesteuer für unseren Hund.

Verschaffen Sie sich einen Überblick über die wichtigsten (im Sinne von einnahmestärksten) Steuern in der Bundesrepublik Deutschland. Listen sie die **fünf wichtigsten Steuern** auf und finden Sie heraus, wie hoch das **Steueraufkommen von Bund, Länder und Gemeinden in 2022 zusammen** war.

[Hinweis: Suchen Sie in Ihrem Lehrbuch oder im Internet die „Steuerspirale 2022" oder – falls schon vorhanden – die „Steuerspirale 2023"]!

1. ____
2. ____
3. ____
4. ____
5. ____

Steuereinnahmen 2022 insgesamt: ____________________ €

Lernjob 4

Steuern werden nach verschieden Kriterien unterschieden bzw. eingeteilt. Zwei wichtige Kriterien sind die sogenannte „Ertragshoheit" und die „Überwälzbarkeit".

- Ertragshoheit bedeutet: „Wem (= welcher Gebietskörperschaft) steht der Ertrag einer bestimmten Steuer zu?"

  Die Verteilung der Steuereinnahmen auf den Bund, die Länder und die Gemeinden ist im Artikel 106 Grundgesetz geregelt. Unter dem Gesichtspunkt der **Ertragshoheit** sind die Steuern zu unterscheiden in

  - **Gemeinschaftsteuern**,
  - **Bundessteuern**,
  - **Landessteuern** und
  - **Gemeindesteuern**.

Gemeinschaftsteuern fließen dem Bund, den Ländern und Gemeinden **gemeinschaftlich** zu. Der Steuerertrag dieser Steuern wird nach festgelegten Verteilungsschlüsseln auf die einzelnen Gebietskörperschaften verteilt (Beispiel: Von der veranlagten Einkommensteuer erhalten der Bund 42,5 %, die Länder 42,5 % und die Gemeinden 15 % des Steueraufkommens.).

Bundes-, Landes- und Gemeindesteuern fließen den entsprechenden Gebietskörperschaften jeweils **allein** zu (so steht beispielsweise das Aufkommen der Energiesteuer allein dem Bund, die Biersteuer allein den Ländern und die Hundesteuer allein den Gemeinden zu).

Informieren Sie sich in Ihrem Lehrbuch oder über Internetquellen, welchen Gebietskörperschaften welche Erträge aus den Steuereinnahmen zustehen und ordnen Sie die nachfolgend aufgeführten Steuern richtig zu!

Biersteuer   Lohnsteuer   veranlagte Einkommensteuer   Energiesteuer

Kfz-Steuer   Tabaksteuer   Zölle   Erbschaftsteuer   Grundsteuer   Hundesteuer

Umsatzsteuer   Körperschaftsteuer   Versicherungsteuer   Grunderwerbsteuer   Gewerbesteuer

Gemeinschaftsteuern	Bundessteuern	Landessteuern	Gemeindesteuern
► ______	► ______	► ______	► ______
► ______	► ______	► ______	► ______
► ______	► ______	► ______	► ______
► ______	► ______		
	► ______		

- „Überwälzbarkeit" einer Steuer stellt darauf ab, ob der Steuerschuldner (derjenige, der die Steuer nach dem Gesetz schuldet) und der Steuerträger (derjenige, der wirtschaftlich mit der Steuer belastet wird) identisch sind oder nicht.
  - Sind der Steuerschuldner und der Steuerträger **identisch** (z. B. bei der Einkommensteuer), so spricht man von einer **direkten** Steuer. Wenn der Steuerpflichtige Müller 10.000 € Einkommensteuer bezahlen muss (= Steuerschuldner), wird er dadurch persönlich belastet (= Steuerträger).
  - Sind der Steuerschuldner und der Steuerträger **nicht** identisch, so spricht man von einer **indirekten** Steuer. Der Steuerschuldner wälzt die Steuer dann auf die Person ab, die sie wirtschaftlich tragen soll. Dies ist bspw. bei der Umsatzsteuer der Fall, bei der normalerweise der **Unternehmer der Steuerschuldner** und der **Endverbraucher der Steuerträger** ist.

Ergänzen Sie die nachfolgende Übersicht, indem Sie die folgenden Steuern zutreffend eintragen!

Versicherungsteuer	Umsatzsteuer	Einkommensteuer	Erbschaftsteuer
Körperschaftsteuer	Energiesteuer	private Kfz-Steuer	Biersteuer

direkte Steuern	indirekte Steuern
► ______	► ______
► ______	► ______
► ______	► ______
► ______	► ______

Lernjob 5

Eine weitere Unterteilung der Steuern erfolgt in

- Besitzsteuern,
- Verkehrsteuern und
- Verbrauchsteuern.

Lesen Sie diese Begriffe in Ihrem Steuerlehre-Lehrbuch nach oder suchen Sie die Erklärungen zu den Begriffen im Internet. Geben Sie anschließend zu jedem Begriff eine kurze Erklärung und ein Beispiel!

- Besitzsteuern:

______

______

______

- Verkehrsteuern:

______

______

______

- Verbrauchsteuern:

______

______

______

Lernjob 6

Die meisten Steuern werden von den Finanzämtern festgesetzt und eingezogen. Die Verwaltung, Überwachung, Koordination sowie die Weiterentwicklung der Festsetzung und Erhebung (Stichwort Digitalisierung) etc. wird jedoch von anderen Finanzbehörden – denen spezielle Aufgaben zugewiesen sind – erledigt.

Einen Überblick über den **Aufbau der Finanzbehörden des Bundes und der Länder** enthalten die §§ 2 und 3 Finanzverwaltungsgesetz (FVG).

Schlagen Sie §§ 2 und 3 FVG oder alternativ § 6 Abs. 2 AO auf, und verschaffen Sie sich einen Überblick über den **Aufbau der Finanzverwaltung in der Bundesrepublik Deutschland**. Ergänzen Sie anschließend die nachfolgende Übersicht!

Behördenebene	Bundesbehörden	Landesbehörden
oberste Behörde		
Oberbehörden		
Mittelbehörden		
örtliche Behörden		

Lernjob 7

Grundlage der Steuererhebung sind die vom Bund und den Ländern erlassenen Rechtsvorschriften. Sie dienen der Steuergerechtigkeit und der gleichmäßigen Durchsetzung der Steuererhebung. In der Bundesrepublik Deutschland gibt es im Wesentlichen die folgenden drei Ebenen von Rechtsvorschriften, die hinsichtlich ihrer Verbindlichkeit für Bürger und Verwaltung unterschiedliche Bedeutung haben:

- Gesetze (G)
- Durchführungsverordnungen (DV)
- Richtlinien (R).

Finden Sie mithilfe Ihres Steuerlehre-Lehrbuchs oder über Internetrecherchen heraus, mit welchen Merkmalen diese verschiedenen Ebenen von Rechtsvorschriften beschrieben werden können, wodurch sie sie sich also unterscheiden. Notieren Sie diese Merkmale nachfolgend!

Leitfragen:

1. Wie entstehen die jeweiligen Rechtsvorschriften?
2. Welche Beispiele können Sie nennen?
3. Für wen sind die jeweiligen Rechtvorschriften bindend?

- Gesetze:

- Durchführungsverordnungen:

- Richtlinien:

Lernjob 8

Streitigkeiten bei der Steuererhebung (bspw. zwischen dem Steuerpflichtigen und dem Finanzamt) können oftmals durch den Austausch von Argumenten, das Zitieren von erlassenen Rechtsvorschriften, die Vorlage von Beweisen usw. beigelegt werden. In einigen Fällen lassen sich Streitigkeiten jedoch nicht über diesen Weg der Kommunikation auflösen. Dann bleibt nur der Weg der juristischen Klärung über eine Klage, die vor Gericht verhandelt und entschieden wird.

Zuständig für Streitigkeiten in Steuerfragen sind die **Finanzgerichte**. Wie bei den Steuerbehörden gibt es auch bei den Finanzgerichten eine Hierarchie (verschiedene „Ebenen").

Finden Sie heraus, welche **Ebenen der Finanzgerichtsbarkeit in** Deutschland und Europa existieren. Benennen und beschreiben Sie diese nachfolgend jeweils kurz!

[Hinweis: Schlagen Sie in Ihrem Steuerlehre-Lehrbuch unter „Finanzgerichtsbarkeit" nach oder suchen Sie Erläuterungen hierzu im Internet; beispielsweise unter https://www.bundesfinanzhof.de/de/gericht/rechtsprechung/finanzgerichtsbarkeit/ oder https://www.bundesregierung.de/breg-de/themen/europa/wie-funktioniert-europa/der-europaeische-gerichtshof.]

- Länderebene (Bezeichnung des Gerichts und Kurzbeschreibung seiner Aufgabe/n):

- Bundesebene (Bezeichnung des Gerichts und Kurzbeschreibung seiner Aufgabe/n):

- Europaebene (Bezeichnung des Gerichts und Kurzbeschreibung seiner Aufgabe/n):

Ergänzende Übungsaufgaben

Übungsaufgabe 1

Welche Steuern sind – gemessen an der Höhe der Steuereinnahmen – die fünf wichtigsten Steuern?

Übungsaufgabe 2

Für wen sind die nachfolgend genannten rechtlichen Grundlagen der Besteuerung jeweils bindend (verpflichtend)?

rechtliche Grundlagen	**bindend für wen?**
Gesetze	______________________
Richtlinien	______________________
Durchführungsverordnungen	______________________
Urteile der Steuergerichte	______________________
BMF-Schreiben	______________________

Übungsaufgabe 3

Ergänzen Sie die jeweils fehlenden Begriffe:

a) Steuerliche Verwaltungsanordnungen vorgesetzter Behörden an die ihnen nachgeordneten Behörden werden als ______________________ bezeichnet.

Eine spezielle Form dieser Verwaltungsanordnungen wird vom Bundesfinanzministerium herausgegeben (diese heißen: ______________________).

b) Die Oberfinanzdirektionen sind für die Überwachung der ______________________ und der ______________________ zuständig.

c) Die oberste Finanzbehörde auf Bundesebene heißt: ______________________

Übungsaufgabe 4

Entscheiden Sie, ob es sich bei den im Folgenden genannten Steuern um Bundes-, Landes-, Gemeinde- oder Gemeinschaftsteuern handelt. Kreuzen Sie die jeweils richtige Antwort an.

	Gemeinschaftsteuer	Bundessteuer	Landessteuer	Gemeindesteuer
Einkommensteuer				
Versicherungsteuer				
Erbschaftsteuer				
Energiesteuer				
Grunderwerbsteuer				
Grundsteuer				
Hundesteuer				

I. Rechtsfähigkeit

Lernsituation

Ralf Kutscheid war am vergangenen Wochenende bei seiner Oma zu Besuch. Sie hat ihm beim Essen erzählt, dass ihr Rauhaardackel Max und auch Ralf sowie seine jüngere Schwester Nina sehr am Herzen liegen und dass sie deshalb in ihrem Testament Max, Ralf und Nina mit jeweils 10.000 € bedacht hat. Sie hat Ralf erklärt, dass die 10.000 € für den Dackel Max sehr wichtig sind. Max soll nämlich immer genug zu fressen bekommen und zweimal im Monat zum Hundefriseur gebracht werden. Auch für den Tierarzt muss eine Rücklage vorhanden sein.

Lernjob 1

Versetzen Sie sich in Ralfs Situation. Lesen Sie § 1 BGB sowie in ihrem Lehrbuch die Ausführungen zum Thema „Rechtsfähigkeit" und suchen Sie im Internet Ausführungen zur „Erbfähigkeit".

Entscheiden Sie anschließend, ob die geplante Vererbung des Geldvermögens wie beschrieben möglich ist. Ralf ist volljährig, Nina ist 10 Jahre, Rauhaardackel Max 4 Jahre alt. Begründen Sie Ihre Entscheidung kurz!

____

____

Lernjob 2

Das deutsche Recht unterscheidet bei der Rechtsfähigkeit zwischen natürlichen Personen und juristischen Personen. Natürliche Personen sind Menschen, juristische Personen sind Rechtsgebilde (z. B. öffentlich-rechtliche Körperschaften, wie die Stadt Koblenz, das Land Rheinland-Pfalz oder eingetragene Vereine). Sowohl natürliche, als auch juristische Personen können Träger von Rechten und Pflichten, also rechtsfähig sein.

Ergänzen Sie die fehlenden Informationen in der nachfolgenden Übersicht. Entscheiden Sie anschließend, ob Ralfs Oma dem Tierheim Koblenz e. V. 10.000 € vererben könnte. Begründen Sie Ihre Entscheidung!

Rechtsfähigkeit = Fähigkeit, ____________________

Natürliche Personen (§ 1 BGB)	**Juristische** Personen (§ 21 BGB) – des **öffentlichen** Rechts	**Juristische** Personen (§ 21 BGB) – des **privaten** Rechts
Die Rechtsfähigkeit ► beginnt mit __________ __________ ► kann zu Lebzeiten nicht aberkannt werden ► endet __________	► **Beispiele:** öffentlich-rechtliche Körperschaften (Bund, Länder, Gemeinden), öffentlich-rechtliche Anstalten (ARD, ZDF) ► **Beginn der Rechtsfähigkeit:** __________ __________ ► **Ende der Rechtsfähigkeit:** durch Beschluss der zuständigen Behörde.	► **Beispiele:** e. V., e. G., AG, GmbH ► Beginn der Rechtsfähigkeit: __________ __________ __________ ► Ende der Rechtsfähigkeit: __________ __________

Ergänzende Übungsaufgaben

Übungsaufgabe 1

Eine Millionärin aus Berlin hat in ihrem Testament den Hunden im Berliner Tierheim ein Aktienpaket im Wert von 200.000 € vermacht.

Beantworten Sie die folgenden Fragen. Begründen Sie Ihre Antworten kurz.

a) Können die Hunde im Tierheim die Aktien erben?

b) Könnte das Berliner Tierheim (Träger: Berliner Tierheim e. V.) die Aktien erben, wenn dies in dem Testament so vorgesehen wäre?

Übungsaufgabe 2

Entscheiden Sie, ob die folgenden Personen rechtsfähig sind:

a) das ungeborene Kind Nele (Geburtstermin in wenigen Tagen)

b) die Treubilanz GmbH

c) die Stadt Koblenz

d) der Verein der Hunsrücker Steuerfachangestellten (nicht eingetragener Verein)

e) der Verein der Westerwälder Steuerfachangestellten e. V.

f) die Berufsbildende Schule Wirtschaft Koblenz

Übungsaufgabe 3

Wann beginnt die Rechtsfähigkeit

a) von natürlichen Personen?

b) von juristischen Personen des privaten Rechts?

c) des öffentlichen Rechts?

Übungsaufgabe 4

Wann endet die Rechtsfähigkeit

a) von natürlichen Personen?

b) von juristischen Personen des privaten Rechts?

c) des öffentlichen Rechts?

Übungsaufgabe 5

Kreuzen Sie in der nachfolgenden Tabelle die jeweils richtige Zuordnung an.

Rechtssubjekt	natürliche Person	juristische Person des öffentlichen Rechts	juristische Person des Privatrechts
Bayerischer Rundfunk			
Steuerberatung Clever GmbH			
Dr. Hauenschild, Vorstandsvorsitzender der Hauenschild AG			
AOK Hamburg			

J. Geschäftsfähigkeit

Lernsituation

Ralfs Schwester Nina (siehe Lernsituation zur Rechtsfähigkeit) hatte ein besonders gutes Zeugnis. Dafür hatte ihre Oma ihr ausnahmsweise 1.000 € geschenkt, die Nina für spätere Ausbildungszwecke auf ihr Sparbuch einzahlen sollte. Nina hat das Geld noch in ihrer Spardose.

Weil viele ihrer Freundinnen schon ein Tablet besitzen, möchte Nina auch eins haben; am besten ein Gerät, das super aussieht und leistungsfähig ist, damit sie Filme, Clips usw. auf dem Gerät schauen und mit ihren Freundinnen „skypen" kann. Ihre Eltern sind davon nicht begeistert, weil Nina schon ein Smartphone besitzt und dies ihrer Ansicht nach für ein Mädchen im Alter von 10 Jahren ausreicht.

Nina trifft sich trotzdem mit ihrer besten Freundin in einem Elektronikfachmarkt. Beide sichten zusammen das Tablet-Angebot. Ein spezielles Gerät hat es ihr besonders angetan. Deshalb entschließt sie sich, dieses Gerät zum Preis von 480 € zu kaufen.

Lernjob 1

Nur wer voll „geschäftsfähig" ist, kann im Rechtsverkehr rechtswirksam handeln, also z. B. Kaufverträge abschließen. Lesen Sie hierzu die §§ 106 - 108 BGB sowie in ihrem Lehrbuch die Ausführungen zum Thema „Geschäftsfähigkeit".[1]

Entscheiden Sie anschließend, ob Nina allein (ohne die Zustimmung ihrer Eltern) den Kaufvertrag in dem Elektronikfachmarkt wirksam abschließen darf. Begründen Sie Ihre Entscheidung kurz!

---

[1] Z. B. Schlafmann/Zschenderlein, *Wirtschafts- und Sozialkunde für Steuerfachangestellte*, G. Grundlagen des Privatrechts, 8. Geschäftsfähigkeit.

Lernjob 2

Die Rechtsfähigkeit allein genügt nicht, bestimmte Rechtsfolgen durch eigenes Handeln herbeizuführen. Zusätzlich muss die Geschäftsfähigkeit dieser Person vorliegen, damit ihr rechtliches Handeln wirksam ist. Im Gegensatz zur Rechtsfähigkeit ist die Geschäftsfähigkeit an das Lebensalter und die geistigen Fähigkeiten einer Person gebunden.

Personen, die dauerhaft geisteskrank sind, sind geschäftsunfähig (§ 104 Nr. 2 BGB). Sie können keine wirksamen Willenserklärungen abgeben und somit keine wirksamen Rechtsgeschäfte vornehmen.

Bei geistig gesunden Personen hängt die Geschäftsfähigkeit von deren Alter ab.

Lesen Sie die §§ 104 und 106 BGB erneut genau und ergänzen Sie die fehlenden Informationen in der nachfolgenden Übersicht zur Geschäftsfähigkeit.

Alter	Grad der Geschäftsfähigkeit	Wirksamkeit der Rechtshandlungen
unter 7 Jahre	______ geschäftsfähig	Rechtshandlungen sind ______
7 Jahre bis unter ______ Jahre	______ geschäftsfähig	Rechtshandlungen sind ______ ______
______ Jahre und älter	**voll** geschäftsfähig	Rechtshandlungen sind **wirksam**

Lernjob 3

Nina erhält monatlich 20 € Taschengeld von ihren Eltern zur freien Verfügung. Von dem Taschengeld legt sie regelmäßig 5 bis 10 € zurück, um dadurch kleine Rücklagen zu bilden. In dem Elektronikfachmarkt, in dem sie das Tablet gekauft hat (Lernjob 2), entdeckt sie in einer anderen Abteilung die DVD ihres Lieblingsfilms. Sie kauft diese DVD für 25 € und bezahlt sie mit ihrem Taschengeld.

Lesen Sie § 110 BGB und entscheiden Sie, ob der DVD-Kauf gültig ist. Begründen Sie Ihre Antwort.

Ergänzende Übungsaufgaben

Übungsaufgabe 1

Die 16 Jahre alte Rebekka erhält von ihrer Tante eine wertvolle Perlenkette geschenkt. Rebekkas Eltern sind mit dem Geschenk nicht einverstanden.

Muss Rebekka die Perlenkette aus rechtlicher Sicht zurückgeben? Begründen Sie Ihre Antwort mit Angabe der zutreffenden Rechtsquelle.

Übungsaufgabe 2

Die 15 Jahre alte Luise kauft bei einem Motorradhändler ein Mofa. Das Geld hat Luise von ihrem Sparbuch abgehoben. Ihre Eltern hatte Luise nicht gefragt, ob sie mit einem solchen Geschäft einverstanden sind.

Ist der Kaufvertrag, den Luise mit dem Händler abgeschlossen hat, gültig? Begründen Sie Ihre Antwort mit Angabe der zutreffenden Rechtsquelle.

Übungsaufgabe 3

Der sechs Jahre alte Pascal nimmt Geld aus seiner Spardose und kauft dafür im benachbarten Bäckerladen eine Menge Süßigkeiten. Pascal kommt mit einem Teil der erworbenen Ware nach Hause. Die Eltern von Pascal sind mit diesem Geschäft nicht einverstanden.

Können die Eltern das Geld von dem Bäcker zurückverlangen? Begründen Sie Ihre Antwort mit Angabe der zutreffenden Rechtsquelle.

Übungsaufgabe 4

Der sechsjährige Max wird von seiner Mutter zum Lebensmittelgeschäft geschickt, um zwei Liter Milch zu kaufen. Die Mutter gibt Max einen Zettel sowie das abgezählte Geld mit. Max kauft die Milch und gibt der Kassiererin den Zettel und das Geld. Ist ein gültiger Kaufvertrag zustande gekommen? Begründen Sie Ihre Antwort.

Übungsaufgabe 5

Der elfjährige Florian kauft sich im Spielzeuggeschäft eine Airsoftgun von seinem Taschengeld. Als die Eltern einige Tage später die Waffe in Florians Zimmer finden, sind sie verärgert. Sie sind mit dem Kauf nicht einverstanden und bringen die „Waffe" zum Händler zurück. Sie verlangen die Rückgabe des Kaufpreises. Der Händler sieht dies nicht ein und beruft sich auf den „Taschengeldparagrafen". Wer hat Recht? Begründen Sie Ihre Antwort.

K. Besitz und Eigentum

Lernsituation

Pascal leiht der Schülerin Michelle, die in der Nachbarklasse in der nächsten Stunde eine Klassenarbeit schreibt, seinen Taschenrechner. Witzigerweise wird in dieser Klassenarbeit die Frage gestellt, worin der Unterschied zwischen Besitz und Eigentum besteht. Michelle ist sich nicht sicher, ob sie den Unterschied genau kennt. Nach der Klassenarbeit gibt sie Pascal den Taschenrechner zurück und fragt ihn, ob er ihr den Unterschied zwischen Besitz und Eigentum genau erklären kann.

Lernjob 1

Versetzen Sie sich in Pascals Situation. Lesen Sie die §§ 854 und 903 BGB sowie in ihrem Lehrbuch die Ausführungen zum Thema „Besitz und Eigentum"[1] und beantworten Sie Michelles Frage, worin der **Unterschied zwischen Besitz und Eigentum** besteht. Beziehen Sie Ihre Ausführungen auf den ausgeliehenen Taschenrechner!

Besitz (§ 854 BGB)	Eigentum (§ 903 BGB)

[1] Z. B. Schlafmann/Zschenderlein, *Wirtschafts- und Sozialkunde für Steuerfachangestellte*, G. Grundlagen des Privatrechts, 9. Besitz und Eigentum.

Lernjob 2

Michelle hat ihr Smartphone in dem Raum der Klassenarbeit liegen gelassen. Peter entdeckt das Smartphone (ein neues, recht teures Modell), steckt es ein und verkauft es in der nächsten Pause dem Mitschüler Max für 100 €.

Beantworten Sie zu dieser Erweiterung der Lernsituation die nachfolgenden Fragen. Ziehen Sie hierfür die §§ 854, 903, 929, 932 und 935 Abs. 1 BGB sowie Ihr Lehrbuch zur Information heran.

a) **Wer** ist zu welchem Zeitpunkt **Besitzer** des Smartphones?

b) **Wie** wird **Eigentum** bei beweglichen Sachen übertragen?

c) Ist die **Eigentumsübertragung** an dem Smartphone von Peter an Max **rechtens**? Begründen Sie Ihre Antwort kurz!

Lernjob 3

Michelle kennt nun den Unterschied zwischen Besitz und Eigentum und weiß jetzt auch, wie Eigentum an beweglichen Sachen übertragen wird. Da sie noch zu Hause bei ihren Eltern im eigenen Einfamilienhaus wohnt, fragt sie sich, wie ihre Eltern Eigentümer des Grundstücks mit dem Einfamilienhaus wurden, das sie vor 10 Jahren vom Voreigentümer gekauft hatten. Schließlich handelt es sich nicht um eine „bewegliche" Sache und „Übergabe" ist bei einem Grundstück ja auch nicht möglich. Sie fragt in der Pause erneut Pascal, der sich in rechtlichen Fragen gut auskennt.

Versetzen Sie sich in Pascals Situation, klären Sie mithilfe der §§ 311b Abs. 1, 873 Abs. 1 und 925 Abs. 1 Sätze 1 - 2 BGB und ihres Lehrbuchs, wie das **Eigentum an Grundstücken übertragen** wird und geben Sie Michelle Auskunft in wenigen Sätzen.

Ergänzende Übungsaufgaben

Übungsaufgabe 1

Welche der folgenden Aussagen zu Besitz und Eigentum sind richtig und welche falsch?

a) Eigentum ist die tatsächliche Herrschaft über eine Sache.

b) Besitz ist die rechtliche Herrschaft über eine Sache.

c) Eigentum wird durch Übergabe der Sache an den Erwerber übertragen.

d) Eigentum an einer beweglichen Sache wird durch Einigung über den Eigentumsübergang und Übergabe der Sache übertragen.

e) Eigentum an einem Grundstück wird durch notariellen Vertrag (sog. Auflassung) übertragen.

f) Gutgläubiger Erwerb ist bei verloren gegangenen Sachen möglich.

g) Gutgläubiger Erwerb ist bei gestohlenen Sachen möglich.

h) Das Eigentum an einem Grundstück wird durch Auflassung (Notar) und Eintragung im Grundbuch übertragen.

i) Das Eigentum an einer beweglichen Sache kann allein durch Einigung über die Eigentumsübertragung geschehen, wenn der Erwerber Besitzer der Sache ist.

Übungsaufgabe 2

Jafer Hamsoro leiht seiner Klassenkameradin Martina Schraub sein Buch „Rechnungswesen für Steuerfachangestellte" aus. Martina behält das Buch einige Wochen und verkauft es, da sie ihre Ausbildung abgebrochen hat, an Gero Müller, der seine Ausbildung zum Steuerfachangestellten gerade begonnen hat.

Wird Gero Müller Eigentümer des Buchs oder kann Jafer Hamsoro die Herausgabe des Buchs von Gero Müller verlangen? Begründen Sie Ihre Antwort!

Übungsaufgabe 3

Djamila Sahnoun möchte ihr Smartphone an Sinem Özpelit für 150 € verkaufen. Zurzeit hat aber Ronja Hammes das Handy leihweise. Sinem und Djamila einigen sich, dass Ronja das Smartphone an Sinem herausgeben soll. Sinem bezahlt Djamila die 150 €.

Ist eine Eigentumsübertragung auf Sinem erfolgt und kann Sinem die Herausgabe des Smartphones von Ronja verlangen? [Hinweis: §§ 931 und 985 BGB lesen!]

L. Willenserklärungen und Rechtsgeschäfte

Lernsituation

Ihr Klassenkamerad Michael Jung fährt täglich mit seinem E-Bike zur Schule. Er erzählt Ihnen zwischen zwei Unterrichtsstunden, dass Thomas, ein Mitschüler aus der Parallelklasse, in der Pause das E-Bike bewundert hat und ihm das Fahrrad abkaufen möchte. Thomas habe ihm gesagt: *„Das ist ein tolles E-Bike – ich würde es dir für 800 € abkaufen."*

Michael ist sich nicht sicher, ob die Aussage des Mitschülers aus der Parallelklasse überhaupt rechtliche Bedeutung hätte, wenn er selbst bereit wäre, das Fahrrad zu verkaufen. Er fragt Sie, was Sie dazu wissen.

Lernjob 1

Schlagen Sie in Ihrem Lehrbuch nach, was unter „Willenserklärung" und „Rechtsgeschäft" zu verstehen ist.[1] Lesen Sie außerdem die §§ 116, 145 - 147, 433 BGB. [Hinweis: Verwenden Sie das Stichwortverzeichnis Ihres Lehrbuchs!]

Entscheiden Sie anschließend,

a) wie solche Äußerungen im rechtlichen Sinn bezeichnet werden und ob die Aussage von Thomas eine rechtliche Bedeutung hat:

- allgemeine Bezeichnung der Äußerung (§ 116 BGB): ____________________

- spezielle Bezeichnung der Äußerung (§ 145 BGB): ____________________

- rechtliche Bedeutung der Äußerung (§ 145 BGB): ____________________

____

____

____

____

b) ob zwischen Michael und Thomas bereits ein Vertrag zustande gekommen ist; falls ja, welcher; falls nein, warum nicht.

____

____

____

[1] Z. B. Schlafmann/Zschenderlein, *Wirtschafts- und Sozialkunde für Steuerfachangestellte*, G. Grundlagen des Privatrechts, 11. Willenserklärungen.

Lernjob 2

Im Rechtsverkehr wird zwischen **„einseitigen"** und **„zwei-/mehrseitigen"** Rechtsgeschäften unterschieden. Lesen Sie nach, worin der Unterschied besteht und ergänzen Sie anschließend die nachfolgende Übersicht.

Arten von Rechtsgeschäften	**einseitige Rechtsgeschäfte**	**zwei-/mehrseitige Rechtsgeschäfte**
Definition bzw. allgemeine Beschreibung		
Beispiele		

Lernjob 3

Bei Willenserklärungen wird zwischen **„nicht empfangsbedürftigen"** und **„empfangsbedürftigen"** Erklärungen unterschieden. Ordnen Sie die folgenden Willenserklärungen richtig zu:

Rücktritt von einem Vertrag — Vollmacht — Testament

Auslobung — Kündigung — Eigentumsaufgabe

nicht empfangsbedürftig (die **Abgabe** der WE reicht für deren Gültigkeit aus)	**empfangsbedürftig** (sie werden erst gültig, wenn sie dem Empfänger **zugehen**)

Lernjob 4

Michael überlegt, ob er Thomas seinerseits ein Angebot für den Kauf seines E-Bikes unterbreiten soll. Schließlich ist Thomas an dem Bike interessiert und für Michael wäre es die Chance, einen Grundstock für ein neues, besseres E-Bike zu erhalten.

Er fragt Sie, ob er das Angebot an Thomas schriftlich unterbreiten muss, damit es verbindlich ist. Außerdem möchte er wissen, welche Formvorschriften für Willenserklärungen überhaupt im BGB vorhanden sind und wofür diese verbindlich sind.

Ergänzen Sie die nachfolgende Übersicht[1] und geben Sie Michael eine Antwort darauf, ob er sein Angebot an Thomas schriftlich erteilen muss oder ob er es auch mündlich oder elektronisch übermitteln kann.

Wichtige Formarten des Bürgerlichen Gesetzbuchs				
Keine Form vorgeschrieben	____________	____________ ____________	**Öffentliche Beglaubigung**	**Notarielle** ____________
----------	§ 126 BGB, § 623 BGB, § 766 BGB	§ 126 Abs. 3 BGB, § 126a BGB	§ 129 BGB, § 12 Abs. 2 HGB, § 1410 BGB, § 2276 BGB	§ 128 BGB, § 873 Abs. 2 BGB, § 2 Abs. 1 GmbHG
z. B. ► ____________ ____________ ____________ ____________ ► ____________ ____________ ____________ ____________ ____________ ____________ ____________ ____________	z. B. ► ____________ ____________ ____________ ► ____________ ____________ ____________ ____________ ____________ ____________ ____________ ____________	z. B. ► ____________ ____________ ____________ ____________ ____________ ____________ ____________ ____________ ► ____________ ____________ ____________ ____________ ____________ ____________ ____________ ____________	z. B. ► ____________ ____________ ____________ ____________ ____________ ____________ ____________ ____________ ► ____________ ► ____________ ____________ ____________	z. B. ► ____________ ____________ ____________ ► ____________ ____________ ____________

[1] Siehe Schlafmann/Zschenderlein, *Wirtschafts- und Sozialkunde für Steuerfachangestellte*, G. Grundlagen des Privatrechts, 10. Formvorschriften.

Lernjob 5

Michael zweifelt, ob Thomas seine Aussage vor dem Schulbeginn wirklich ernst gemeint hat: *„Das ist ein tolles E-Bike – ich würde es dir für 800 € abkaufen.“*

Es stellt sich also die Frage, ob Thomas eine wirksame Willenserklärung – hier einen Antrag auf Abschluss eines Kaufvertrags – abgegeben hat oder nicht.

Das BGB unterscheidet zwischen **wirksamen, nichtigen** und **anfechtbaren** Rechtsgeschäften bzw. Willenserklärungen.

Wirksame Willenserklärungen sind **von Anfang an gültig und bleiben es** grundsätzlich auch.

Nichtige Willenserklärungen sind **von Anfang an ungültig**.

Anfechtbare Willenserklärungen sind zunächst gültig, können aber durch die Erklärung der Anfechtung **rückwirkend ungültig** werden.

Entscheiden Sie, ob die oben aufgeführte Aussage von Thomas sowie die weiteren im Folgenden aufgeführten Willenserklärungen **wirksam**, **nichtig** oder **anfechtbar** sind. Geben Sie jeweils eine Kurzbegründung und den zutreffenden Paragrafen des BGB mit an. Fundstellen: §§ 116 - 125, 133 - 134, 138, 142 - 143 BGB.

a) Thomas: *„Das ist ein tolles E-Bike – ich würde es dir für 800 € abkaufen.“* [Hinweis: § 116 BGB.]

____

____

b) Handwerker Müller zum Kunden Mayer: *„Ich repariere Ihnen die Heizung. Die reguläre Reparatur kostet 1.000 € + 190 € USt. Sie können mir aber 500 € bar geben (ohne Quittung), und ich stelle Ihnen zusätzlich eine offizielle Rechnung in Höhe von 300 € + 57 € USt aus. Sie sparen dann 333 €.“* Müller und Mayer schließen einen schriftlichen Reparaturvertrag über 300 € netto ab. [Hinweis: § 117 BGB.]

____

____

c) Jafer Hamsoro zu seinem Sitznachbarn Ahmet: *„Deine Armbanduhr ist ja der Hammer. Ich kaufe sie dir für 1.000 € ab.“* Beide wissen, dass die Uhr einen Neuwert von 80 € hat. [Hinweis: § 118 BGB.]

____

____

d) Die Auszubildende Siobahn Fiktiv bestellt über das Internet eine illegale Ware für 200 €. Zwischenzeitlich bekommt sie „kalte Füße“ und nimmt das Päckchen mit der Ware nicht an. Der Verkäufer besteht auf Abnahme der Ware und Bezahlung des vereinbarten Kaufpreises. [Hinweis: § 134 BGB.]

____

____

e) Thomas Adler braucht dringend Geld. Deshalb verkauft er den Schrebergarten, den er von seiner Oma geerbt hatte und dessen rechtmäßiger Eigentümer er ist, an Familie Clever für 10.000 €. Er schließt mit Familie Clever einen schriftlichen Kaufvertrag ab und Familie Clever bezahlt die 10.000 € in bar an Thomas Adler. [Hinweis: §§ 125, 873, 128 BGB.]

____

____

f) Jörg Gerhard möchte sich einen Gebrauchtwagen kaufen. Ein tolles Fahrzeug hat er bei dem Gebrauchtwagenhändler Freddy Schlitzohr gefunden. Es kostet 10.000 €. Jörg Gerhard hat aber nur 5.000 € zur Verfügung. Freddy Schlitzohr bietet ihm an, für die fehlenden 5.000 € ein Darlehen für vier Jahre mit einem Zinssatz von 22 % p. a. zu gewähren. Jörg Gerhard willigt ein (er unterschreibt den Darlehensvertrag). [Hinweis: § 138 BGB.]

g) Eric Hammes bestellt ein neues Smartphone. Bei der Bestellung vertippt er sich und tippt statt „1" die Zahl „5". Die Lieferung an ihn enthält fünf Geräte. [Hinweis: § 119 Abs. 1 BGB.]

h) Ronja Peukert bestellt in einer Kölner Kneipe nach der Karte einen „halven Hahn" für 8 €. Der Ober serviert statt des erwarteten halben Hähnchens ein Käsebrot. [Hinweis: § 119 Abs. 1 BGB.]

i) Steuerberaterin Marina Zimmermann bucht ein Zimmer in einem angesehenen „4 Sterne"-Hotel für eine Woche zum Preis von 130 € pro Nacht. Bei der Ankunft stellt sie fest, dass das Zimmer im Hinterhof eines Nebengebäudes mit „Blick auf die Müllcontainer" liegt. [Hinweis: § 119 Abs. 2 BGB.]

j) Wirtschaftsprüfer Ercan Snajder beauftragt seine Büroangestellte Sonja Sonnenschein, für ihn in Hamburg ab dem 1. Mai ein Zimmer für zwei Nächte zu buchen. Sonja Sonnenschein hat nicht richtig zugehört. Sie bucht für Ihren Chef ein Zimmer in Hamburg für zwei Wochen. [Hinweis: § 120 BGB.]

k) Steuerberater Nicola Katusa stellt die Steuerfachangestellte Anja Gilles ein. Beim Vorstellungsgespräch hat sie ein Berufsschulzeugnis vorgelegt, das ausschließlich die Noten „sehr gut" und „gut" enthält. Nach kurzer Zeit stellt sich heraus, dass Anja Gilles kaum eine der typischen Tätigkeiten einer Steuerfachangestellten beherrscht und dass das von ihr vorgelegte Zeugnis gefälscht ist. [Hinweis: § 123 BGB.]

Lernjob 6

Ergänzen Sie die nachfolgende Übersicht stichwortartig, in der **nichtige** und **anfechtbare** Rechtsgeschäfte einander gegenübergestellt werden:

Willenserklärungen bzw. Rechtsgeschäfte	
von Anfang an nichtig	**anfechtbar**
► Scheingeschäft (§ 117 BGB)	► Erklärungsirrtum (§ 119 Abs. 1 BGB)
►	►
►	►
►	►
►	►

Ergänzende Übungsaufgaben

Übungsaufgabe 1

Welche Formvorschriften gelten für welche Rechtsgeschäfte? Kreuzen Sie die richtigen Antworten(en) an!

Rechtsgeschäft	keine Form vorgeschrieben	schriftlich	elektronische Übermittlung	öffentliche Beglaubigung	notarielle Beurkundung
Abschluss Mietvertrag					
Kündigung Mietvertrag					
Abschluss Arbeitsvertrag					
Kündigung Arbeitsvertrag					
Abschluss Kaufvertrag					
Grundstückskauf					

Übungsaufgabe 2

Entscheiden Sie durch Ankreuzen, ob die genannten Rechtsgeschäfte nichtig oder ob sie anfechtbar sind!

Rechtsgeschäft	nichtig	anfechtbar
Scherzgeschäft (nicht ernst gemeinte Willenserklärung/en)		
Erklärungsirrtum (Versprechen, Verschreiben etc.)		
Inhaltsirrtum (jemand kennt nicht die Bedeutung seiner Äußerung)		
Scheingeschäft (nur zum Schein abgeschlossen; nicht wahrheitsgemäß)		
Verstoß gegen gesetzliche Form (z. B. mündliche Kündigung eines Arbeitsvertrags)		
Abschluss eines Vertrags, der gegen ein gesetzliches Verbot verstößt		
arglistige Täuschung (Vorspiegelung falscher Tatsachen vor oder bei Vertragsschluss)		
sittenwidriges Geschäft (z. B. Wucher)		

Übungsaufgabe 3

Unterscheiden Sie per Kurzerklärung und durch Nennung jeweils eines Beispiels zwischen einem

- einseitigen Rechtsgeschäft und einem
- zweiseitigen Rechtsgeschäft.

Übungsaufgabe 4

Prüfen Sie, ob bei den nachfolgenden Fällen jeweils ein gültiges Rechtsgeschäft vorliegt oder nicht. Begründen Sie Ihre Antworten jeweils kurz!

a) Frau Blum kauft von Frau Ortwein ein Grundstück. Der Kaufvertrag wird schriftlich abgeschlossen. Frau Blum übergibt Frau Ortwein einen Scheck über 500.000 € (Kaufpreis), und Frau Ortwein bestätigt Frau Blum den Eigentumsübergang schriftlich.

b) Hans Wusel vertauscht bei einer Bestellung bei der Versandhaus AG die Bestellnummern. Statt des gewollten Regenschirms erhält er deshalb eine Bohrmaschine zugeschickt.

c) Der 6-Jährige Axel nimmt 2 € aus seiner Sparbüchse und kauft damit Süßigkeiten im benachbarten Bäckerladen.

d) Der Bilanzbuchhalter Karl Unwahr wird von der „Treu und Glauben GmbH" als Leiter des Mahnwesens eingestellt. Später stellt sich heraus, dass Herr Unwahr ein gefälschtes Zeugnis vorgelegt hatte.

M. Überblick über wichtige Verträge

Lernsituation

Ihre Mitschülerin Petra Wirth wendet sich mit Bitte um Rat an Sie. Petra schildert Ihnen, dass ihre Freundin Yvonne sie gestern gefragt hatte, ob sie am nächsten Sonntag ihr Auto für eine Besuchsfahrt zu ihrem Freund ausleihen kann. Yvonne hat kein eigenes Auto. Ihr Freund wohnt in einem 25 km entfernten Dorf, das sonntags nicht mit öffentlichen Verkehrsmitteln erreichbar ist. Yvonne hat Petra angeboten, das verbrauchte Benzin zu erstatten. Da Petra am Sonntag geplant hatte, für eine Klassenarbeit zu lernen, das Auto also selbst nicht nutzen wird, sagte sie Yvonne zu, dass sie ihr Auto am nächsten Sonntag von 10 bis 18 Uhr nutzen darf.

Petra schildert weiter, dass sie die Zusage ihren Eltern beim Abendessen erzählt hat. Ihre Eltern sind nicht damit einverstanden, dass Petra ihrer Freundin Yvonne, die wenig Fahrpraxis hat, das neue Auto ausleiht.

Petra hat Yvonne deshalb mitgeteilt, dass ihre Eltern nicht einverstanden sind und sie ihre Zusage zurückziehe. Yvonne besteht aber auf Petras Zusage, zumal sie sich mit ihrem Freund schon fest verabredet hatte; sie sagt: *„Vertrag ist Vertrag – deine Zusage musst du jetzt einhalten! Wir sind ja beide volljährig und können somit Verträge abschließen."*

Petra fragt Sie um Rat.

Lernjob 1

Klären Sie, ob zwischen Yvonne und Petra ein verbindlicher Vertrag zustande gekommen ist oder nicht. Arbeiten Sie zunächst heraus, welche Merkmale ein Vertrag hat und ob diese bei der der vorliegenden Situation vollständig vorliegen.

Falls Sie zu dem Ergebnis kommen, dass ein gültiger Vertrag zwischen Yvonne und Petra zustande kam, finden Sie bitte ergänzend heraus, wie ein solcher Vertrag genannt wird (sog. Vertragsart).

Lesen Sie vor ihrer Urteilsbildung in Ihrem Lehrbuch nach, wie Verträge zustande kommen (= Merkmale eines Vertragsschlusses) und ob geschlossene Verträge für die Vertragspartner bindend sind.[1]

[1] Z. B. Schlafmann/Zschenderlein, *Wirtschafts- und Sozialkunde für Steuerfachangestellte*, G. Grundlagen des Privatrechts, 14. Wichtige Vertragsarten des Privatrechts.

Lernjob 2

Vervollständigen Sie das folgende Schaubild!

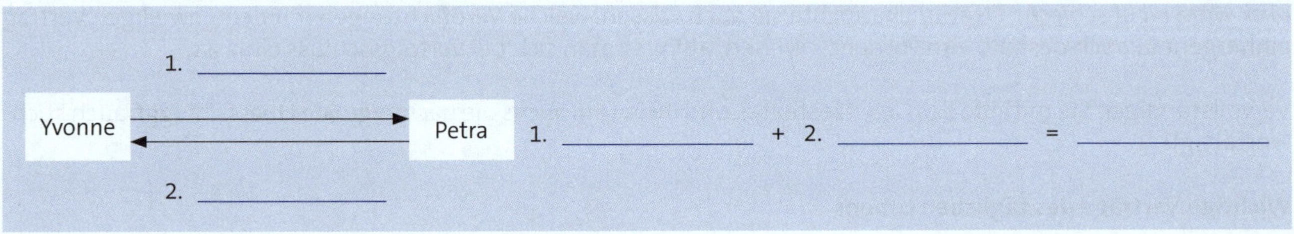

Lernjob 3

Petra hat gelesen, dass in Deutschland niemand zur Vertragserfüllung gezwungen werden kann. Stimmt das? Dann wären alle Verträge ja nur unverbindliche Vereinbarungen.

a) Muss Petra den geschlossenen Vertrag erfüllen?

b) Was passiert, wenn Petra den Vertrag nicht erfüllt?

[Hinweis: §§ 280 Abs. 1 und 281 Abs. 1 BGB lesen und interpretieren!]

____

____

____

____

____

____

____

____

Lernjob 4

Petra weiß nun, wie ein Vertrag zustande kommt. Sie stellt sich in diesem Zusammenhang die Frage, mit welchen alltäglichen Verträgen sie jetzt schon zu tun hat oder in der Zukunft zu tun haben wird. Sie denkt sich: *„Ein Überblick wäre nicht schlecht."* Natürlich möchte sie auch wissen, welche Verpflichtungen mit dem jeweiligen Vertrag einhergehen; auch deshalb, um vorher zu wissen, auf was man sich bei Vertragsschluss einlässt.

Vervollständigen Sie mithilfe des Gesetzestextes und Ihres Lehrbuchs die nachfolgende Übersicht (ggf. auch stichwortartig)!

Wichtige Verträge des täglichen Lebens

Vertragsart (Begriff)	Rechtsgrundlage	grundlegende Verpflichtungen der Vertragspartner (= Vertragsinhalt)
	§§ 433 - 479 BGB	Verkäufer: Käufer:
	§§ 631 - 650 BGB	Werkunternehmer: Besteller (Auftraggeber):
Leihvertrag	§§ 598 - 606 BGB	**Verleiher:** dem Entleiher gestatten, die verliehene Sache unentgeltlich zu gebrauchen (zu nutzen). **Entleiher:** Nutzung der geliehenen Sache nur zu dem vereinbarten Gebrauch, Rückgabe der geliehenen Sache nach Ablauf der vereinbarten Zeit und Ersatz gewöhnlicher Aufwendungen.
	§§ 611 - 630 BGB	Dienstverpflichteter: Dienstherr:
Darlehensvertrag; Sachdarlehensvertrag	§§ 488 - 505e BGB §§ 607 - 609 BGB	**Darlehensgeber:** dem Darlehensnehmer den vereinbarten Geldbetrag zur Verfügung stellen; beim Sachdarlehensvertrag: dem Darlehensnehmer die vereinbarte vertretbare Sache überlassen. **Darlehensnehmer:** dem Darlehensgeber den vereinbarten Zins zahlen und bei Fälligkeit den geliehenen Geldbetrag dem Darlehensgeber zurückzahlen; beim Sachdarlehensvertrag: Zahlung des vereinbarten Darlehensentgelts und bei Fälligkeit Rückerstattung von Sachen gleicher Art, Güte und Menge.

Vertragsart (Begriff)	Rechtsgrundlage	grundlegende Verpflichtungen der Vertragspartner (= Vertragsinhalt)
	§§ 535 - 580a BGB	Vermieter: Mieter:
	§§ 581 - 597 BGB	Verpächter: Pächter:

Lernjob 5

Petra ist nicht ganz klar, worin der genaue Unterschied besteht zwischen

a) Kaufvertrag und Werkvertrag und

b) Dienstvertrag und Werkvertrag.

Helfen Sie Petra! Beschreiben Sie kurz die Unterschiede und geben Sie jeweils ein Beispiel an! [Nehmen Sie zur Informationsbeschaffung Ihr Lehrbuch sowie selbst gewählte Internetquellen zu Hilfe.]

a) Unterschied zwischen **Kaufvertrag** und **Werkvertrag**:

b) Unterschied zwischen **Dienstvertrag** und **Werkvertrag**:

Ergänzende Übungsaufgaben

Übungsaufgabe 1

Entscheiden Sie bei den folgenden Fällen, um **welche Vertragsart** es sich jeweils handelt. Geben Sie die **Vertragsart**, die **Rechtsgrundlage** und eine **Kurzbegründung** zu jedem Fall an.

Fall 1:

Anne Gierden ist angestellte Steuerberaterin. Sie wird für sechs Monate zu einer Außenstelle in Berlin versetzt. Da sie ihr Auto dort wegen der schlechten Parkmöglichkeiten nicht mitnehmen möchte, überlässt sie es für diese Zeit ihrer Freundin Nele Endreß. Anne fordert hierfür keine Gegenleistung, erwartet jedoch, dass Nele für die üblichen Aufwendungen der Nutzung aufkommt. Nele ist einverstanden.

Fall 2:

Die Steuerfachwirtin Vivien Schorn möchte das Smartphone ihrer Kollegin Amelie Theis erwerben. Amelie bietet Vivien an, das Gerät in zwei Wochen für 150 € abzugeben. Vivien willigt ein und sichert zu, die 150 € in zwei Wochen mitzubringen.

Fall 3:

Carina Maier möchte ihren 20. Geburtstag groß feiern. Zu Hause verfügt sie nicht über die entsprechenden Räumlichkeiten. Von dem Sportverein in ihrem Ort erhält sie die Möglichkeit, ihre Geburtstagsparty in dem Vereinsheim zu feiern. Sie schließt mit dem Verein einen Nutzungsvertrag ab. Der Verein möchte für die Nutzung eine Gebühr von 200 € plus eventuell anfallende Reinigungskosten bezahlt bekommen.

Fall 4:

Florian Kurz ist Gastwirt. Da er sich zur Ruhe setzen möchte, vermietet er seine Gastwirtschaft „Zum goldenen Hahn“ für 10 Jahre an Christian Himmighofen für monatlich 2.500 €.

Fall 5:

Christian Himmighofen bringt sein Auto zu dem Kfz-Betrieb „Alhamso Cars e. K.“ mit der Bitte um Reparatur. Das Auto ist ein amerikanischer „Mustang“. Herr Alhamso muss hierfür Ersatzteile in den USA besorgen. Die Reparatur soll 1.500 € kosten. Herr Himmighofen willigt ein und beauftragt den Kfz-Betrieb mit der Reparatur.

Fall 6:

Lilya Glöckner findet ein Foto ihrer Lieblingsschauspielerin in einer Fernsehzeitschrift. Die Schauspielerin hat eine neue Frisur, die Lilya sehr gut gefällt. Sie geht am nächsten Tag mit dem Foto zu ihrem Friseur Eduardo Gutierrez und beauftragt ihn, ihre Haare wie auf dem Foto ihrer Lieblingsschauspielerin zu schneiden. Herr Gutierrez willigt ein und verlangt 100 € für den Haarschnitt.

Fall 7:

Angelina Wagner erwartet ihre Eltern zu Besuch. Sie möchte für diesen Anlass noch einen Kuchen backen, ihr fehlen jedoch noch 250 Gramm Mehl. Sie bittet ihre Nachbarin, mit einem Paket Mehl auszuhelfen. Die Nachbarin überlässt ihr das gewünschte Mehl. Angelina verspricht, in den nächsten Tagen eine gleichartige Packung Mehl zurückzugeben.

Fall 8:

Die Steuerberaterin Kathrin Weberskirch bittet ihre Bekannte Jennifer Staron, bei ihrer nächsten Schottlandreise eine Flasche Highland Malt (Whisky) mitzubringen. Frau Weberskirch erklärt sich bereit, für den Whisky 50 € und für Jennifers Aufwand 20 € zu bezahlen. Jennifer Staron willigt durch ihre Zusage ein.

Übungsaufgabe 2

Welche Vertragsarten liegen vor? Kreuzen Sie die jeweils richtige Antwort an!

Rechtsgeschäft	Kaufvertrag	Werkvertrag	Leihvertrag	Dienstvertrag	Darlehensvertrag	Mietvertrag	Pachtvertrag
1. Anna Schaub beauftragt den Uhrmacher Hünerfeld mit der Reparatur ihrer Armbanduhr.							
2. Laura Wolf genehmigt der Nachbarin Carina Baier, dass ihre Kinder in ihrem Garten spielen dürfen. Im Gegenzug pflegt Frau Baier den Garten von Frau Wolf.							
3. Leon Kaltner verpflichtet sich, Pia Menzer für 8 € pro Stunde Nachhilfe in Buchführung zu geben.							
4. Jule Michels wirft 50 Cent in einen Haartrocknungsautomaten im Schwimmbad ein.							
5. Philip Zell erhält das Recht, gegen Bezahlung von 90 Euro drei Tannen im Wald des Försters Schaab-Lorch zu fällen.							
6. Philip Zell erhält das Recht, gegen Bezahlung von 300 Euro beliebig viel Schadholz aus dem Wald des Försters Schaab-Lorch mitzunehmen.							
7. Marit Materna parkt im Parkhaus unter dem Bahnhofsvorplatz für 4 Stunden und bezahlt dafür 6 Euro.							
8. Der Steuerberater Yannik Michel erstellt für seinen Mandanten Simon Rauch die Monatsbuchhaltung für 300 Euro.							
9. Tanja Menzer erhält von ihrer Mitschülerin Pia Grams eine ungeöffnete Flasche Wasser; Tanja sichert Pia zu, nächste Woche eine gleichartige Flasche zurückzugeben.							
10. Jonas Lensch nimmt mit Zustimmung von Marcel Giergiel das Steuerlehre-Buch von Marcel Giergiel mit nach Hause; er sichert Marcel Giergiel zu, ihm das Buch in einer Woche zurückzugeben.							

N. Kaufverträge

Lernsituation

Ihre Mitschülerin Marina Adler erzählt Ihnen, dass ihr Auto ständig kaputt geht. Sie möchte deshalb ein neues Fahrzeug, am besten mit geringem Verbrauch, kaufen. Sie schildert Ihnen, dass sie gestern schon bei einem Händler war und sich dort umgeschaut hatte. Ein weißer Kleinwagen in Sportausführung in der Ausstellung hat ihr besonders gut gefallen. Die Finanzierung des Kaufpreises wäre mit Hilfe ihrer Eltern und einem kleinen Bankkredit möglich.

Marina ist sich nicht so ganz im Klaren darüber, wie ein solches Geschäft rechtlich abläuft und fragt Sie deshalb, ob Sie darüber Bescheid wissen.

Lernjob 1

Geben Sie Marina Auskunft über die nachfolgend aufgeführten Fragen zu einem Kaufvertrag, bezogen auf den geplanten Autokauf.

[Informieren Sie sich vorab in Ihrem Lehrbuch[1] über den Abschluss eines Kaufvertrags und weitere Grundlagen des Kaufvertragsrechts. Lesen Sie auch die §§ 433, 929 und 362 Abs. 1 BGB.]

a) Wie kommt ein Kaufvertrag zustande?

b) Wie kann das Zustandekommen eines Kaufvertrags graphisch (zeichnerisch) dargestellt werden?

c) Welche Verpflichtungen gehen die Vertragspartner ein?

[1] Z. B. Schlafmann/Zschenderlein, *Wirtschafts- und Sozialkunde für Steuerfachangestellte*, H. Grundlagen des Kaufvertragsrechts.

d) Was bedeuten die Begriffe „Verpflichtungsgeschäft“ und „Erfüllungsgeschäft“?

Lernjob 2

Marina hat ergänzende Fragen zu ihrem geplanten Autokauf und fragt Sie, ob Sie die Antworten kennen. Gegebenenfalls können Sie ja nochmal in Ihrem Lehrbuch nachlesen oder über Internetquellen recherchieren, bevor Sie antworten.

a) Der Kfz-Händler bietet Fahrzeuge über **Internetanzeigen** und in der **Ausstellung mit Preisschildern** an. Handelt es sich bei den Internetanzeigen und den Preisschildern in der Ausstellung bereits um rechtlich verbindliche Angebote? Begründen Sie Ihre Antwort kurz!

b) Der Kfz-Händler hat Marina einen bestimmten Kleinwagen **mündlich** für 18.000 € angeboten. Marina war sich nicht sicher, ob sie die Finanzierung hinbekommt und hat noch nicht zugesagt. Kann sie sich zu einem späteren Zeitpunkt (z. B. einige Stunden später oder am nächsten Tag) noch auf das Angebot des Händlers berufen? Begründen Sie Ihre Antwort kurz! [Hinweis: Siehe § 147 Abs. 1 BGB.]

c) Wie wäre der Fall b) zu beurteilen, wenn der Kfz-Händler Marina den Kleinwagen **schriftlich** für 18.000 € angeboten hätte. Begründen Sie Ihre Antwort kurz! [Hinweis: Siehe § 147 Abs. 2 BGB.]

d) Marina möchte den angebotenen Kleinwagen für 18.000 € kaufen. Sie hat dem Händler folgende Nachricht geschrieben: „Ich nehme Ihr Angebot an. Ich kaufe den angebotenen Kleinwagen für 18.000 €, wenn Sie die Zulassungskosten tragen und mir einen Satz Winterräder für das Fahrzeug dazu geben." (Die Zulassungskosten und die Winterräder waren in dem schriftlichen Angebot des Händlers nicht erwähnt.) Welche rechtliche Bedeutung hat Marinas Nachricht an den Händler?

e) Wie wäre der Fall b) zu beurteilen, wenn der Kfz-Händler Marina den Kleinwagen **schriftlich** für 18.000 € angeboten hätte, auf dem Angebot jedoch **„freibleibend"** steht. Begründen Sie Ihre Antwort kurz! [Hinweis: Siehe § 145 BGB.]

Lernjob 3

Marina hat sich nun doch für einen anderen preiswerten Neuwagen entschieden, zumal ihr ein renommierter Händler im 20 Kilometer entfernten Nachbarort ein besonders günstiges Angebot gemacht hat und die Finanzierung mit dem Zuschuss ihrer Eltern und einem günstigen Kredit gut möglich ist.

Überglücklich erzählt sie Ihnen von dem Abschluss des Kaufvertrags. Sie zeigt Ihnen ein Foto von ihrem neuen Auto. Es handelt sich um einen sportlichen Kleinwagen mit geringem Verbrauch aus der Ausstellung, der schon in wenigen Tagen verfügbar ist.

Marina ist sich nicht sicher, ob sie den Wagen bei dem Händler abholen muss oder ob dieser verpflichtet ist, das Fahrzeug zu ihr nach Hause zu liefern. Und die Bezahlung? Sie fragt sich, ob sie das Geld zu dem Händler bringen muss oder wie ihre Zahlungsverpflichtungen sind. Konkrete Vereinbarungen wurden nicht getroffen.

Marina fragt Sie, ob Sie wissen, an **welchen Orten** die **Verpflichtungen** des Verkäufers und des Käufers zu erfüllen sind.

Lesen Sie die §§ 269 Abs. 1 und 2 sowie 270 Abs. 1 BGB und geben Sie Marina Auskunft zu ihren Fragen (mit Erläuterungen)!

Leistungsort des Verkäufers (Warenschulden) § 269 BGB	Leistungsort des Käufers (Geldschulden) § 270 BGB

Lernjob 4

Nachdem Sie Ihrer Mitschülerin den Unterschied zwischen Leistungsort und Zahlungsort erklärt haben, fügen Sie ergänzend hinzu, dass es hinsichtlich des Leistungsortes für Warenlieferungen in bestimmten Fällen Ausnahmen von der Grundregel gibt. Lesen Sie hierzu nochmals § 269 Abs. 1 und ergänzend § 447 Abs. 1 BGB!

Welche **Ausnahmen von der Grundregel** „Warenschulden sind Holschulden" sind denkbar (auch bezogen auf andere Waren als Fahrzeuge)?

Lernjob 5

Ihre Mitschülerin Marina Adler wartet schon ungeduldig auf ihr neues Auto. Sie hatte mit dem Händler vereinbart, es am nächsten Mittwoch um 14 Uhr im Autohaus abholen zu können.

Marina weiß, dass der Verkäufer das Auto frei von Sach- und Rechtsmängeln übergeben muss. Sie ist sich jedoch nicht sicher, was unter einem „**Sachmangel**“ und einem „**Rechtsmangel**“ genau zu verstehen ist. Sie hatte auch einmal gelesen, dass bei Mängeln „offene“, „versteckte“ und „arglistig verschwiegene“ Mängel unterschieden werden. Worin der genaue Unterschied besteht, weiß sie jedoch nicht mehr.

Helfen Sie Ihrer Mitschülerin erneut bei der Klärung ihrer Fragen. Lesen Sie in Ihrem Lehrbuch die Ausführungen zu „Mängel“ bzw. „Mangelhafte Lieferung“ sowie die §§ 434 und 435 BGB und geben Sie Marina Auskunft zu den nachfolgenden Fragen (kurze Erläuterungen und Beispiele)!

a) Was ist ein „**offener**“ Mangel?

b) Was ist ein „**versteckter**“ Mangel?

c) Was ist ein „**arglistig verschwiegener**“ Mangel?

d) Wie definiert § 424 Abs. 1 BGB einen **Sachmangel**?

e) Wie definiert § 425 Satz 1 BGB einen **Rechtsmangel**?

Lernjob 6

Ergänzen Sie die Lücken in der nachfolgenden Übersicht. Lesen Sie hierfür § 434 BGB und nehmen Sie Ihr Lehrbuch zu Hilfe!

Sachmangel
(§ 434 BGB)

§ 434 **Abs. 2**: Die Sache entspricht **nicht** den ______ **Anforderungen**	§ 434 **Abs. 3**: Die Sache entspricht **nicht** den ______ **Anforderungen**	§ 434 **Abs. 4**: **Unsachgemäße** ______ oder **mangelhafte** ______	§ 434 **Abs. 5**: **Falschlieferung**
► sie hat nicht die ______ ______ ______ ► sie eignet sich nicht für die im Vertrag ______ ______ ______ oder ► sie wird nicht mit dem im Vertrag vereinbarten ______ ______ übergeben	► sie eignet sich nicht für die ______ ______ oder ► sie hat nicht die ______ ______ Beschaffenheit oder ► sie wird nicht mit dem Zubehör etc. übergeben, das ______ ______ ______	► ______ ______ oder ► ______ ______, die vom Verkäufer übergeben wurde	eine ______ als die vertraglich geschuldete Sache wurde geliefert

Lernjob 7

Ihre Mitschülerin Marina Adler hat ihr neues Auto mittlerweile bei dem Händler abgeholt. Bereits einige Tage danach macht das Fahrzeug Probleme. Beim Starten stottert der Motor oder geht erst beim zweiten oder dritten Versuch an. Sie erzählt Ihnen, dass sie den Mangel schon bei dem Händler reklamiert hat und dieser ihr entgegnet habe, dass das Fahrzeug bei Übergabe absolut mangelfrei war. Das jetzt auftretende Problem liege an ihrem langsamen Fahrstil, den der Pkw nicht verträgt.

Marina bittet Sie um Hilfe und Klärung der Rechtslage. Sie möchte vor allem wissen, ob sie beweisen muss, dass der Fehler schon bei der Übergabe des Fahrzeugs vorlag, das Fahrzeug also nicht mangelfrei übergeben wurde und welche Rechte sie gegenüber dem Verkäufer hat.

a) Lesen Sie § 477 Abs. 1 Satz 1 BGB und leiten Sie daraus ab, ob Marina beweisen muss, dass der beschriebene Mangel bereits bei Übergabe des Pkw bestand!

b) Für welche Art von Kaufverträgen gilt die Regelung des § 477 Abs. 1 BGB? [Siehe hierzu § 474 Abs. 1 und Abs. 2 Satz 1 BGB!]

c) Beantworten Sie mit Hilfe von § 437 Nr. 1 in Verbindung mit § 439 Abs. 1 und 4 BGB die Frage, ob Marina den Pkw direkt zurückgeben und ein neues Fahrzeug verlangen kann.

Lernjob 8

Das „Startproblem“ an Marinas Fahrzeug wurde von dem Autohaus mittlerweile vollständig behoben. Heute hat Marina durch Zufall festgestellt, dass die Sitzheizung des Beifahrersitzes nicht funktioniert. Da seit der Übergabe des Fahrzeugs nun schon sechs Monate vergangen sind, möchte Marina wissen, ob sie diesen Mangel noch reklamieren kann. Sie möchte wissen, wie lang sie ein Recht auf Nachbesserung hat.

Lesen Sie § 438 Abs. 1 Nr. 3 und Abs. 3 Satz 1 sowie § 443 Abs. 1 BGB. Erklären Sie Marina anschließend, wie lang die gesetzliche „Gewährleistungsfrist“ ist und welche Bedeutung eine eventuelle Garantie des Herstellers hat.

Ergänzende Übungsaufgaben

Übungsaufgabe 1

Geben Sie an, ob bei den folgenden Sachverhalten a) – d)

- ein Angebot (Antrag) oder
- eine Annahme oder
- weder ein Angebot noch eine Annahme vorliegt.

Begründen Sie Ihre Antworten jeweils **kurz**!

Sachverhalte:

a) Ein Buchversand veröffentlicht als Zeitungsbeilage eine Liste angebotener Bücher mit Preisliste.

b) Der Zeitungsleser bestellt bei dem Buchversand mehrere Bücher mit der beigefügten Bestellkarte.

c) Herr Maier möchte im Wohnzimmer seines Einfamilienhauses einen neuen Heizkörper montieren lassen. Er fragt bei dem Heizungsmonteur Thunert nach, wieviel ein bestimmter neuer Heizkörper kostet. Herr Thunert schickt Herrn Maier einen Kostenvoranschlag. Der Endpreis lautet: 520 €.

d) Herr Maier beauftragt Herrn Thunert mit dem Einbau des neuen Heizkörpers zum Preis von 500 €.

Übungsaufgabe 2

In welchem Zeitraum muss ein mündliches Angebot angenommen werden, damit es gültig bleibt?

a) spätestens innerhalb einer Woche

b) am selben Tag des Angebots

c) sofort

Übungsaufgabe 3

Was bedeutet bei einem Angebot der Zusatz „freibleibend"? Welche der nachfolgenden Antworten ist richtig?

a) Die Lieferung erfolgt frei von Lieferkosten.

b) Der Käufer hat die freie Wahl, das Angebot anzunehmen oder nicht.

c) Das Angebot ist unverbindlich.

d) Die Ware muss im Voraus bezahlt werden.

Übungsaufgabe 4

Der Lebensmittelmarkt „ImmerFrisch Meurer e. K." in Koblenz erhält eine Warenlieferung der „Lieferschnell GmbH" aus Frankfurt. Beim Auspacken der Ware stellt Herr Meurer Folgendes fest:

a) Statt der 100 bestellten Flaschen Waschpulver „Rein Weiß" sind nur 90 Flaschen in der Sendung enthalten

b) von 50 Flaschen Weißwein der Marke „Müller Riesling" sind zehn Flaschen nur zu etwa 70 % gefüllt

c) statt der bestellten 50 Dosen „FreshDeo" sind 50 Flaschen „FreshRasierwasser" in der Lieferung enthalten.

Aufgaben

1. Stellen Sie fest, welche Mängel hier vorliegen und nennen Sie die dazugehörigen Rechtsquellen, in welchen die Mängel definiert sind (§ und Absatz)?
2. Wie muss Herr Meurer (Inhaber des Lebensmittelmarktes) den Reklamationsfall weiter behandeln, um seine Gewährleistungsrechte zu wahren? [Hinweis: Lesen Sie hierzu § 371 Abs. 1 HGB!]
3. Wie unterscheiden sich die Prüf- und Rügepflichten beim zweiseitigen Handelskauf vom bürgerlichen Kauf?

Übungsaufgabe 5

Die Privatperson Franz Engelmann berichtet, dass er zurzeit Ärger mit einem Computerhändler hat. Er schildert, dass er vor drei Monaten dort ein neues Tablet gekauft hatte, dessen Display seit zwei Wochen gelegentlich flackert und manchmal sogar einige Sekunden komplett „schwarz" wird. Er sagt, dass er dies schon mehrmals bei dem Händler reklamiert hat. Der Händler winkt jedoch jedes Mal ab und behauptet, dass das Tablet bei der Übergabe fehlerfrei war und dass der beschriebene Mangel durch fehlerhafte Bedienung entstanden sei.

Franz Engelmann möchte wissen, welche gesetzlichen Rechte er in diesem Fall hat. Geben Sie eine begründete Beurteilung der Rechtslage ab und führen Sie die gesetzlichen Rechte auf, die Franz Engelmann hat!

Übungsaufgabe 6

Die Firma „FUNSPORT GMBH" hat bei der Textilfabrik „SADIDA" folgende Bestellung aufgegeben:

- 100 T-Shirts, Größe M, Farbe orange, Stückpreis 8,00 €
- 50 Sweat-Shirts, Größe L, Farbe dunkelblau, Stückpreis 15,00 €
- 30 Jacken, Modell „Camper", Größe 38/40, Stückpreis 35,00 €.

Nach 14 Tagen trifft die Lieferung ein und wird bei der „FUNSPORT GMBH" sofort auf Richtigkeit überprüft. Bei der Überprüfung wird festgestellt, dass fünf Jacken mit erheblichen Produktionsfehlern geliefert wurden.

Welche Gewährleistungsrechte kann die „FUNSPORT GMBH" geltend machen? Geben Sie eine stichwortartige Antwort mit Angabe der relevanten Paragraphen!

O. Wichtige Regelungen des Rechts der steuerberatenden Berufe

Lernsituation

Ein Kanzlei-Workshop für Mitarbeiter zu wichtigen Regelungen der steuerberatenden Berufe steht an. Sie erhalten von Ihrem Chef eine Einladung zu dieser Veranstaltung, die einen halben Tag dauern soll. Es wird vor allem um übergeordnete, von allen Kanzlei-Mitarbeitern und -Mitarbeiterinnen zu beachtende Regelungen gehen; denn im „Alltagsgeschäft" ist kaum Zeit, sich mit Themen wie

- Hilfeleistung in Steuersachen,
- Verschwiegenheitspflicht,
- Datenschutz,
- Fristenkontrolle oder
- Aufbewahrungsfristen

inhaltlich auseinanderzusetzen.

In der Einladung zu dem Workshop werden Sie aufgefordert, sich mit den Themen der Agenda (= dem geplanten Programm) im Vorfeld auseinanderzusetzen und verschiedene Ausarbeitungen vorzubereiten (siehe nachfolgende Lernjobs).

Lernjob 1

Zunächst stellt sich die Frage, wer überhaupt befugt ist, geschäftsmäßig in steuerlichen Angelegenheiten zu beraten. Um die Bürgerinnen und Bürger vor unqualifizierten Beratungen und dadurch möglicherweise entstehenden negativen wirtschaftlichen und ggf. rechtlichen Folgen zu schützen, hat der Staat im Steuerberatungsgesetz (StberG) geregelt, wer in welchem Umfang zu steuerlichen Beratungen befugt ist.

Laden Sie sich das Steuerberatungsgesetz aus dem Internet herunter, z. B. unter https://www.gesetze-im-internet.de/stberg/index.html und informieren Sie sich auf den Seiten der Steuerberaterkammern zu dem Thema „Hilfeleistung in Steuersachen". Beantworten Sie anschließend jeweils in wenigen Sätzen die nachfolgenden Fragen [Siehe insbesondere §§ 3 - 6 StBerG. sowie die Ausführungen hierzu in Ihrem Lehrbuch[1].]

1. Wer ist zur **unbeschränkten geschäftsmäßigen** Hilfeleistung in Steuersachen befugt?

____

____

____

____

____

2. Wer ist zur **vorübergehenden und gelegentlichen** Hilfeleistung in Steuersachen befugt?

____

____

____

____

____

[1] Z. B. Schlafmann/Zschenderlein, *Wirtschafts- und Sozialkunde für Steuerfachangestellte*, J. Wichtige Regelungen des Rechts der steuerberatenden Berufe.

3. Wer ist zur **beschränkten** Hilfeleistung in Steuerfachen befugt? Nennen Sie eine Auswahl von drei Gruppen!

4. Was bedeutet „**beschränkte** Hilfeleistung“ in Steuersachen?

5. Wie können **unbefugte** Hilfeleistungen in Steuersachen geahndet („bestraft“) werden?

6. Welche **Ausnahmen vom Verbot** der unbefugten Hilfeleistung in Steuersachen gibt es?

Lernjob 2

Ohne eine strikte Wahrung der **Verschwiegenheit** wäre eine vertrauensvolle Zusammenarbeit mit Mandantinnen und Mandanten kaum möglich. Schließlich erfahren Steuerberater, Rechtanwälte, Notare usw. sowie deren Arbeitnehmer viel über ihre Mandanten; manchmal mehr als Familienangehörige. Oftmals wissen sie umfassend Bescheid über Einkommens- und Vermögensverhältnisse, persönliche Umstände, Missgeschicke und vieles mehr; Daten, über die grundsätzlich nur die Person bestimmen darf, von der sie stammen bzw. sie genauer kennzeichnen.

Aber was bedeutet eigentlich „**Verschwiegenheit**“? Darf man dann über seinen Beruf und alle damit im Zusammenhang stehenden Tätigkeiten und Ereignisse niemandem etwas erzählen oder schreiben?

Laden Sie über das Internet nachfolgende Quellen herunter, und setzen Sie sich mit der Forderung nach „Verschwiegenheit“ auseinander. Nehmen Sie anschließend Stellung zu den nachfolgenden Fragen!

Quellen:

- §§ 57 Abs. 1 und 62 Steuerberatungsgesetz (StBerG)
- § 5 Berufsordnung für Steuerberater und Steuerbevollmächtigte (BOStB)
- § 203 Strafgesetzbuch (StGB).

1. Was bedeutet **„Verschwiegenheitsverpflichtung“** eines Steuerberaters ganz allgemein?

____

____

____

____

____

2. In welchen Fällen ist die Verschwiegenheitsverpflichtung **aufgehoben**?

____

____

____

____

____

3. Wie muss ein Steuerberater dafür Sorge tragen, dass seine **Mitarbeiter** ebenfalls die **Verschwiegenheitsverpflichtung** einhalten? Suchen Sie hierzu eine allgemeine Formulierung im Internet, laden Sie diese herunter und geben Sie die Quelle an!

____

____

____

____

____

4. Formulieren Sie **drei Beispiele für Verstöße** gegen die Verschwiegenheitsverpflichtung!

5. Welche **Strafe** droht **bei Verstößen** gegen die Verschwiegenheitsverpflichtung?

Lernjob 3

In Steuerkanzleien wird eine Vielzahl personenbezogener Daten für Zwecke der Besteuerung und Beratung verarbeitet. Hierbei sind die Persönlichkeitsrechte von natürlichen Personen zu wahren und die die personenbezogenen Daten der Mandantinnen und Mandanten zu schützen.

Hieraus ergeben sich zahlreiche Fragen, die insbesondere auch die Mitarbeiterinnen und Mitarbeiter von Steuerberatern betreffen.

Informieren Sie sich in Ihrem Lehrbuch sowie über das Internet auf den Seiten der Steuerberaterkammern zu dem Thema „Datenschutz". Eine weitere grundlegende Quelle zu diesem Thema ist die Seite des Bundesbeauftragten für den Datenschutz und die Informationsfreiheit (BfDI):

https://www.bfdi.bund.de/DE/Buerger/Inhalte/Allgemein/Datenschutz/GrundlagenDatenschutzrecht.html

Beantworten Sie die nachfolgenden Fragen jeweils in wenigen Sätzen!

1. Welche **Rechtsgrundlagen** hat der Datenschutz in Deutschland?

2. Was sind „**personenbezogene Daten**"?

3. Was ist der **Grundgedanke** des Datenschutzes?

4. Was besagt **Artikel 6 Abs. 1 Buchstabe a DSGVO** hinsichtlich der Verarbeitung personenbezogener Daten? Geben Sie hierzu auch eine kurze Interpretation ab!

5. Welche **Strafen** drohen bei Verstößen gegen die Verpflichtung zum Datenschutz? [Hinweis: Siehe Artikel 83 DSGVO!]

Lernjob 4

Im Laufe Ihrer Ausbildung werden Ihnen Mandate zugewiesen, die Sie in einigen Bereichen (z. B. Buchhaltung) möglichst selbstständig bearbeiten sollen. Im Besteuerungsverfahren sind hierbei zahlreiche Fristen einzuhalten. Das Überschreiten von Fristen hat in der Regel negative Folgen für den Steuerpflichtigen und – wenn der Steuerberater an einer Fristversäumnis schuld ist – haftungsrechtliche Folgen für den Steuerberater. Deshalb gilt es, gesetzliche und behördliche Fristen einzuhalten.

Zunächst gilt es, die **Fristen für die Abgabe und Bezahlung** von **Umsatzsteuer-Voranmeldungen, Lohnsteuer-Anmeldungen** und **Jahres-Steuererklärungen** zu kennen und für die Mandanten zu überwachen.

Erstellen Sie Übersichten, aus denen hervorgeht, wann

a) Umsatzsteuer-Voranmeldungen

b) Lohnsteuer-Anmeldungen

c) Jahres-Steuererklärungen (ESt, KSt, USt, GewSt)

einzureichen bzw. elektronisch zu übermitteln und zu bezahlen sind. „Corona-Sonderregelungen" bleiben hier außer Betracht!

[Hinweis: Nehmen Sie Ihre Lehrbücher sowie folgende Gesetzesquellen zu Hilfe:

- § 41a Abs. 1 - 2 EStG
- § 18 Abs. 1 - 2a UStG
- § 149 AO
- § 18 Abs. 3 UStG
- § 36 Abs. 4 EStG
- § 31 Abs. 1 KStG
- § 20 Abs. 2 GewStG.]

Lernjob 5

„Wie lange müssen Belege und andere Geschäftsunterlagen aufbewahrt werden?" Diese Frage stellen immer wieder Mandantinnen und Mandanten, weil sie wissen möchten, ob sie alte Ordner mit Belegen und Schriftwechsel vernichten können.

Verschaffen Sie sich einen Überblick über die wichtigsten gesetzlichen Aufbewahrungsfristen. Lesen Sie hierzu vorab §§ 257 HGB und 147 AO.

Ergänzen Sie anschließend die nachfolgenden Übersichten!

Unterlagen nach § 147 Abs. 1 Nr. 1 und 4 AO, sowie § 257 Abs. 1 Nr. 1 und 4 HGB	**Aufbewahrungsfrist** (§ 147 Abs. 3 Satz 1 AO, § 257 Abs. 4 HGB)	**Beginn der Frist** (§ 147 Abs. 4 AO, § 257 Abs. 5 HGB)
► ______ ► ______ ► ______ ► ______ ► ______ ► ______ ______ ______ ► ______ ______ ______	______ Jahre	

Unterlagen nach § 147 Abs. 1 Nr. 2, 3 und 5 AO, sowie § 257 Abs. 1 Nr. 2 und 3 HGB	**Aufbewahrungsfrist** (§ 147 Abs. 3 Satz 1 AO, § 257 Abs. 4 HGB)	**Beginn der Frist** (§ 147 Abs. 4 AO, § 257 Abs. 5 HGB)
► ______ ______ ► ______ ______ ► ______ ______	______ Jahre	

Ergänzende Übungsaufgaben

Übungsaufgabe 1

Entscheiden Sie, welche der folgenden Personen oder Vereinigungen unbeschränkte, beschränkte oder keine Befugnis zur geschäftsmäßigen Hilfeleistung in Steuersachen hat. Kreuzen Sie die richtigen Zuordnungen an!

Person/Vereinigung	unbeschränkte Befugnis	beschränkte Befugnis	keine Befugnis
Steuerfachwirt Jan Kröber			
Unternehmensberater Dipl.-Kaufmann Dr. Klug			
Steuerberaterin Melanie Müller			
Buchführungshelfer Gerd Gilles			
Notar Dr. Frank Weißenfels			
Treuhand KG Müller & Mayer Wirtschaftsprüfungsgesellschaft			
Steuer und Schlau Steuerberatung GmbH			
Lohn- und Einkommensteuer Hilfe-Ring Deutschland e. V. (Lohnsteuerhilfeverein)			
Rechtsanwalt Klaus Hähn			

Übungsaufgabe 2

Stellen Sie fest, ob bei den folgenden Sachverhalten befugt oder unbefugt Hilfe in Steuersachen geleistet wird. Antworten Sie stichwortartig und geben Sie die jeweils relevante Rechtsgrundlage mit an!

a) Die Steuerfachangestellte Nele Kühn hilft einer Freundin, die eine künstlerische Tätigkeit selbstständig ausübt, unentgeltlich bei der Erstellung ihrer Einkommensteuer-Erklärung.

b) Nele Kühn (siehe a) hilft ihrem Verlobten, der als angestellter Elektriker arbeitet, unentgeltlich bei der Erstellung seiner Einkommensteuer-Erklärung.

c) Der Arbeitgeber Adam Dunkel, der in Koblenz ein mittelgroßes Lampen- und Elektrofachgeschäft betreibt, beauftragt den bei ihm beschäftigten Buchhalter Felix Horbach, seinen Arbeitnehmerinnen und Arbeitnehmern in Lohnsteuerfragen zu helfen.

d) Notar Neukirchen berät einen Mandanten in Erbschaftsteuerfragen anlässlich der Errichtung eines Testaments.

e) Rechtsanwalt Kunz, Fachanwalt für Arbeitsrecht, erstellt gegen Honorar die Einkommensteuer-Erklärung eines Mandanten.

Übungsaufgabe 3

Der Steuerfachangestellte Gerald Nölle ist bei dem Steuerberater Dr. Dirk Neumann angestellt. Zu Beginn seiner Tätigkeit hat er eine Erklärung zur Verpflichtung der Verschwiegenheit unterschrieben.

Um einem Freund in Ausschreibungsangelegenheiten zu helfen, gibt er Finanzbuchführungsdaten und weitere Unterlagen des Mandanten „Hochbau Diewald GmbH" an seinen Freund weiter.

Gegen welche Vorschrift(en) verstößt der Steuerfachangestellte Gerald Nölle und welche Konsequenzen kann es für ihn haben, wenn die Weitergabe der Daten bekannt wird?

Übungsaufgabe 4

Sie bearbeiten die Buchhaltung der Mandantin Martina Schraub, die in Koblenz ein Geschäft für Damenmode betreibt. Ihre Umsatzsteuer-Zahllast des vorangegangenen Kalenderjahres hat 10.586 € betragen, die abzuführende Lohnsteuer des vorangegangenen Kalenderjahres hat 4.750 € betragen. Bei der Umsatzsteuer hat Frau Schraub eine Dauerfristverlängerung.

Bestimmen Sie, wann Sie für Frau Schraub die erste Umsatzsteuer-Voranmeldung und die erste Lohnsteuer-Anmeldung für das Betrachtungsjahr (hier 2024) spätestens an das Finanzamt übermitteln müssen, damit Frau Schraub keine gesetzliche Frist versäumt.

Lernfeld 2: Buchführungsarbeiten durchführen

Einführung

Im zweiten Lernfeld erwerben Sie die Grundlagen zur Durchführung von Buchführungsarbeiten. Im Rahmen des ersten Ausbildungsjahres sollen Sie die Kompetenz erwerben, Buchführungsarbeiten der Mandantinnen und Mandanten selbstständig durchzuführen.

In einem ersten Schritt lernen Sie die Aufgaben der Buchführung kennen und erarbeiten, wer nach deutschen Gesetzen buchführungspflichtig ist. Zudem informieren Sie sich über steuerliche Aufzeichnungspflichten sowie die Grundsätze ordnungsmäßiger Buchführung, die in jeder Buchhaltung zu berücksichtigen sind. Anschließend erarbeiten Sie sich die Grundlagen zur Inventur und dem aufzustellenden Inventar sowie zur Aufstellung einer Bilanz.

Anknüpfend an die Grundsätze ordnungsmäßiger Buchführung erlernen Sie den Aufbau und die Anwendung von Kontenrahmen in der Buchführung.

Anschließend beschäftigen Sie sich damit, wie sich Geschäftsvorfälle in einem Unternehmen auf die Vermögenswerte und Schulden auswirken, d. h., wie sich die Bilanz des Unternehmens durch sie verändern würde. Dies ist die Basis für erste Buchungen auf Bestandskonten, die im Laufe des Lernfeldes immer weiter vertieft werden. Im Rahmen dieser Teilkompetenz werden Sie zudem das Buchen mit Debitoren und Kreditoren erlernen.

In einem nächsten Schritt lernen Sie erfolgswirksame Buchungen kennen. Im Gegensatz zu den Buchungen auf Bestandskonten haben diese Buchungen einen direkten Einfluss auf den Gewinn oder Verlust eines Unternehmens. Diese Buchungen fließen in die sogenannte Gewinn- und Verlustrechnung ein, deren Aufstellung ebenfalls eine Teilkompetenz des Lernfeldes 2 ist.

Sind diese Grundlagen gesetzt, werden Sie die Umsatzsteuer und Vorsteuer buchen lernen. Dieser Schritt ist essenziell für den Kompetenzbereich der Warenbuchungen, der sich daran anschließt.

Eine weitere Teilkompetenz des Lernfeldes ist die Auswertung des Betriebswirtschaftlichen Kurzberichts Ihrer Mandantinnen und Mandanten. Hierbei erlernen Sie sowohl die Berechnung als auch die Interpretation wichtiger Kennziffern wie dem Wareneinsatz, dem Rohertrag, dem vorläufigen Ergebnis, der Umsatzrentabilität und der Handelsspanne eines Unternehmens.

Abschließend lernen Sie, verschiedene Arten der Privatentnahmen und -einlagen Ihrer Mandantinnen und Mandanten in der Buchhaltung korrekt zu erfassen.

Um einen berufsorientierten und anwendungsbezogenen Erwerb dieser Kompetenzen zu ermöglichen, finden Sie zu jedem der genannten Bereiche eine entsprechende Lernsituation und anknüpfende Lernjobs. Die sich anschließenden Übungsaufgaben dienen der Festigung und ggf. Vertiefung der Kompetenzen.

Die benötigten Informationen finden Sie in Ihrem Lehrbuch sowie in den Gesetzestexten und unter Zuhilfenahme digitaler Medien. Wichtige Hinweise finden Sie an den entsprechenden Stellen im Aufgabentext oder den Fußnoten.

A. Aufgaben der Buchführung und Buchführungspflicht

Lernsituation

Florian Kurz möchte sich gerne selbstständig machen. Er hat die Idee, einen Fachhandel für Schreibwaren und Büroartikel in Koblenz zu betreiben. Darüber unterhält er sich bei einem Essen mit seinem Freund Max.

Max: *„Na, das klingt aber spannend! Aber da hängt doch echt viel Arbeit dran an so einem Laden, oder?“*

Florian: *„Ja, ich denke auch. Vor allem die ganze Verwaltung und Koordination mit den Lieferanten.“*

Max: *„Klar, das sowieso. Ich meine aber auch die Buchhaltung und die ganzen Sachen für das Finanzamt.“*

Florian: *„Oh, stimmt. Da habe ich mir noch gar nicht so richtig Gedanken drüber gemacht.“*

Max: *„Na, da würde ich mich an deiner Stelle dann aber mal erkundigen, bevor du das Unternehmen gründest.“*

Gesagt, getan. Nach dem Treffen mit Max beginnt Florian, sich über das Thema Buchführung zu informieren.

Lernjob 1

Versetzen Sie sich in die Rolle von Florian Kurz und recherchieren Sie mit Hilfe Ihres Lehrbuchs[1], welche Aufgaben die Buchführung grundsätzlich in einem Unternehmen hat. Notieren Sie die wichtigsten Punkte.

[1] In: *Zschenderlein*, Rechnungswesen für Steuerfachangestellte: A. Grundlagen, 2. Aufgaben der Buchführung.

Lernjob 2

IIn einem zweiten Schritt interessiert Florian Kurz sich für die gesetzlichen Vorgaben, die er bei der Buchführung seines zukünftigen Unternehmens beachten muss. Seine Freundin Anna, die BWL studiert hat, gibt ihm den Hinweis auf § 238 HGB (Handelsgesetzbuch) und § 140 und § 141 AO (Abgabenordnung).

Informieren Sie sich mit Hilfe der genannten Gesetze und Ihres Lehrbuchs[1] über die Buchführungspflicht und beantworten Sie die folgenden Fragen:

a) **Handelsrechtliche Buchführungspflicht**

1. Wer ist nach § 238 HGB grundsätzlich dazu verpflichtet, Bücher zu führen und in diesen seine Handelsgeschäfte und die Lage seines Vermögens nach den Grundsätzen ordnungsmäßiger Buchführung ersichtlich zu machen (sog. Buchführungspflicht)?

2. Welche Kaufmannsarten gibt es laut HGB? Erläutern Sie jede Art unter Angabe der Paragrafen kurz.

3. Wer ist nicht buchführungspflichtig?

[1] In: Zschenderlein, *Rechnungswesen für Steuerfachangestellte*: A. Grundlagen, 3. Gesetzliche Buchführungspflicht.

b) **Steuerrechtliche Buchführungspflicht**

1. Wie nennt sich die Buchführungspflicht gemäß § 140 AO und für wen gilt sie?

2. Wie nennt sich die Buchführungspflicht gemäß § 141 AO und für wen gilt sie? Nennen Sie auch entsprechende Wertgrenzen.

3. Für wen gilt § 141 AO nicht?

Ergänzende Übungsaufgaben

Übungsaufgabe 1

Ergänzen Sie die Lücken in dem nachfolgenden Text (ggf. mit Hilfe Ihres Lehrbuchs).

Nach § 238 HGB ist jeder ______________________________ verpflichtet, Bücher zu führen und Abschlüsse zu erstellen. Kaufmann ist nach § 1 Abs. 1 HGB jeder, der ein ____________________________________ betreibt.

Ein Handelsgewerbe ist ein Gewerbebetrieb, der einen ____ eingerichteten Geschäftsbetrieb erfordert.

Von der handelsrechtlichen Buchführungspflicht befreit sind nach § 241a HGB __________________________, die an den Abschlussstichtagen von _______________ aufeinander folgenden Abschlussstichtagen jeweils nicht mehr als ____________________ € Umsatz und _____________________ € Gewinn ausweisen.

Kaufleute sind auch nach § __________ AO buchführungspflichtig.

Nach § 141 AO sind ___________________________________ und Land- und Forstwirte buchführungspflichtig, wenn sie nach den Feststellungen der Finanzbehörde für den einzelnen Betrieb

- im Kalenderjahr mehr als ____________________ € Umsatz erwirtschaftet oder
- im Wirtschaftsjahr oder Kalenderjahr mehr als ____________________ € Gewinn erzielt oder
- einen Wirtschaftswert (Land und Forstwirtschaft) von mehr als ____________________ € hatten.

Übungsaufgabe 2

Welcher der nachfolgenden Unternehmer ist buchführungspflichtig nach § 238 HGB? Kreuzen Sie an.

- ☐ Die Handwerksmeisterin Hanna Walter betreibt eine Tischlerei. Sie hat einen Angestellten. Der Jahresumsatz beträgt rund 420.000 €, der Gewinn liegt jährlich zwischen 70.000 € und 75.000 €.
- ☐ Der Hausmeister Jan Berger betreibt nebenbei selbstständig einen Schulkiosk. Er beschäftigt zwei Aushilfskräfte und hat einen Jahresumsatz von rund 60.000 €.
- ☐ Die Steuerberaterin Magda Heinz erzielt einen Jahresumsatz i. H. v. 880.000 € und hat zwölf Angestellte.
- ☐ Die Marketing-Agentur „Miller & Igel“ (BGB-Gesellschaft) hat acht Angestellte, nationale und internationale Kundinnen und Kunden und rund 910.000 € Jahresumsatz. Der jährliche Gewinn liegt zwischen 90.000 € und 100.000 €.
- ☐ Der Gewerbetreibende Ernst Haller beschäftigt 14 Angestellte und erzielt einen Jahresumsatz i. H. v. 1.250.000 €.

Übungsaufgabe 3

Entscheiden Sie, ob die folgenden Personen nach Handels- und Steuerrecht buchführungspflichtig sind oder nicht und begründen Sie Ihre Antwort jeweils kurz unter Angabe der Paragrafen.

a) Carina Hofmann betreibt in Montabaur das Großhandelsunternehmen „Dachdeckerbedarf GmbH“. Sie beschäftigt insgesamt 15 Arbeitnehmerinnen und Arbeitnehmer, von denen zwei für die eigene kaufmännische Organisation zuständig sind. Der Umsatz des Unternehmens beträgt jährlich rund 1 Mio. €.

b) Dietmar Fölbach betreibt in Koblenz eine Druckerei namens „Print+ e. K.". Er beschäftigt einen Offsetdrucker sowie zwei Aushilfskräfte. Im vorletzten Geschäftsjahr betrug sein Jahresumsatz 662.368 € und sein Gewinn 65.856 €. Im letzten Geschäftsjahr waren es 723.458 € Jahresumsatz und 69.475 € Gewinn.

c) Simone Kleinert ist selbstständige Tierärztin. Sie betreibt in Koblenz eine Praxis, mit der sie jährlich rund 300.000 € Umsatz und 40.000 € Gewinn erzielt. Sie beschäftigt eine angestellte Tierärztin und zwei weitere Arbeitnehmerinnen ganztags.

d) Michael Müller betreibt neben der BBS Wirtschaft Koblenz einen Kiosk mit Zeitschriften, Büroartikeln und Snacks. Er beschäftigt zwei Aushilfskräfte. Sein Jahresumsatz beträgt 250.000 €, sein Gewinn 33.000 € im Kalenderjahr. Er ist nicht im Handelsregister eingetragen.

e) Josef Pecsi ist Diplom-Kaufmann und selbstständiger Wirtschaftsprüfer in Mayen. Er beschäftigt 15 Arbeitnehmerinnen und Arbeitnehmer in Vollzeit (Steuerberaterinnen, Steuerberater und Steuerfachangestellte) sowie fünf Teilzeitkräfte (Steuerfachangestellte). Der Jahresumsatz beträgt ungefähr 900.000 €, der Gewinn ca. 250.000 €.

f) Sabine Böffgen ist alleinige Gesellschafterin der „Treuhand GmbH". Bei der GmbH sind zwei Steuerberater, zwölf Steuerfachangestellte und zwei Bürokauffrauen beschäftigt. Im Vorjahr betrug der Jahresumsatz der GmbH 1.000.000 € und der Gewinn 200.000 €.

Übungsaufgabe 4

Besteht in den folgenden Fällen eine Buchführungspflicht nach Handels- und Steuerrecht oder nicht? Kreuzen Sie an und notieren Sie den entsprechenden Grund stichwortartig in der Zeile darunter.

a) Laura Offig ist eine Kinderärztin in Koblenz. In ihrer Arztpraxis beschäftigt sie drei Medizinische Fachangestellte. Jährlich erzielt sie einen Gewinn zwischen 45.000 € und 48.000 €.

☐ buchführungspflichtig nach Handelsrecht (§ 238 HGB) ☐ buchführungspflichtig nach Steuerrecht (§§ 140/141 AO) ☐ nicht buchführungspflichtig

____

b) Der Büroartikelladen „Paper Stuff GmbH" wird von dem Unternehmer Hans Müller geführt. Bei dem Unternehmen sind zwölf Mitarbeiterinnen und Mitarbeiter angestellt. Der Umsatz lag bei 462.258 € im vorletzten Geschäftsjahr und 234.567 € im letzten Geschäftsjahr. Im vorletzten Geschäftsjahr konnte 68.092 € Gewinn erwirtschaftet werden; im Jahr danach waren es 15.759 €.

☐ buchführungspflichtig nach Handelsrecht (§ 238 HGB) ☐ buchführungspflichtig nach Steuerrecht (§§ 140/141 AO) ☐ nicht buchführungspflichtig

____

c) Helga Walter ist Rechtsanwältin und betreibt eine Kanzlei, in der drei weitere Rechtsanwälte tätig sind. Zudem sind dort fünf Rechtsanwaltsfachangestellte beschäftigt, die den Rechtsanwältinnen und Rechtsanwälten zuarbeiten.

☐ buchführungspflichtig nach Handelsrecht (§ 238 HGB) ☐ buchführungspflichtig nach Steuerrecht (§§ 140/141 AO) ☐ nicht buchführungspflichtig

____

d) Berta Gerns betreibt einen Zeitungsstand in Bonn. Sie erwirtschaftet circa 79.000 € Umsatz und 18.000 € Gewinn im Jahr.

☐ buchführungspflichtig nach Handelsrecht (§ 238 HGB) ☐ buchführungspflichtig nach Steuerrecht (§§ 140/141 AO) ☐ nicht buchführungspflichtig

____

e) Der Einzelunternehmer Karl Hertl besitzt eine Boutique namens „Röckchen e. K." in Köln, die er selbstständig betreibt. Sein Jahresumsatz beträgt jährlich ungefähr 150.000 €. Der Gewinn liegt in der Regel zwischen 40.000 € und 50.000 € pro Jahr.

☐ buchführungspflichtig nach Handelsrecht (§ 238 HGB) ☐ buchführungspflichtig nach Steuerrecht (§§ 140/141 AO) ☐ nicht buchführungspflichtig

____

B. Aufzeichnungspflichten und Grundsätze ordnungsmäßiger Buchführung

Lernsituation

Ein paar Monate nach dem Gespräch mit seinem Freund Max entscheidet Florian Kurz sich dazu, sich tatsächlich mit einem Fachhandel für Schreibwaren und Büroartikel namens „Bürowelt e. K.“ selbstständig zu machen. Im Rahmen der Gründung stellt sich auch die Frage, welche digitalen Systeme idealerweise in der „Bürowelt e. K.“ eingesetzt werden. Bei einem Beratungstermin mit einem Software-Anbieter kommt das Gespräch auf das Thema der steuerlichen Aufzeichnungspflichten und der Voraussetzungen für die Buchführung.

„Noch mehr Pflichten? Was die Buchführungspflicht bedeutet, weiß ich ja mittlerweile, aber was meinen Sie denn jetzt mit Aufzeichnungspflichten, und welche Voraussetzungen für die Buchführung?“, fragt Herr Kurz den Vertreter.

„Das kann ich Ihnen jetzt so auf die Schnelle leider nicht erklären. Ich kann Ihnen aber versichern, dass unser System die jeweils aktuellen Vorgaben berücksichtigt, damit Sie diesbezüglich gegenüber den Behörden nicht in Bedrängnis kommen“, antwortet der Vertreter.

Nach dem Termin beschließt Florian, sich einen Steuerberater zu suchen. Diese ganzen Vorgaben, von denen er noch nie gehört hat, wachsen ihm über den Kopf.

Lernjob 1

Florian Kurz kontaktiert die Steuerkanzlei „Hubert & Wagner Steuerberatungsgesellschaft mbH“, in der Kim Becker ihre Ausbildung macht. Es wurde bereits ein erster Termin mit Herrn Kurz vereinbart. Der Steuerberater Jan Hubert, Kims Vorgesetzter, möchte, dass sie für diesen Termin eine Checkliste erstellt, aus der hervorgeht, welche Aufzeichnungen Herr Kurz bezüglich des Wareneingangs und -ausgangs sowie der Kasseneinnahmen und -ausgaben zukünftig in seinem Handelsunternehmen vornehmen muss.

Versetzen Sie sich in Kims Rolle und erstellen Sie die Checkliste. Nutzen Sie sowohl die Abgabenordnung[1] als auch Ihr Lehrbuch[2] als Informationsquelle.

[1] Die Aufzeichnungspflichten befinden sich im 2. Abschnitt „Mitwirkungspflichten“, 1. Unterabschnitt „Führung von Büchern und Aufzeichnungen“.

[2] In: *Zschenderlein*, Rechnungswesen für Steuerfachangestellte: A. Grundlagen, 4. Steuerliche Aufzeichnungspflichten.

Lernjob 2

Da sie die Checkliste über die Aufzeichnungspflichten erstellt hat, darf Kim an dem Termin mit Herrn Kurz teilnehmen. Während des Gesprächs fragt Herr Kurz unter anderem nach den Voraussetzungen für eine Buchführung, von denen der Berater des Software-Unternehmens geredet hatte. Herr Hubert erläutert Herrn Kurz anschließend die sogenannten „Grundsätze ordnungsmäßiger Buchführung". Da sie so schnell gar nicht mitschreiben kann, liest Kim das Thema im Anschluss an das Gespräch nach.

Versetzen Sie sich in Kims Rolle und informieren Sie sich über die „Grundsätze ordnungsmäßiger Buchführung" (GoB) in Ihrem Lehrbuch.[1] Beantworten Sie anschließend die folgenden Fragen.

1. Wann gilt eine Buchführung grundsätzlich als ordnungsgemäß?

[1] In: *Zschenderlein,* Rechnungswesen für Steuerfachangestellte: A. Grundlagen, 5. Grundsätze ordnungsmäßiger Buchführung.

2. Unter welchen Voraussetzungen gilt eine Buchführung als verständlich?

3. Dürfen Abkürzungen in einer Buchführung verwendet werden? Erläutern Sie Ihre Antwort kurz.

4. Ist es erlaubt, Buchungen zu löschen und neu zu erstellen? Erläutern Sie Ihre Antwort kurz.

5. Wie lange müssen die Buchführungsunterlagen aufbewahrt werden?

6. Wodurch wird ein systematischer Aufbau der Buchführung sichergestellt?

7. Wann ist eine Buchführung vollständig und richtig? Erklären Sie die beiden Begriffe jeweils in einem Satz.

8. Wann muss die Erfassung der Geschäftsvorfälle in der Buchführung zeitlich erfolgen?

9. „Für eine Buchung reicht es, wenn Ihnen ein Mandant sagt, dass er für 10 € Kaffee bei einem Supermarkt gekauft hat." Stimmt diese Aussage? Begründen Sie Ihre Antwort kurz.

Ergänzende Übungsaufgaben

Übungsaufgabe 1

Wurden in den folgenden Fällen die Grundsätze ordnungsmäßiger Buchführung (GoB) eingehalten?

Begründen Sie Ihre Antwort jeweils kurz und nennen Sie den entsprechenden Grundsatz.

1. Der Buchhalter Herr Weise löscht Buchungen aus dem Vormonat, weil ihm aufgefallen ist, dass sie falsch sind. Er will nicht, dass das auffällt und macht deswegen einfach neue Buchungen.
2. Weil im Verkaufsalltag immer so viel zu tun ist, schafft Frau Karls es nicht, die Kassenbewegungen ihres Ladens „Blümchen e. K." jeden Tag aufzuschreiben. Sie nimmt sich meistens einen Tag im Monat Zeit dafür, alles in Ruhe und ordentlich aufzuschreiben.
3. Die Unterlagen stapeln sich von Jahr zu Jahr mehr. Irgendwann ist es Herrn Pesch einfach zu viel. Er lädt alle Ordner in sein Auto und schmeißt sie weg. Die Ordner mit den Buchungsbelegen und Arbeitspapieren betreffen die Geschäftsjahre der letzten sieben Jahre.
4. Weil er nicht so gut mit Zahlen umgehen kann, verzichtet Herr Walz auf Kontonummern und gibt den Konten einfach selbst Namen. Er nutzt deswegen auch keinen Kontenrahmen.
5. Frau Ganz ist etwas tollpatschig. Sie verliert oft Sachen – so auch Belege ihres Unternehmens. Wenn sie eine Rechnung dann bei der Buchhaltung nicht mehr findet, bucht sie den Betrag trotzdem in den Aufwand. Den genauen Betrag und das Kaufdatum entnimmt sie dem Kontoauszug des Geschäftskontos.
6. Herr Bleibtreu verwendet bei der Buchung der Geschäftsvorfälle viele Abkürzungen. Damit er selbst den Überblick behält und jedes Mal dieselben Abkürzungen verwendet, hält er alle Abkürzungen in einem Abkürzungsverzeichnis fest.
7. Die Aufzeichnungen der Kasseneinnahmen und -ausgaben nimmt Frau Umbrecht täglich vor. Sie schreibt alle Kassenbewegungen mit einem Bleistift in das Kassenbuch. Falls sie sich mal verschreibt oder vertut, kann sie die Eintragungen wegradieren und korrekt eintragen.
8. Herr Müller hatte mit seinem Geschäftsfreund Schräder einen Deal gemacht. Beide liefern sich gegenseitig für 5.000 € Waren. Weil sich die Werte ausgleichen, erfasst er diesen Vorgang nicht in der Buchhaltung.

C. Inventur, Inventar und Bilanz

Lernsituation

Florian Kurz hat am 01.08. in Koblenz das Unternehmen „Bürowelt e. K." als Einzelunternehmer gegründet. Herr Kurz ist Kaufmann i. S. d. § 1 HGB. Gegenstand des Geschäftsbetriebs ist der Vertrieb von Schreibwaren und Büroartikeln. Die Waren sollen in größeren Mengen von Produzenten im In- und Ausland eingekauft und dann an gewerbliche und private Abnehmer verkauft werden. Der Geschäftsbetrieb ist am 17.08. aufgenommen worden.

Bei der Gründung bringt Herr Kurz folgende Vermögensgegenstände und Schulden in das Unternehmen ein:

► Büroeinrichtung	56.000 €
► Forderungen gegenüber Kunden	2.500 €
► Bankguthaben	9.000 €
► Bargeld	2.200 €
► Grundstück	140.000 €
► Geschäftsgebäude	350.000 €
► Bankdarlehen	210.000 €
► Schulden gegenüber Lieferanten	6.100 €

Mit den Gründungsunterlagen des Unternehmens kommt der Steuerberater Jan Hubert zu der Auszubildenden Kim Becker. Er denkt, dass dies ein Mandat ist, das sich für ihre Ausbildung anbietet, da es, genauso wie ihre Kenntnisse, nach und nach wachsen wird.

Lernjob 1

Kims erste Aufgabe ist es, das Inventar und die Eröffnungsbilanz der „Bürowelt e. K." aufzustellen. Doch bevor sie damit beginnen kann, möchte Herr Hubert, dass sie sich darüber informiert, was eine Inventur, ein Inventar und eine Bilanz sind, wann diese aufgestellt und wie sie gegliedert werden.

Versetzen Sie sich in Kims Rolle und bearbeiten Sie mit Hilfe des Handelsgesetzbuchs (§§ 240 ff. HGB) und Ihres Lehrbuchs[1] die folgenden Aufgaben.

a) **Inventur und Inventar**

1. Definieren Sie den Begriff „Inventur".

____

____

2. Wie wird die Inventur durchgeführt?

____

____

____

____

3. Was ist eine Stichprobeninventur? Erläutern Sie den Begriff und geben Sie den Paragrafen an.

____

____

____

[1] In: Zschenderlein, *Rechnungswesen für Steuerfachangestellte:* B. Inventar und Bilanz.

4. Wie unterscheiden sich die drei Inventurarten der Stichtags-, zeitverschobenen und permanenten Inventur?

5. Definieren Sie den Begriff „Inventar" und erläutern Sie, wann ein Inventar aufgestellt werden muss. Nennen Sie auch die entsprechenden Paragrafen.

b) Bilanz

1. Definieren Sie den Begriff „Bilanz" unter Angabe der Paragrafen.

2. Zu welchen Zeitpunkten muss laut HGB eine Bilanz aufgestellt werden?

3. Welche gesetzlichen Vorgaben bestehen zum Aufbau/der Gliederung der Bilanz?

Lernjob 2

a) Schauen Sie sich nun an, wie ein Inventar und eine Bilanz grundsätzlich aufgebaut sind. Nutzen Sie hierfür Ihr Lehrbuch[1] und/oder recherchieren Sie im Internet.

b) Erstellen Sie das Inventar und die Bilanz der „Bürowelt e. K." in den folgenden beiden Bearbeitungsfeldern.

Inventar

[1] In: *Zschenderlein*, Rechnungswesen für Steuerfachangestellte: „Inventar des Sportgeschäfts „Meddys Laufladen e. K." für den 31.12.20.." (B. Inventar und Bilanz, 2. Inventar) und „Bilanz zum ..." (B. Inventar und Bilanz, 3. Bilanz, 3.2 Gliederung).

Bilanz

Ergänzende Übungsaufgaben

Übungsaufgabe 1

Ordnen Sie die nachfolgenden Vermögensgegenstände und Schulden den vier Kategorien **Anlagevermögen**, **Umlaufvermögen**, **langfristige Schulden** und **kurzfristige Schulden** richtig zu.

- offene Rechnungen aus dem Verkauf von Waren (Forderungen aus Lieferungen und Leistungen)
- Bürostuhl des Angestellten eines Möbelhandels
- Bankkredit mit einer Laufzeit von fünf Jahren
- Kassenbestand
- Schulden aus Wareneinkäufen (Verbindlichkeiten aus Lieferungen und Leistungen)
- Geschäftsgebäude
- Schreibtisch des Geschäftsführers eines Supermarktes
- Bürostuhl (verpackt) im Regallager eines Möbelhandels
- Darlehen zur Finanzierung des Geschäftsgebäudes
- Umsatzsteuerschuld gegenüber dem Finanzamt
- Bankguthaben auf dem Girokonto des Unternehmens
- Gabelstapler in der Lagerhalle eines Gewerbebetriebs.

Übungsaufgabe 2

Der buchführungspflichtige Gewerbetreibende Michael Pfeiffer betreibt in Mainz das Fahrradgeschäft „Fun Bike e. K.". Zum 31.12. hat er durch Inventur folgende Bestände ermittelt:

▸ Schulden auf dem Girokonto bei der Sparkasse Mainz	4.710 €
▸ Darlehensschuld bei der Sparda-Bank Mainz	170.600 €
▸ Guthaben auf dem Girokonto bei der Sparkasse Mainz	2.814 €
▸ Kassenbestand	802 €
▸ Ladeneinrichtung	22.350 €
▸ Sonstige Betriebs- und Geschäftsausstattung laut Verzeichnis 1	22.668 €
▸ Pkw	19.000 €
▸ Fahrräder laut Verzeichnis 2	153.794 €
▸ Fahrradzubehör und Ersatzteile laut Verzeichnis 3	9.650 €
▸ Fahrradbekleidung laut Verzeichnis 4	13.463 €
▸ Schulden gegenüber Lieferanten laut Verzeichnis 6	51.503 €
▸ Forderungen gegenüber Kunden laut Verzeichnis 5	22.020 €

a) Erstellen Sie für das Fahrradgeschäft „Fun Bike e. K." das Inventar zum 31.12.20..

b) Erstellen Sie für das Fahrradgeschäft „Fun Bike e. K." die Bilanz zum 31.12.20.. Beachten Sie hierbei das in Ihrem Lehrbuch dargestellte Bilanzgliederungsschema und verwenden Sie die korrekten Fachbegriffe.

Übungsaufgabe 3

Die buchführungspflichtige Gewerbetreibende Jule Merz betreibt in München das Unternehmen „Merz Schränke e. K.".

Zum 31.12. hat sie durch Inventur folgende Bestände ermittelt:

► Guthaben auf dem Girokonto bei der Postbank	5.444 €
► Bestand der Kasse	932 €
► Schulden auf dem Girokonto bei der Volksbank München	18.840 €
► Darlehensschuld bei der Volksbank München	502.400 €
► Büroeinrichtung laut Verzeichnis 2	88.600 €
► Maschinen laut Verzeichnis 1	395.024 €
► Sonstige Betriebs- und Geschäftsausstattung laut Verzeichnis 4	120.896 €
► Vorräte an Roh-, Hilfs-, und Betriebsstoffen laut Verzeichnis 3	65.968 €
► Schulden gegenüber Lieferanten laut Verzeichnis 6	306.720 €
► Forderungen gegenüber Kunden laut Verzeichnis 5	157.440 €
► 1 Pkw	64.000 €

Erstellen Sie für das Unternehmen „Merz Schränke e. K." die Bilanz zum 31.12.20..

Übungsaufgabe 4

Hannelore Hüter hat am 25.08.20.. in Neuwied den Handarbeitsladen „Nähstübchen e. K." eröffnet. Dort verkauft sie Waren für Handarbeitstätigkeiten. Frau Hüter hat eine Angestellte und ist Kauffrau i. S. d. § 1 HGB. Bei der Gründung hat Frau Hüter die folgenden Vermögensgegenstände und Schulden in das Unternehmen eingebracht:

► Ladenausstattung	12.000 €
► Bürostuhl	120 €
► Schreibtisch	300 €
► Laptop	350 €
► Waren (Vorräte)	2.300 €
► Digitale Kasse	580 €
► Bargeld	250 €
► Bankguthaben	600 €
► Schulden aus Lieferungen und Leistungen	800 €
► Schulden gegenüber Kreditinstituten	10.000 €

a) Erstellen Sie das Inventar des Handarbeitsladens „Nähstübchen e. K." zum 25.08.20..

b) Erstellen Sie die Eröffnungsbilanz des Handarbeitsladens „Nähstübchen e. K." zum 25.08.20..

Übungsaufgabe 5

Ihnen liegt das folgende Inventar der „Walter Holzprodukte GmbH" zum 31.12.20.. vor.

Inventar
Walter Holzprodukte GmbH zum 31.12.20..

	€	€
I. Vermögen		
1. Anlagevermögen		
1.1 Technische Anlagen und Maschinen		
Maschinen laut Anlagenverzeichnis		28.900,00
1.2 Andere Anlagen, Betriebs- und Geschäftsausstattung		
1 Lkw	34.000,00	
Büroausstattung laut Anlagenverzeichnis	3.130,00	37.130,00
2. Umlaufvermögen		
2.1 Vorräte		
Rohstoffe: Holzbestand (unverarbeitet) laut Verzeichnis 1	13.850,00	
Hilfsstoffe: Schrauben, Muttern etc. laut Verzeichnis 2	1.250,00	15.100,00
2.2 Forderungen und sonstige Vermögensgegenstände		
Forderungen gegenüber Kunden laut Verzeichnis 3		2.380,00
2.3 Kassenbestand, Guthaben bei Kreditinstituten		
Kassenbestand	800,00	
Bankguthaben Sparkasse Koblenz	5.450,00	6.250,00
Summe des Vermögens		89.760,00
II. Schulden		
1. Langfristige Schulden		
Darlehen Sparkasse Koblenz		80.000,00
2. Kurzfristige Schulden		
Verbindlichkeiten gegenüber Lieferanten laut Verzeichnis 4		1.300,00
Summe der Schulden		81.300,00
III. Ermittlung des Reinvermögens		
Summe des Vermögens		89.760,00
- Summe der Schulden		81.300,00
= Reinvermögen (Eigenkapital)		8.460,00

Erstellen Sie aus diesem Inventar die Bilanz zum 31.12.20..

D. Kontenrahmen

Lernsituation

Nachdem Kim das Inventar und die Eröffnungsbilanz der „Bürowelt e. K." erstellt hat, steht nun die Buchhaltung des Unternehmens an. Beim Anlegen des Buchführungsmandats in dem Kanzlei-Programm wird Kim unter anderem gefragt, welcher Kontenrahmen bei diesem Mandat genutzt werden soll.

„Okay, dass ein Kontenrahmen bei der Buchhaltung genutzt werden muss, habe ich ja schon bei den GoB gelernt, aber ich wusste nicht, dass es da mehrere zur Auswahl gibt", denkt sie sich und geht mit ihrer Frage zu ihrer Kollegin Leonie Struth.

Da sie sich in der Ausbildung befindet und bisher noch nichts von den verschiedenen Kontenrahmen gehört hat, möchte Frau Struth, dass Kim sich die beiden Kontenrahmen „SKR 03" und „SKR 04" ansieht, damit sie die Systematik versteht, bevor sie anfängt zu buchen.

Lernjob 1

Nehmen Sie sich, wie Kim, die Kontenrahmen „SKR 03" und „SKR 04" zur Hand und blättern Sie sie in einem ersten Schritt durch, um einen Überblick zu bekommen. Füllen Sie anschließend die Tabelle auf der folgenden Seite aus. Die Kontenrahmen finden Sie entweder in Ihrem Buch oder zum kostenlosen Download im Online-Shop der Datev eG.

Lernjob 2

Erklären Sie mit Hilfe Ihres Lehrbuchs die Begriffe „Kontenrahmen" und „Kontenplan" sowie den Aufbau der „Kontonummern".[1]

___

___

___

___

___

___

___

___

___

___

___

___

___

[1] In: *Zschenderlein*, Rechnungswesen für Steuerfachangestellte: C. Systematik der Finanzbuchführung, 3. Kontenrahmen und Kontenplan.

Tabelle zu Lernjob 1

<table>
<tr><th colspan="2"></th><th>SKR 03</th><th>SKR 04</th></tr>
<tr><td colspan="2">Gliederungs-
prinzip</td><td></td><td></td></tr>
<tr><td rowspan="10">Titel der Kontenklassen</td><td>0</td><td></td><td></td></tr>
<tr><td>1</td><td></td><td></td></tr>
<tr><td>2</td><td></td><td></td></tr>
<tr><td>3</td><td></td><td></td></tr>
<tr><td>4</td><td></td><td></td></tr>
<tr><td>5</td><td></td><td></td></tr>
<tr><td>6</td><td></td><td></td></tr>
<tr><td>7</td><td></td><td></td></tr>
<tr><td>8</td><td></td><td></td></tr>
<tr><td>9</td><td></td><td></td></tr>
</table>

Lernjob 3

Füllen Sie die Lücken in dem folgenden Text mit den Wörtern aus der Box und mit Hilfe Ihres Lehrbuchs[1].

Der **SKR 03** ist nach dem ______________________ bzw. Betriebsablauf in einem Unternehmen gegliedert.

Die Kontenklassen 0 und 1 beziehen sich auf die grundlegende ______________________. Dazu gehören z. B. die Bereitstellung von Maschinen und Betriebs- und Geschäftsausstattung (__________-vermögen) und deren ________________ (z. B. Eigenkapital, Bankdarlehen und Lieferantenkredite). Die Kontenklasse 2 dient der Abgrenzung von sogenannten __________ Aufwendungen und Erträgen. Diese Vorgänge werden nicht durch den betrieblichen Leistungsprozess verursacht. Zwei Beispiele wären Erträge aus der Vermietung eines Gebäudes eines Industrieunternehmens oder Zinsaufwendungen.

In der Kontenklasse 3 wird die Leistungsvorbereitung im Rahmen des __________vermögens erfasst. Dieser Bereich umfasst sowohl die __________ als auch die __________-, __________- und __________stoffe (Aufwands- und Bestandskonten).

Die Kontenklasse 4 bildet in einem nächsten Schritt die __________ Aufwendungen im Rahmen der ______________________ ab. Dazu gehören unter anderem Löhne und Gehälter, Raumkosten, Kfz-Kosten, Werbe- und Reisekosten.

Die ________________ der betrieblichen Leistungsprozesse finden in den Kontenklassen 7 und 8 ihren Platz. Die ________________________________, die im Lager liegen, werden in die Kontenklasse 7 und die ________________ aus verkauften Produkten in die Kontenklasse 8 gebucht. Die Konten für den ________________ einer Buchhaltung befinden sich in Kontenklasse 9.

Der Kontenrahmen **SKR 04** ist nach der Anordnung der Posten im ____________________ gegliedert. Die Bilanzpositionen der __________ befinden sich in den Kontenklassen 0 (__________vermögen) und Kontenklasse 1 (__________vermögen).

Die folgenden beiden Kontenklassen bilden die __________-Positionen einer Bilanz ab:

Kontenklasse 2 für das ________________ und Kontenklasse 3 für das ________________.

[1] In: *Zschenderlein*, Rechnungswesen für Steuerfachangestellte: C. Systematik der Finanzbuchführung, 3. Kontenrahmen, 3.3 Arten von Kontenrahmen und Gliederungsprinzipien.

Die sich anschließenden Kontenklassen dienen der Buchung von ______________________________ und ____________________, die mit dem Abschluss in die Ergebnisrechnung einfließen. In der Kontenklasse 4 befinden sich die ____________konten, wie z. B. Umsatzerlöse. Der ______________________________ eines Unternehmens wird in die Kontenklasse 5 gebucht, alle anderen ________________________ Aufwendungen in die Kontenklasse 6. Die ______________________ Aufwendungen und Erträge finden in der Kontenklasse 7 ihren Platz.

Die Kontenklasse 9 dient, wie im SKR 03, dem ______________________ der Buchhaltung.

Leistungsvorbereitung   Roh   Umlauf   neutralen

Umlauf   Waren   Hilfs   betrieblichen   Finanzierung

Materialaufwand   Ergebnisse   Umsatzerlöse

Abschluss   Anlage   Jahresabschluss   Aufwendungen

Passiva   neutralen   Anlage   Betriebs   Eigenkapital

Abschluss   Aktiva   Erträgen

Ertrags   unfertigen und fertigen Erzeugnisse   Fremdkapital

Leistungsprozess   Leistungserstellung   betrieblichen

Ergänzende Übungsaufgaben

Übungsaufgabe 1

Ergänzen Sie zu den nachfolgend genannten Konten die Kontonummern des SKR 03 und SKR 04.

	Kontobezeichnung	Konto-Nr. SKR 03	Konto-Nr. SKR 04
1.	Grundstückswerte eigener bebauter Grundstücke		
2.	Geschäftsbauten		
3.	Maschinen		
4.	Pkw		
5.	Lkw		
6.	Betriebsausstattung		
7.	Geschäftsausstattung		
8.	Büroeinrichtung		
9.	Ladeneinrichtung		
10.	Kasse		
11.	Bank		
12.	Forderungen aus Lieferungen und Leistungen		
13.	Verbindlichkeiten aus Lieferungen und Leistungen		
14.	Variables Kapital (Vollhafter/Einzelunternehmer)		
15.	Zinsaufwendungen für langfristige Verbindlichkeiten		
16.	Wareneingang		
17.	Löhne und Gehälter		
18.	Raumkosten		
19.	Versicherungen		
20.	Fahrzeugkosten		
21.	Umsatzerlöse		

E. Bilanzveränderungen und Buchen auf Bestandskonten, Debitoren und Kreditoren

Lernsituation

Nachdem sie das Buchführungsmandat im System eingerichtet hat, soll Kim nun die ersten Geschäftsvorfälle der „Bürowelt e. K." erfassen. Die folgenden Daten liegen ihr vor:

Anfangsbestände	
Grundstück	140.000 €
Geschäftsgebäude	350.000 €
Büroeinrichtung	56.000 €
Forderungen gegenüber Kunden	2.500 €
Kassenbestand	2.200 €
Bankguthaben	9.000 €
Bankdarlehen	210.000 €
Schulden gegenüber Lieferanten	6.100 €

Lieferanten	**Kunden**
Buero-Allerlei KG	Harald Schmied
Papier Max OHG	Gerda Kulczyk
Nils Stifte GmbH	Mats Peters
Holz & Co. e. K.	Müller GmbH & Co. KG
Raumwunder OHG	

Geschäftsvorfälle

1. Herr Kurz kauft einen Büroschrank im Wert von 2.500 €. Er zahlt direkt beim Kauf mit der betrieblichen Bankkarte.
2. Auf dem Bankkonto der „Bürowelt e. K." geht die Zahlung des Kunden Harald Schmied ein. Er begleicht damit eine offene Rechnung i. H. v. 1.600 € über die Lieferung eines Schreibtischs.
3. Florian Kurz überweist 3.800 € vom betrieblichen Bankkonto an seinen Lieferanten „Papier Max OHG".

Lernjob 1

Teil 1

„Geschäftsvorfälle buchen? Ich habe das doch noch nie gemacht...", denkt Kim sich. Mit ihrem Anliegen geht sie wieder zu ihrer Kollegin Leonie Struth. Glücklicherweise nimmt Frau Struth sich die Zeit, um Kim an das Thema heranzuführen. Sie stellt ihr Schritt für Schritt die folgenden Fragen. Beantworten Sie die Fragen anstelle von Kim unter Zuhilfenahme Ihres Lehrbuchs.[1]

a) Frau Struth: „Schauen wir uns den ersten Geschäftsvorfall an. Welche Bestände würden sich in der Bilanz verändern?"

____

____

b) Frau Struth: „Auf welcher Seite der Bilanz befinden sich diese beiden Positionen jeweils?"

____

____

c) Frau Struth: „Wie verändert sich die Summe der Bilanz durch diesen Geschäftsvorfall und warum?"

____

____

____

[1] In: *Zschenderlein*, Rechnungswesen für Steuerfachangestellte: C. Systematik der Finanzbuchführung, 1. Bilanzveränderungen.

Teil 2

Frau Struth: „Super, dann bekommen Sie jetzt noch einen Arbeitsauftrag von mir“:

a) Nehmen Sie sich Ihr Lehrbuch zur Hand[1] und lesen Sie nach, welche Arten von Bilanzveränderungen es gibt. Stellen Sie Ihre Erkenntnisse mit Hilfe von kleinen (skizzierten) Bilanzen dar.

b) Legen Sie sich fest, welche Arten von Bilanzveränderungen in den Geschäftsvorfällen 1. - 3. der „Bürowelt e. K.“ vorliegen und begründen Sie Ihre Entscheidung kurz (in Stichworten).

1. ______________________________

____

____

2. ______________________________

____

____

3. ______________________________

____

____

[1] In: *Zschenderlein*, Rechnungswesen für Steuerfachangestellte: C. Systematik der Finanzbuchführung, 1. Bilanzveränderungen.

Lernjob 2

„Okay, aber was hat das nun genau mit der Buchführung zu tun?“, fragt Kim Frau Struth im Anschluss.

„Ganz einfach: Damit wir nicht für jeden Geschäftsvorfall eine neue Bilanz erstellen müssen, gibt es Konten, die die einzelnen Bilanzposten als eine Art ‚kleine Bilanz‘ darstellen. Dort können wir die Geschäftsvorfälle, die diese Bilanzposten betreffen, erfassen. Eine ausführliche Erklärung dazu finden Sie in Ihrem Lehrbuch“, antwortet Frau Struth.

Lesen Sie das entsprechende Kapitel in Ihrem Lehrbuch[1] und vervollständigen Sie die Übersicht mit den folgenden Begriffen.

Aktivkonten   Soll   Anfangsbestand (AB)   Haben   Minderungen (Abgänge)
Passivkonten   Mehrungen (Zugänge)   Minderungen (Abgänge)
Anfangsbestand (AB)   Haben   Mehrungen (Zugänge)   Soll

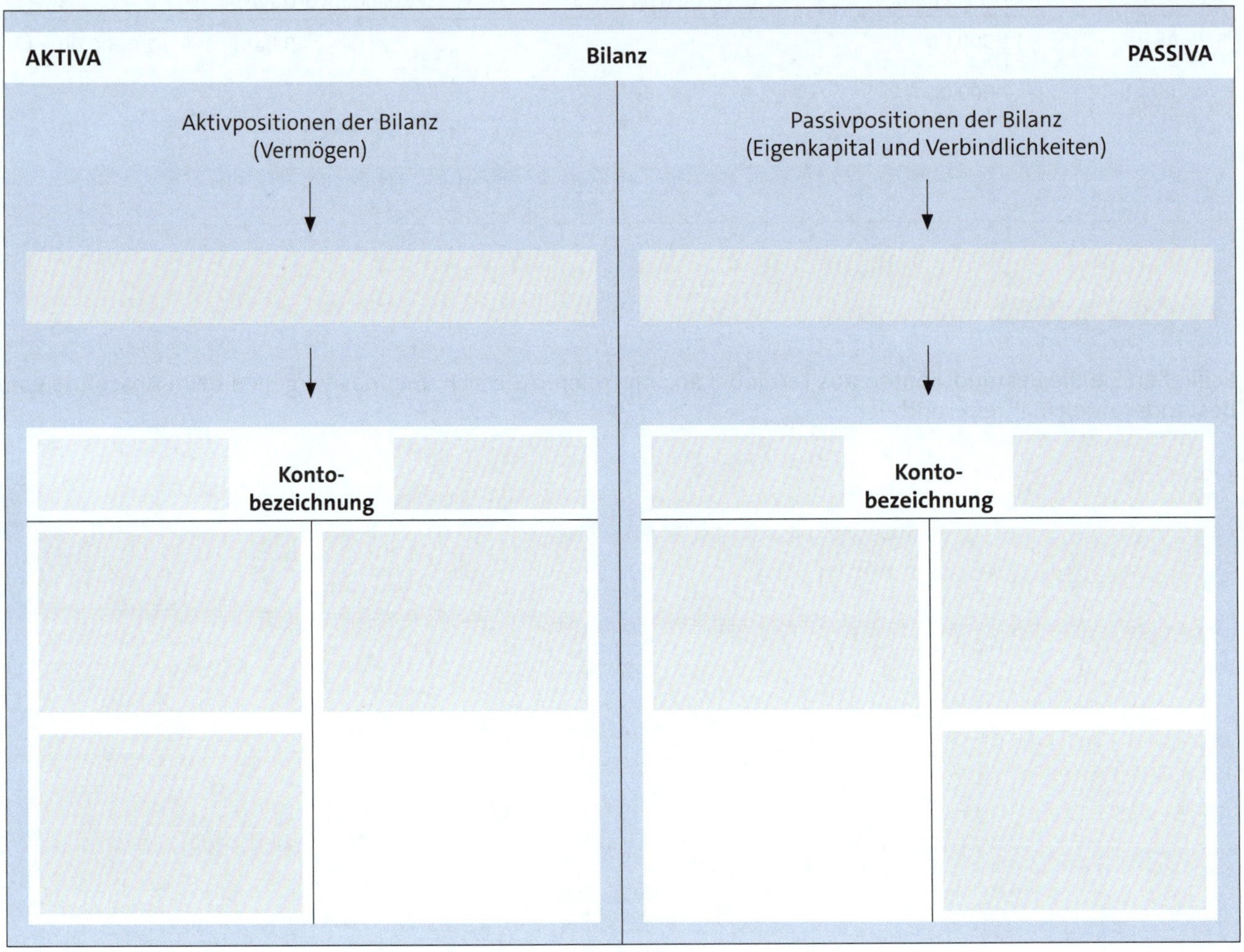

1 In: *Zschenderlein*, Rechnungswesen für Steuerfachangestellte: C. Systematik der Finanzbuchführung, 2. Erfassung der Bestandsveränderungen, 2.1 Bestandskonten, 2.1.1 Bildung von Bestandskonten und 2.1.2 Buchen auf Bestandskonten.

Lernjob 3

Frau Struth: „Klasse, dann können Sie jetzt anfangen zu buchen. Ich schlage das folgende Vorgehen vor."

a) Suchen Sie mit Hilfe des Kontenrahmens die Kontonummern der Bestandskonten der „Bürowelt e. K." heraus. Notieren Sie sie jeweils über der Kontobezeichnung der T-Konten (siehe nächste Seite).

b) Eröffnen Sie die Bestandskonten der „Bürowelt e. K.", indem Sie die Anfangsbestände aus der Lernsituation in die T-Konten buchen. Vergessen Sie die Gegenbuchung auf dem Konto „Saldenvorträge" nicht. Wenn Sie sich unsicher über das genaue Vorgehen sind, nehmen Sie sich Ihr Lehrbuch zur Hand.

c) Buchen Sie anschließend die Geschäftsvorfälle 1. bis 3. in den T-Konten.

TIPP

Sie können sich bei den Arbeitsschritten dieses Lernjobs an der folgenden Form orientieren.

Beispiel

S	1200 (1800) Bank		H
AB	11.500,00		
1.	500,00		

S	Saldenvorträge		H
		AB Bank	11.500,00

Lernjob 4

Schließen Sie die Bestandskonten aus Lernjob 3 ab. Informieren Sie sich über das Vorgehen beim Abschluss von Bestandskonten in Ihrem Lehrbuch.[1]

[1] In: *Zschenderlein*, Rechnungswesen für Steuerfachangestellte: C. Systematik der Finanzbuchführung, 2. Erfassung der Bestandsveränderungen, 2.1 Bestandskonten, 2.1.3 Abschluss der Bestandskonten.

T-Konten zu Lernjob 3 und 4

S	Grundstücke	H

S	Eigenkapital	H

S	Geschäftsbauten	H

S	Verbindlichkeiten gegenüber Kreditinstituten	H

S	Büroeinrichtung	H

S	Verbindlichkeiten aus Lieferungen und Leistungen	H

S	Forderungen aus Lieferungen und Leistungen	H

S	Saldenvorträge	H

S	Kasse	H

S	Bank	H

S	Schlussbilanzkonto (SBK)	H

Lernjob 5

Alternativ zur direkten Erfassung von Forderungen und Verbindlichkeiten aus Lieferungen und Leistungen auf den entsprechenden Konten kann in einer Buchhaltung auch mit sogenannten „Debitoren“ und „Kreditoren“ gearbeitet werden.

a) Finden Sie mit Hilfe des Internets heraus, was Debitoren und Kreditoren sind und machen Sie sich stichpunktartig Notizen. Gehen Sie auch auf die Kontonummern im SKR 03 und SKR 04 ein.

b) Buchen Sie die Geschäftsvorfälle 2 und 3 der Lernsituation debitorisch und kreditorisch.

S	1200 (1800) Bank		H

S	Harald Schmied		H
AB	1.600,00		

S	Papier Max OHG		H
		AB	3.800,00

Lernjob 6

Die Buchung eines Geschäftsvorfalls kann auch in Sprachform ausgedrückt werden und nennt sich dann „Buchungssatz".

a) Ergänzen Sie mit Hilfe Ihres Lehrbuchs[1] die Lücken in dem folgenden Satz und in der Tabelle zum Thema „Buchungssatz" mit den Begriffen aus der Box.

Sollkonto	Bezeichnung	Habenkonto	Betrag in €
Betrag in €	Bezeichnung	Kontonummer	
Sollkonto	Kontonummer	Habenkonto	

Ein Buchungssatz drückt in *Sprachform* aus, wie bei einer Buchung vorgegangen wird. Er ist nach dem folgenden Muster aufgebaut:

______________________ an ______________________ ______________________

Man kann Buchungssätze auch in *Tabellenform* notieren. Dann werden sie in folgender Reihenfolge aufgeschrieben:

<table>
<tr><td colspan="2"></td><td rowspan="2"></td><td colspan="2"></td></tr>
<tr><td></td><td></td><td></td><td></td></tr>
</table>

b) Bilden Sie die Buchungssätze zur Lernsituation in Sprach- und in Tabellenform (hier erstmal ohne Kontonummern):

Sprachform

1. ____

2. ____

3. ____

Tabellenform

<table>
<tr><th rowspan="2">Nr.</th><th>SOLL</th><th rowspan="2">Betrag
€</th><th>HABEN</th></tr>
<tr><th>Bezeichnung</th><th>Bezeichnung</th></tr>
<tr><td>1.</td><td></td><td></td><td></td></tr>
<tr><td>2.</td><td></td><td></td><td></td></tr>
<tr><td>3.</td><td></td><td></td><td></td></tr>
</table>

[1] In: Zschenderlein, *Rechnungswesen für Steuerfachangestellte:* C. Systematik der Finanzbuchführung, 1. Bilanzveränderungen.

Ergänzende Übungsaufgaben

Übungsaufgabe 1

In der Wagner GmbH ereignen sich die folgenden Geschäftsvorfälle. Wie würde sich die Bilanz der GmbH verändern? Nennen Sie die Art der Bilanzveränderung und begründen Sie Ihre Entscheidung kurz.

1. Alexandra Wagner kauft einen neuen Bürostuhl für die Verwaltungsräume ihres Unternehmens gegen Barzahlung.
2. Eine Verbindlichkeit gegenüber einem Kunden wird mit einer Forderung gegenüber demselben Kunden verrechnet.
3. Die Wagner GmbH kauft Waren auf Rechnung (noch nicht bezahlt). Die Waren werden dem Warenbestand zugeführt.
4. Eine Lieferantenrechnung wird durch Überweisung vom Bankkonto der GmbH bezahlt.
5. Frau Wagner kauft einen neuen Schreibtisch für ihr Büro auf Rechnung.
6. Ein kurzfristiges Bankdarlehen der GmbH wird in ein langfristiges Bankdarlehen umgewandelt.
7. Die Rückzahlungsrate eines Bankdarlehens wird vom Bankkonto der GmbH per Lastschrift eingezogen.
8. Die Wagner GmbH nimmt ein Bankdarlehen auf. Der Auszahlungsbetrag wird auf dem Bankkonto gutgeschrieben.

Übungsaufgabe 2

Ordnen Sie die nachfolgend genannten Konten den Kategorien „Aktivkonten“ und „Passivkonten“ zu – und zwar in der Reihenfolge wie sie in der Bilanz aufgeführt werden.

- Hilfsstoffe
- Verbindlichkeiten aus Lieferungen und Leistungen
- Betriebsausstattung
- Bank (Guthaben)
- sonstige Verbindlichkeiten
- Technische Anlagen
- unbebaute Grundstücke
- Waren
- Verbindlichkeiten gegenüber Kreditinstituten
- Eigenkapital
- Kasse
- Geschäftsausstattung

Übungsaufgabe 3

Der Einzelunternehmer Marcus Wagner aus Mülheim hat durch Inventur folgende Bestände ermittelt:

► Pkw	42.500 €
► sonstige Betriebs- und Geschäftsausstattung	16.000 €
► Warenbestand	6.000 €
► Forderungen aus Lieferungen und Leistungen	72.000 €
► Bankguthaben	4.750 €
► Kassenbestand	1.925 €
► Verbindlichkeiten gegenüber Kreditinstituten	27.000 €
► Verbindlichkeiten aus Lieferungen und Leistungen	16.500 €
► Eigenkapital	______

Im folgenden Buchungsmonat ereignen sich in dem Unternehmen die folgenden Geschäftsvorfälle:

1. Ein Kunde überweist 3.500 € auf das betriebliche Bankkonto von Herrn Wagner zum Ausgleich einer Forderung aus einer Lieferung.
2. Für die Auftragsabwicklung kauft Herr Wagner einen neuen Laptop im Wert von 1.150 € gegen Barzahlung.
3. Herr Wagner hebt 250 € vom betrieblichen Bankkonto ab und zahlt sie in die Kasse ein.
4. Herr Wagner kauft Waren für 2.750 € auf Ziel ein. Die Waren werden auf dem Konto „Waren (Bestand)" erfasst.
5. Herr Wagner nimmt ein Bankdarlehen i. H. v. 2.500 € auf. Der Betrag wird dem betrieblichen Bankkonto gutgeschrieben.

[Die Umsatzsteuer bleibt hier noch unberücksichtigt.]

Aufgaben

a) Buchen Sie die durch Inventur ermittelten Anfangsbestände in T-Konten.
b) Buchen Sie die Geschäftsvorfälle in den T-Konten.
c) Schließen Sie die Konten über das Schlussbilanzkonto ab und erstellen Sie daraus eine Bilanz zum 31.01.20.. für den Unternehmer Marcus Wagner.

Übungsaufgabe 4

Bilden Sie die Buchungssätze für den folgenden Fall sowohl in Sprachform als auch in einer Buchungstabelle (eine entsprechende Vorlage finden Sie im Anhang dieses Buchs und zum Download).

Bei dem Einzelunternehmer Jannis Schneider aus Köln ereignen sich die folgenden Geschäftsvorfälle:

1. Herr Schneider kauft einen Drucker für sein Büro für 500 € auf Ziel.
2. Herr Schneider nimmt ein Darlehen i. H. v. 16.000 € bei seiner Bank auf, mit dem eine Verbindlichkeit aus einer Lieferung i. H. v. 16.000 € direkt beglichen wird.
3. Herr Schneider hebt 600 € Bargeld vom betrieblichen Bankkonto ab, um den Kassenbestand zu erhöhen.
4. Durch Banküberweisung begleicht Herr Schneider eine Verbindlichkeit aus einer Lieferung i. H. v. 4.000 €.
5. Herr Schneider zahlt 1.500 € eines Bankdarlehens durch Überweisung vom betrieblichen Bankkonto zurück.

[Die Umsatzsteuer bleibt hier noch unberücksichtigt.]

Übungsaufgabe 5

Die Einzelunternehmerin Vanessa Genovese betreibt in Mayen eine Boutique mit ausgefallener Mode. Die folgenden Geschäftsvorfälle des aktuellen Buchungsmonats sind noch zu erfassen.

1. Frau Genovese kauft eine neue Ladeneinrichtung für 24.000 € auf Ziel.
2. Frau Genovese begleicht eine offene Lieferantenrechnung i. H. v. 16.000 € durch Banküberweisung.
3. Aus der Kasse der Boutique zahlt Frau Genovese 2.000 € auf dem betrieblichen Bankkonto ein.
4. Vom Bankkonto der Boutique hebt Frau Genovese 800 € ab und legt sie als Wechselgeld in die Kasse.
5. Frau Genovese nimmt ein Bankdarlehen i. H. v. 60.000 € auf, das auf das betriebliche Girokonto ausgezahlt wird.
6. Eine Kundin bezahlt eine offene Rechnung von Frau Genovese i. H. v. 400 € bar. Die Rechnung war in der Buchführung als Forderung erfasst worden.
7. Frau Genovese kauft einen neuen Multifunktionsdrucker für das Büro der Boutique für 800 € auf Ziel.
8. Die erste Tilgungsrate für das Bankdarlehen i. H. v. 1.000 € wird vom Bankkonto abgebucht.

[Die Umsatzsteuer bleibt hier noch unberücksichtigt.]

Bilden Sie die Buchungssätze zu den Geschäftsvorfällen in einer Buchungstabelle.
Eine entsprechende Vorlage finden Sie im Anhang dieses Buchs und zum Download.

Übungsaufgabe 6

Zum 31.12.20.. wurden in der „Malerbedarf Rudloff KG" die folgenden Bestände durch Inventur festgestellt:

► Technische Anlagen	23.000 €
► Betriebsausstattung	19.000 €
► Waren (Bestand)	31.000 €
► Forderungen aus Lieferungen und Leistungen	9.000 €
► Bankguthaben	12.250 €
► Kassenbestand	1.320 €
► Verbindlichkeiten gegenüber Kreditinstituten	37.000 €
► Verbindlichkeiten aus Lieferungen und Leistungen	12.000 €
► Eigenkapital	___________

Im Januar des Folgejahres ereignen sich die folgenden Geschäftsvorfälle:

1. Eine Mitarbeiterin des Unternehmens zahlt 300 € von der Kasse auf das Bankkonto der KG ein.
2. Die Rate eines betrieblichen Bankdarlehens wird vom Bankkonto der KG abgebucht: 150 €.
3. Ein Kunde überweist 800 € aus einer offenen Rechnung an die KG (Eingang auf dem Bankkonto).
4. Für die Verwaltung wird ein neuer Kopierer gekauft. Den Kaufpreis von 450 € bezahlt der Mitarbeiter direkt beim Einkauf mit der betrieblichen Bankkarte der KG.
5. Ein Mitarbeiter überweist vom betrieblichen Girokonto eine offene Rechnung i. H. v. 2.300 € an einen Lieferanten.
6. Es wird eine neue technische Anlage für das Mischen von Farbe angeschafft. Der Kaufpreis i. H. v. 3.000 € wird erst im nächsten Monat durch Überweisung beglichen.

[Die Umsatzsteuer bleibt hier noch unberücksichtigt.]

Aufgaben

a) Erstellen Sie die Buchungssätze für die Geschäftsvorfälle in einer Buchungstabelle.

b) Eröffnen Sie die Bestandskonten, indem Sie die durch Inventur ermittelten Bestände in T-Konten buchen.

c) Buchen Sie die Geschäftsvorfälle in den T-Konten.

d) Schließen Sie die Konten über das Schlussbilanzkonto ab.

Vorlagen für die Buchungstabelle und die T-Konten finden Sie im Anhang dieses Buchs und zum Download.

F. Buchen auf Erfolgskonten und Gewinn- und Verlustrechnung

Lernsituation

Nachdem der Geschäftsbetrieb der „Bürowelt e. K." gut angelaufen ist, ereignen sich immer mehr Geschäftsvorfälle. Im Rahmen der nächsten Buchhaltung reicht Florian Kurz unter anderem folgende Unterlagen ein:

1. Die Rechnung für das betriebliche Telefon und den Internetanschluss beträgt 150 €. Die Rechnung wurde noch nicht bezahlt.
2. Die „Bürowelt e. K." vermietet einen Büroraum an eine Werbeagentur. Die erste Monatsmiete i. H. v. 220 € wurde auf dem Geschäftskonto der „Bürowelt e. K." gutgeschrieben.
3. Herr Kurz hat eine Garage auf dem Grundstück gegenüber angemietet. Die Miete von 50 € hat er termingerecht vom betrieblichen Bankkonto an den Vermieter überwiesen.
4. Die Bank hat der „Bürowelt e. K." 60 € Zinsen auf dem Girokonto gutgeschrieben.

Kim hat zwar schon ein paar Belege des Unternehmens gebucht, weiß aber nicht so genau, wie sie nun bei den oben genannten Fällen vorgehen soll. Gehören Telefonrechnungen zum Anlage- oder Umlaufvermögen? Oder sind es doch Verbindlichkeiten? Und wie werden überhaupt Einnahmen gebucht?

Versetzen Sie sich in Kims Rolle und bearbeiten Sie die folgenden Lernjobs.

Lernjob 1

a) Richten Sie die folgenden Konten ein, indem Sie deren Anfangsbestände buchen. Die T-Konten finden Sie auf der nächsten Seite.

	SKR 03 (SKR 04)	Betrag
Grundstücke	0085 (0235)	140.000 €
Geschäftsbauten	0090 (0240)	350.000 €
Büroeinrichtung	0420 (0650)	58.500 €
Forderungen a LuL	1400 (1200)	900 €
Kasse	1000 (1600)	2.200 €
Bank	1200 (1800)	4.300 €
Eigenkapital	0880 (2010)	343.600 €
Verbindlichkeiten ggü. Kreditinstituten	0630 (3150)	210.000 €
Verbindlichkeiten a LuL	1600 (3300)	2.300 €

b) Buchen Sie die Geschäftsvorfälle der Lernsituation in den T-Konten, **ohne** ein weiteres Konto einzurichten.

c) Schließen Sie die Konten über das Schlussbilanzkonto ab.

d) Erläutern Sie, welche Konten sich durch die vier Geschäftsvorfälle inwiefern verändert haben. Gehen Sie auch darauf ein, welchen Einfluss diese Vorgänge auf das Vermögen, die Schulden und das Eigenkapital haben.

T-Konten für Lernjob 1 a) bis c)

S	0085 (0235) Grundstücke	H

S	0090 (0240) Geschäftsbauten	H

S	0420 (0650) Büroeinrichtung	H

S	1400 (1200) Forderungen aus Lieferungen und Leistungen	H

S	1000 (1600) Kasse	H

S	1200 (1800) Bank	H

S	0880 (2010) Eigenkapital	H

S	0630 (3150) Verbindlichkeiten gegenüber Kreditinstituten	H

S	1600 (3300) Verbindlichkeiten aus Lieferungen und Leistungen	H

S	Saldenvorträge	H

S	Schlussbilanzkonto (SBK)	H

Lernjob 2

Schlagen Sie das Kapitel „Erfolgskonten" in Ihrem Lehrbuch[1] auf und lesen Sie es sorgfältig. Vervollständigen Sie anschließend mit Hilfe der gesammelten Informationen die folgende Übersicht.

Erfolgswirksame Geschäftsvorfälle

... beeinflussen das ______________________ des Unternehmen unmittelbar.

Soll	**Eigenkapital**	Haben
− ↓ ______		+ ↓ ______

Aus Gründen der ______________________ werden aus dem Eigenkapitalkonto die sogenannten ______________________ abgeleitet.

S	**Aufwandskonto**	H
Minderung des EK ↓ Aufwandsbuchung im ______		

S	**Ertragskonto**	H
		Mehrung des EK ↓ Ertragsbuchung im ______

Erfolgskonten werden über das ______________________ (__________) abgeschlossen.

Dieses Konto wiederum wird dann über das ______________________ abgeschlossen.

Die Differenz zwischen den Aufwendungen und den Erträgen der Abrechnungsperiode bildet den

______________ oder ______________ des Unternehmens

als Saldo auf dem Gewinn- und Verlustkonto ab und erhöht oder vermindert das Eigenkapital:

S	**Gewinn- und Verlustkonto**	H
Salden der ______ konten ______		Salden der ______ konten (______)

S	**Eigenkapital**	H
(______)		Anfangsbestand ______

oder

---

1 In: *Zschenderlein*, Rechnungswesen für Steuerfachangestellte: C. Systematik der Finanzbuchführung, 2. Erfassung der Bestandsveränderungen, 2.3 Erfolgskonten.

Lernjob 3

Buchen Sie die Geschäftsvorfälle der Lernsituation nun unter Hinzunahme der entsprechenden Erfolgskonten in den folgenden T-Konten. Nutzen Sie Ihren Kontenrahmen, um die notwendigen Erfolgskonten herauszusuchen.

Schließen Sie die Erfolgskonten anschließend über das Gewinn- und Verlustkonto ab und übertragen Sie den Gewinn oder Verlust durch eine Abschlussbuchung in das Eigenkapital-Konto.

S			H

S			H

S			H

S			H

1200 (1800) Bank

S			H
AB	4.300,00		

1600 (3300) Verbindlichkeiten a LuL

S			H
		AB	2.300,00

Gewinn- und Verlustkonto (GuVK)

S			H

0880 (2010) Eigenkapital

S			H
		AB	343.600,00

Ergänzende Übungsaufgaben

Übungsaufgabe 1

Ordnen Sie die folgenden Erfolgskonten den Kategorien „Aufwandskonten“ und „Erfolgskonten“ richtig zu:

- Porto
- Bürobedarf
- (Verkaufs-) Erlöse
- Miete
- Grundstückserträge
- Darlehenszinsen
- Zinserträge
- Telefonkosten.

Übungsaufgabe 2

Der Einzelunternehmer Nils Lohmann betreibt in Hamburg ein Musikgeschäft. Bei ihm ereignen sich im aktuellen Buchungsmonat die folgenden Geschäftsvorfälle:

1. Die Rechnung für das betriebliche Telefon i. H. v. 62 € wird vom Bankkonto abgebucht.
2. Das Gehalt einer Angestellten zahlt Herr Lohmann ihr bar aus: 750 €.
3. Die Miete für die Geschäftsräume i. H. v. 2.000 € wird per Dauerauftrag vom Bankkonto überwiesen.
4. Für die Inanspruchnahme des Dispokredits bucht die Bank Zinsen vom betrieblichen Bankkonto i. H. v. 23 € ab.
5. Herr Lohmann kauft ein neues Ladenregal für 2.000 € auf Ziel.
6. Zum Ausgleich einer offenen Rechnung überweist eine Kundin 400 € an Herrn Lohmann. Die Rechnung wurde im Vormonat als Forderung a LuL erfasst.
7. Für die Vermietung eines betrieblichen Lagerraums gehen 200 € Mieterlös auf dem betrieblichen Bankkonto ein.
8. Herr Lohmann kauft Briefmarken für 25 € gegen Barzahlung.
9. Für eine betriebliche Geldanlage werden dem betrieblichen Bankkonto 75 € Zinsen gutgeschrieben.
10. Vom betrieblichen Bankkonto werden Kontoführungsgebühren i. H. v. 15 € abgebucht.

[Die Umsatzsteuer bleibt hier noch unberücksichtigt.]

Bilden Sie die Buchungssätze zu den Geschäftsvorfällen in einer Buchungstabelle und geben Sie bei jedem Buchungssatz an, ob es sich um einen Aufwand oder einen Ertrag handelt.

Eine entsprechende Vorlage finden Sie im Anhang dieses Buchs und zum Download.

Übungsaufgabe 3

Die folgenden Erfolgskonten liegen Ihnen vor. Schließen Sie die Konten ab.

2120 (7320) Zinsaufwendungen für langfristige Verbindlichkeiten

S	H
275,00	

4910 (6800) Porto

S	H
100,00	

4120 (6020) Gehälter

S	H
2.000,00	500,00
800,00	

4920 (6805) Telefon

S	H
50,00	
40,00	

4210 (6310) Miete

S	H
800,00	500,00
600,00	
700,00	

2750 (4860) Grundstückserträge

S	H
	5.000,00

0880 (2010) Eigenkapital

S	H
	AB 27.125,00

GuVK

S	H

Übungsaufgabe 4

In dem Unternehmen von Janette White existieren die folgenden Vermögensgegenstände und Schulden:

SKR 03	SKR 04		
0320	0520	Pkw	31.000 €
0430	0640	Ladeneinrichtung	25.500 €
3980	1140	Waren (Bestand)	13.000 €
1400	1200	Forderungen aus Lieferungen und Leistungen	7.500 €
1200	1800	Bank	5.500 €
1000	1600	Kasse	500 €
0880	2010	Eigenkapital	________
1600	3300	Verbindlichkeiten aus Lieferungen und Leistungen	20.000 €

Außer den Bestandskonten werden folgende Erfolgskonten benötigt:

SKR 03	SKR 04	
2110	7310	Zinsaufwendungen für kurzfristige Verbindlichkeiten
4120	6020	Gehälter
4210	6310	Miete
4910	6800	Porto
4920	6805	Telefon
2750	4860	Grundstückserträge

In dem Unternehmen ereignen sich die folgenden **Geschäftsvorfälle:**

1.	Frau White überweist das Gehalt für einen Angestellten.	1.250,00 €
2.	Die Telefonrechnung wird vom Bankkonto eingezogen.	100,00 €
3.	Auf dem Bankkonto werden Grundstückserträge gutgeschrieben.	2.700,00 €
4.	Eine Angestellte kauft Briefmarken und bezahlt bar.	50,00 €
5.	Frau White überweist die Miete für die Geschäftsräume.	750,00 €
6.	Frau White kauft einen Firmenwagen (Pkw) auf Ziel.	26.500,00 €
7.	Die Zinsen für ein kurzfristiges Darlehen werden vom Bankkonto abgebucht.	50,00 €
8.	Ein Kunde begleicht eine offene Rechnung durch Banküberweisung.	5.000,00 €

[Die Umsatzsteuer sowie Abschreibungen bleiben hier noch unberücksichtigt.]

Aufgaben

a) Erstellen Sie die Buchungssätze zu den Geschäftsvorfällen in einer Buchungstabelle. Geben Sie jeweils die Gewinnauswirkung an.

b) Buchen Sie die Anfangsbestände in T-Konten.

c) Buchen Sie die Geschäftsvorfälle in den T-Konten.

d) Schließen Sie alle Konten ab.

Die Vorlagen für eine Buchungstabelle und für T-Konten finden Sie im Anhang dieses Buchs und zum Download.

Übungsaufgabe 5

Der Einzelunternehmer Kai Lehmann betreibt in Lindau am Bodensee ein Geschäft für Herrenmode. Bei ihm ereignen sich im aktuellen Buchungsmonat die folgenden Geschäftsvorfälle.

1. Ein Kunde überweist 800 € zum Ausgleich einer offenen Rechnung aus einem Kauf (bereits zuvor als Forderung a LuL erfasst).
2. Vom betrieblichen Bankkonto werden die Kontoführungsgebühren i. H. v. 17 € abgebucht.
3. Die Miete für die Geschäftsräume (2.400 €) wird vom betrieblichen Bankkonto abgebucht.
4. Herr Lehmann bezahlt 100 € für Briefmarken bar.
5. Das Gehalt eines Angestellten i. H. v. 1.980 € überweist Herr Lehmann vom Bankkonto.
6. Eine offene Telefonrechnung i. H. v. 60 € wird vom Bankkonto eingezogen. Die Rechnung wurde noch nicht erfasst.
7. Herr Lehmann kauft neue Ladeneinrichtung für 10.000 € auf Ziel.
8. Für die Inanspruchnahme des Dispokredits werden 140 € Zinsen vom betrieblichen Bankkonto abgebucht.

[Die Umsatzsteuer bleibt hier noch unberücksichtigt.]

Bilden Sie die Buchungssätze zu den Geschäftsvorfällen in einer Buchungstabelle.
Geben Sie zu jedem Buchungssatz die Gewinnauswirkung an.

Eine Vorlage finden Sie im Anhang dieses Buchs und zum Download.

Übungsaufgabe 6

Die „Flusen KG“ aus Berlin handelt mit modischen Teppichen. In dem Unternehmen ereignen sich im aktuellen Buchungsmonat die folgenden Geschäftsvorfälle.

1. Diverse Gehälter werden vom Bankkonto der KG überwiesen: 6.800 €.
2. Der offene Rechnungsbetrag für den Internetanschluss der KG wird vom Bankkonto eingezogen (45 €). Die Rechnung wurde noch nicht erfasst.
3. Die Rechnung für die laufende Buchführung i. H. v. 200 € geht bei der KG ein. Sie wird erst im nächsten Monat beglichen.
4. Der Firmenwagen wird für 68,50 € betankt. Der Mitarbeiter bezahlt bar.
5. Die Miete für die Geschäftsräume i. H. v. 1.800 € wird vom betrieblichen Bankkonto abgebucht.
6. Die Zinsen für ein Bankdarlehen i. H. v. 250 € werden vom betrieblichen Bankkonto abgebucht.
7. Eine Verbindlichkeit gegenüber einem Lieferanten wird durch Überweisung vom Bankkonto beglichen. Die offene Rechnung beträgt 1.250 €.
8. Eine Rate für die Tilgung des Bankdarlehens wird vom Bankkonto der KG eingezogen: 500 €.
9. Auf dem Bankkonto gehen 8.300 € aus einer offenen Rechnung gegenüber einem Großkunden ein. Sie war zuvor als Forderung erfasst worden.
10. Aus der Vermietung von Parkplätzen gehen 150 € auf dem Bankkonto der KG ein.

[Die Umsatzsteuer bleibt hier noch unberücksichtigt.]

Bilden Sie die Buchungssätze zu den Geschäftsvorfällen in einer Buchungstabelle.
Geben Sie zu jedem Buchungssatz die Gewinnauswirkung an.

Eine Vorlage finden Sie im Anhang dieses Buchs und zum Download.

G. Umsatzsteuer und Vorsteuer

Lernsituation

Für die nächste Monatsbuchhaltung reicht Herr Kurz von der „Bürowelt e. K." Unterlagen zu den folgenden Geschäftsvorfällen bei der „Hubert & Wagner Steuerberatungsgesellschaft mbH" ein:

1. Herr Kurz verkauft einen Laptop an Herrn Schönmetz für 2.023 € brutto bei 19 % Umsatzsteuer. Der Kunde bezahlt bar.
2. Der Hersteller „Roll" aus Speyer beliefert die „Bürowelt e. K." mit Ware. Die Eingangsrechnung beträgt 5.000 € plus 19 % Umsatzsteuer und wurde noch nicht beglichen.
3. Herr Kurz verkauft 30 Monitore an das Finanzamt Koblenz für 200 € pro Stück netto auf Ziel. Hinzu kommen 19 % Umsatzsteuer.
4. Die Schülerin Margarethe Kaiser kauft von ihrem Ersparten ein Notebook für 800 € zuzüglich 152 € Umsatzsteuer gegen Barzahlung.

Die Auszubildende Kim soll die Vorgänge buchen, hat jedoch bisher noch keine Umsatzsteuer-Buchungen gemacht. Sie bittet ihre Kollegin Sandra Steffens um Hilfe.

Lernjob 1

Kim hat die Grundlagen der Umsatzsteuer in der Schule bereits in einem anderen Lernfeld kennengelernt. Um sicherzustellen, dass Kim die Grundbegriffe und die Berechnung der Umsatzsteuer verstanden hat, stellt ihre Kollegin Sandra Steffens ihr die folgenden Fragen. Versetzen Sie sich in Kims Rolle und beantworten Sie die Fragen in eigenen Worten und ganzen Sätzen. Nehmen Sie sich Ihr Lehrbuch zu Hilfe.[1]

a) Wie nennt sich der reine Waren- oder Leistungswert ohne Umsatzsteuer?

____

____

b) Wie wird die Umsatzsteuer grundsätzlich berechnet?

____

____

c) Wie nennt sich der Verkaufspreis einschließlich der Umsatzsteuer?

____

____

d) Wie hoch ist der allgemeine Steuersatz (sog. „Regelsteuersatz")?

____

____

e) Wie viel beträgt der ermäßigte Steuersatz, der für bestimmte Waren und Dienstleistungen gilt?

____

____

[1] In: *Zschenderlein*, Rechnungswesen für Steuerfachangestellte: D. Umsatzsteuer, 1. System der Umsatzsteuer.

Lernjob 2

Kim ist sich nicht ganz sicher, ob sie das System der Umsatzsteuer komplett verstanden hat. Sie bittet ihre Kollegin Sandra Steffens deswegen, es ihr mit Hilfe eines Beispiels nochmal zu erläutern.

Vervollständigen Sie die folgende Übersicht, nachdem Sie die Schilderung von Frau Steffens gelesen haben. Berechnen Sie die entsprechenden Umsatzsteuerbeträge selbst.

Fall

Die „Tisch Müller GmbH" stellt Schreibtische jeglicher Art her. Die „Buero Ulrich OHG" handelt mit Büromöbeln und kauft bei der „Tisch Müller GmbH" einen Schreibtisch für 500 € netto zuzüglich 19 % Umsatzsteuer (USt). Nach Abschluss des Kaufvertrags wird die Ware geliefert und die „Buero Ulrich OHG" überweist den Brutto-Rechnungsbetrag i. H. v. 595 € an den Hersteller. Denselben Schreibtisch kauft in einem nächsten Schritt der Endverbraucher (Privatkunde) Heinrich Walter. Er bezahlt beim Kauf im Laden für den Schreibtisch 833 € brutto. Der Kauf unterliegt dem regulären Umsatzsteuersatz von 19 %.

INFO

Abziehbare Vorsteuerbeträge kann ein Verkäufer von der vereinnahmten Umsatzsteuer, der sog. Umsatzsteuer-Traglast, im Rahmen einer Umsatzsteuer-Voranmeldung abziehen. Die verbleibende Umsatzsteuer-Zahllast führt der Verkäufer dann an das Finanzamt ab. Sind die Vorsteuer-Beträge in einem Umsatzsteueranmeldezeitraum höher als die Umsatzsteuer-Traglast, erstattet das Finanzamt dem Unternehmer diesen Überhang.

Übersicht zu Lernjob 2

Hersteller	Lieferung Schreibtisch → / ← Zahlung Kaufpreis	Händler	Lieferung Schreibtisch → / ← Zahlung Kaufpreis	Endverbraucher
______		______		______
______		______		______

Rechnung (Hersteller → Händler)

Warenwert, netto	______ €
+ 19 % USt	______ €
= Rechnungsbetrag, brutto	______ €

USt-Traglast	______ €
- Vorsteuer	______ €
= USt-Zahllast (Hersteller)	______ **€**

Zahlung ↓

Rechnung (Händler → Endverbraucher)

Warenwert, netto	______ €
+ 19 % USt	______ €
= Rechnungsbetrag, brutto	______ €

USt-Traglast	______ €
- Vorsteuer	______ €
= USt-Zahllast (Händler)	______ **€**

Zahlung ↓

Finanzamt

USt-Zahllast (Hersteller)	______ €
+ USt-Zahllast (Händler)	______ €
= USt gesamt	______ €

Lernjob 3

Anschließend soll Kim die Geschäftsvorfälle der „Bürowelt e. K." in der Buchhaltung des Unternehmens erfassen. Ihre Kollegin erklärt ihr anhand der folgenden beiden Beispiele, wie Buchungen mit Umsatzsteuer und mit Vorsteuer erfasst werden:

Beispiel für eine Buchung mit Umsatzsteuer

Verkauf von Ware für 200 € netto + 19 % USt auf Ziel.

Nr.	SOLL		Betrag in €	HABEN		Auf-wand	Er-trag
	Konto-Bezeichnung	Konto-Nr. SKR 03 (SKR 04)		Konto-Bezeichnung	Konto-Nr. SKR 03 (SKR 04)		
	Ford. a LuL	1400 (1200)	200,00	Erlöse 19 % USt	8400 (4400)		x
	Ford. a LuL	1400 (1200)	38,00	Umsatzsteuer 19 %	1776 (3806)		

Beispiel für eine Buchung mit Vorsteuer

Rechnung über 100 € netto + 19 % USt für den Telefon- und Internetanschluss.

Nr.	SOLL		Betrag in €	HABEN		Auf-wand	Er-trag
	Konto-Bezeichnung	Konto-Nr. SKR 03 (SKR 04)		Konto-Bezeichnung	Konto-Nr. SKR 03 (SKR 04)		
	Telefon	4920 (6805)	100,00	Verb. a LuL	1600 (3300)	x	
	Abziehbare Vorsteuer 19 %	1576 (1406)	19,00	Verb. a LuL	1600 (3300)		

[Weiterführende Informationen finden Sie in Ihrem Lehrbuch.[1]]

Erstellen Sie die Buchungssätze zu den Geschäftsvorfällen der Lernsituation in der folgenden Buchungstabelle.

Nr.	SOLL		Betrag in €	HABEN		Auf-wand	Er-trag
	Konto-Bezeichnung	Konto-Nr. SKR 03 (SKR 04)		Konto-Bezeichnung	Konto-Nr. SKR 03 (SKR 04)		
1.							
2.							
3.							
4.							

[1] In: *Zschenderlein*, Rechnungswesen für Steuerfachangestellte: D. Umsatzsteuer, 2. Buchung der Umsatzsteuer und 3. Buchung der Vorsteuer.

Berechnen Sie die Umsatzsteuer-Zahllast, die sich aus diesen Geschäftsvorfällen ergibt.

Lernjob 4

Da die „Bürowelt e. K." für ihre Bank einen Zwischenabschluss benötigt, soll Kim unter anderem die Umsatzsteuer-Konten vorbereitend abschließen.

Versetzen Sie sich in Kims Rolle und schließen Sie die folgenden Umsatzsteuerkonten der „Bürowelt e. K." mit Hilfe Ihres Lehrbuchs[1] ab. Nutzen Sie das Verrechnungskonto 1792 (3630).

1576 (1406)

S	Abziehbare Vorsteuer 19 %		H
2)	950,00		

1776 (3806)

S	Umsatzsteuer 19 %		H
		1)	323,00
		3)	1.140,00
		4)	152,00

1780 (3820)

S	Umsatzsteuer-Vorauszahlungen		H
	220,00		
	130,00		
	240,00		

1792 (3630)

S	Umsatzsteuer-Verrechnungskonto		H

S	Schlussbilanzkonto (SBK)		H

[1] In: *Zschenderlein*, Rechnungswesen für Steuerfachangestellte: D. Umsatzsteuer, 5. Abschluss der Umsatzsteuerkonten.

Ergänzende Übungsaufgaben

Übungsaufgabe 1

Berechnen Sie aus den vorgegebenen Bruttobeträgen (= Beträge mit USt) die Nettobeträge (= Beträge ohne USt) und die jeweils zugehörige Umsatzsteuer (USt) bzw. Vorsteuer (VoSt).

Nr.	Vorgang	Bruttobetrag €	Nettobetrag €	USt €	VoSt €
1.	Einnahmen im Laden mit 19 % USt (Barverkäufe)	53.550,00			
2.	Einnahmen im Laden mit 7 % USt (Barverkäufe)	29.425,00			
3.	Kauf von Büromaterial gegen Barzahlung mit 19 % USt	190,40			
4.	Kauf von Fachliteratur auf Rechnung mit 7 % USt	256,80			

Übungsaufgabe 2

Die Einzelunternehmerin Katrin Gerlach betreibt in Hamburg ein Fachgeschäft für Elektroartikel. Ihre Umsätze unterliegen dem regulären Umsatzsteuersatz von 19 %. Ihr Unternehmen ist zum Vorsteuerabzug berechtigt. Für alle Geschäftsvorfälle liegen ordnungsgemäße Rechnungen vor. Im September ereignen sich die folgenden Geschäftsvorfälle in ihrem Unternehmen:

1. Im Laden erzielt Frau Gerlach 19.635 € Bareinnahmen (brutto 19 % USt).
2. Außerdem verkauft sie Elektroartikel im Wert von 14.000 € plus 19 % USt auf Ziel.
3. Frau Gerlach kauft Elektroartikel für 12.500 € netto zuzüglich 19 % USt bei einem Lieferanten ein. Die Rechnung wurde noch nicht bezahlt.
4. Für den Laden kauft Frau Gerlach ein neues Verkaufsregal mit einem Nettowert von 1.500 € plus 19 % USt auf Ziel.
5. Für ihre Verwaltungstätigkeiten kauft Frau Gerlach Büromaterial für 35,70 € brutto (bei 19 % USt).

Ermitteln Sie die USt-Traglast, die abziehbare Vorsteuer und die USt-Zahllast, die sich aus diesen Geschäftsvorfällen ergeben.

Übungsaufgabe 3

Das Geschäft „Kugelzeit" verkauft in Freiburg Umstandsmode sowie Babyartikel für das erste Lebensjahr. Die Umsätze unterliegen dem regulären Umsatzsteuersatz (19 %) und die Einzelunternehmerin Vera Klein ist zum Vorsteuerabzug berechtigt. Sie legt Ihnen die folgenden ordnungsgemäßen Belege vor:

1. Ausgangsrechnung an einen Kunden, die noch offen ist: 3.570 € brutto.
2. Bareinnahmen im Laden: 10.460 € netto + 1.987,40 € USt.
3. Beratung für Tragetücher gegen Barzahlung: 71,40 € brutto.

Bilden Sie die Buchungssätze zu den Geschäftsvorfällen in einer Buchungstabelle.
Geben Sie zu jedem Buchungssatz die Gewinnauswirkung an.

Eine Vorlage finden Sie im Anhang dieses Buchs und zum Download.

Übungsaufgabe 4

Der Unternehmer Stefan Ernst betreibt in Stuttgart einen Bioladen. Er ist zum Vorsteuerabzug berechtigt. Bei ihm ereignen sich unter anderem die folgenden Geschäftsvorfälle:

1. Er kauft Büromaterial für 89,25 € (brutto 19 % USt) und bezahlt bar.
2. Der betriebliche Pkw wird für 400 € + 76 € USt repariert. Bei der Abholung bezahlt Herr Ernst mit der betrieblichen EC-Karte.
3. Er kauft eine neue Ladentheke für 5.000 € netto plus 19 % USt auf Ziel.

Bilden Sie die Buchungssätze zu den Geschäftsvorfällen in einer Buchungstabelle.
Geben Sie zu jedem Buchungssatz die Gewinnauswirkung an.

Eine Vorlage finden Sie im Anhang dieses Buchs und zum Download.

Übungsaufgabe 5

Das Großhandelsunternehmen „Metall Peter OHG" aus Köln vertreibt Metallwaren wie Rohre, Nägel und Schrauben. Die Umsätze der OHG unterliegen dem regulären Umsatzsteuersatz (19 %). Außerdem ist das Unternehmen zum Vorsteuerabzug berechtigt. In dem Unternehmen ereignen sich die folgenden Geschäftsvorfälle:

1. Der Geschäftsführer kauft einen neuen Schreibtisch für sein Büro auf Ziel: 2.200 € zuzüglich 19 % USt.
2. Es werden Metallwaren für 40.000 € + 7.600 € USt auf Ziel verkauft.
3. Auf dem betrieblichen Bankkonto gehen 5.950 € von einem Kunden ein. Die Rechnung war dem Kunden einen Monat zuvor zugeschickt und in der Buchhaltung bereits als Forderung erfasst worden.
4. Eine Mitarbeiterin kauft Büromaterial für 75 € + 14,25 € USt gegen Barzahlung.
5. Ein betrieblicher Pkw wird für 107,10 € brutto betankt. Der Mitarbeiter bezahlt den Betrag bar.

Bilden Sie die Buchungssätze zu den Geschäftsvorfällen in einer Buchungstabelle.
Geben Sie zu jedem Buchungssatz die Gewinnauswirkung an.

Eine Vorlage finden Sie im Anhang dieses Buchs und zum Download.

Übungsaufgabe 6

Die Umsatzsteuer-Konten der Buchführung des Unternehmers Igor Peters weisen folgende Salden aus:

Kontobezeichnung	Konto-Nr. SKR 03 (SKR 04)	Betrag Soll (in €)	Betrag Haben (in €)
Abziehbare Vorsteuer 19 %	1576 (1406)	3.896,23	
Umsatzsteuer 19 %	1776 (3806)		8.888,93
USt-Vorauszahlungen	1780 (3820)	3.265,98	

Erstellen Sie die Abschlussbuchungen für die dargestellten Umsatzsteuerkonten sowohl in T-Konten als auch in einer Buchungstabelle **ohne** Verwendung eines USt-Verrechnungskontos.

Übungsaufgabe 7

Die Umsatzsteuer-Konten der Buchführung der Unternehmerin Frieda Fröhlich weisen folgende Salden aus:

Kontobezeichnung	Konto-Nr. SKR 03 (SKR 04)	Betrag Soll (in €)	Betrag Haben (in €)
Abziehbare Vorsteuer 7 %	1571 (1401)	17.539,12	
Umsatzsteuer 7 %	1771 (3801)		18.842,48
USt-Vorauszahlungen	1780 (3820)	6.667,74	

Erstellen Sie die Abschlussbuchungen für die dargestellten Umsatzsteuerkonten sowohl in T-Konten als auch in einer Buchungstabelle unter Berücksichtigung des USt-Verrechnungskontos 1792 (3630).

Übungsaufgabe 8

Die Umsatzsteuer-Konten der Buchführung des Unternehmers Christian Läufer weisen folgende Salden aus:

Kontobezeichnung	Konto-Nr. SKR 03 (SKR 04)	Betrag Soll (in €)	Betrag Haben (in €)
Abziehbare Vorsteuer 7 %	1571 (1401)	5.688,69	
Abziehbare Vorsteuer 19 %	1576 (1406)	9.769,89	
Umsatzsteuer 7 %	1771 (3801)		17.692,59
Umsatzsteuer 19 %	1776 (3806)		20.774,43
USt-Vorauszahlungen	1780 (3820)	20.988,00	

Bilden Sie die Buchungssätze für den Abschluss der dargestellten Umsatzsteuerkonten in einer Buchungstabelle unter Verwendung des USt-Verrechnungskontos 1792 (3630).

H. Warenverkehr

Lernsituation

Nachdem Kim nun schon einige Monate die Vorgänge der „Bürowelt e. K." gebucht hat, möchte ihr Vorgesetzter Jan Hubert, dass sie die Buchführung der „Holztraum GmbH" ebenfalls übernimmt.

Das Unternehmen handelt mit Holzwaren wie Schränken, Regalen, Tischen, Stühlen, Betten und Dekorationsartikeln. Das heißt, das Unternehmen kauft Holzwaren bei Herstellern und Großhändlern ein, lagert sie zwischenzeitlich ein und verkauft sie dann an gewerbliche und private Kundinnen und Kunden. Es ist somit ein klassisches Handelsunternehmen.

Die „Holztraum GmbH" ist zum Vorsteuerabzug berechtigt.

Versetzen Sie sich in Kims Rolle und bearbeiten Sie die folgenden Lernjobs.

Lernjob 1

Bisher haben Sie „Waren" im Rahmen einer Position der Aktiva einer Bilanz und als aktives Bestandskonto „Waren (Bestand) 3980 (1140)" kennengelernt. Für eine bessere Übersicht über die Warenvorgänge und die Trennung des Vorsteuer- und Umsatzsteuerbereichs ist es in der Praxis jedoch üblich, Waren**einkäufe**, Waren**bestände** und Waren**verkäufe** getrennt voneinander zu erfassen.

Bearbeiten Sie mit Hilfe Ihres Lehrbuchs[1] die folgenden Teilaufgaben. Beantworten Sie die Fragen in ganzen Sätzen.

a) Mit welchen **Werten** werden die Waren**einkäufe** und Waren**verkäufe** grundsätzlich in der Finanzbuchführung erfasst?

b) Wie berechnen sich der **Rohertrag** und der **Reinertrag**, wenn man davon ausgeht, dass die eingekauften Waren in derselben Abrechnungsperiode (z. B. Kalenderjahr) verkauft werden (keine Veränderung des Warenbestandes)?

[1] In: *Zschenderlein*, Rechnungswesen für Steuerfachangestellte: F. Warenverkehr, 1. Grundmodell des Warenhandels, 2. Buchungen im Einkaufsbereich, 2.1 Wareneingang, und 3. Buchungen im Verkaufsbereich, 3.1 Umsatzerlöse.

c) Wieso stellt der Waren**einkauf** einen **Aufwand** für das Unternehmen dar?

d) Suchen Sie aus dem Kontenrahmen SKR 03 (SKR 04) die folgenden drei Konten für Waren**einkäufe** heraus.

Wareneingang ____________________

Wareneingang 7 % Vorsteuer ____________________

Wareneingang 19 % Vorsteuer ____________________

e) Über welches Konto werden die Waren**eingang**skonten **abgeschlossen**? Kreuzen Sie an.

☐ Schlussbilanzkonto (SBK)

☐ Gewinn- und Verlustkonto (GuVK)

f) Suchen Sie aus dem Kontenrahmen SKR 03 (SKR 04) die folgenden drei Konten für Waren**verkäufe** heraus.

Erlöse ____________________

Erlöse 7 % USt ____________________

Erlöse 19 % USt ____________________

g) Auf welchen **Konten** werden sogenannte „**Warenvertriebskosten**" in der Buchhaltung erfasst, die im Rahmen des Verkaufsvorgangs z. B. für die Verpackung, den Versand oder die Fracht anfallen?

h) Über welches Konto werden die Waren**verkauf**skonten **abgeschlossen**? Kreuzen Sie an.

☐ Schlussbilanzkonto (SBK)

☐ Gewinn- und Verlustkonto (GuVK)

Lernjob 2

Die folgenden fünf Geschäftsvorfälle betreffen den **Einkaufsbereich** der „Holztraum GmbH". Erstellen Sie für diese Vorgänge die Buchungssätze in der folgenden Buchungstabelle.

Bezugsnebenkosten, Rabatte und Skonti sollen auf Wunsch der Mandantin auf gesonderten Konten erfasst werden. Nehmen Sie sich Ihren Kontenrahmen zur Hilfe, um die Unterkonten selbstständig herauszusuchen. Geben Sie zu jedem Buchungssatz die Gewinnauswirkung an.

TIPP

Rabatte und Skonti mindern den Aufwand. Diese Art der Gewinnauswirkung kann z. B. durch ein Minus-Zeichen in der Aufwandsspalte dargestellt werden.

Geschäftsvorfälle

1. Eine Mitarbeiterin der GmbH bestellt acht Kleiderschränke des Modells „Honey“ beim Hersteller für einen Stückpreis von 950 € netto. Der Kauf wird mit 19 % Umsatzsteuer besteuert und erfolgt auf Ziel.
2. Frau Weingart kauft auf einer Möbelmesse vier einzigartige Beistelltische für insgesamt 2.499 € brutto (bei 19 % USt). Darin enthalten sind unter anderem Lieferkosten i. H. v. 100 € netto. Der Rechnungsbetrag ist am Ende des Monats noch offen.
3. Die Rechnung über eine Lieferung von Holz-Dekorationsartikeln geht bei der „Holztraum GmbH“ ein (noch offen):

	Holzgiraffen, 20 Stück, netto	700,00 €
+	Elefant Mahagoni, 2 Stück, netto	350,00 €
+	Bambusschalen, 10 Stück, netto	200,00 €
+	Pfand Versandkisten, netto	150,00 €
=	Netto-Rechnungsbetrag	1.400,00 €
+	19 % Umsatzsteuer	266,00 €
=	**Brutto-Rechnungsbetrag**	**1.666,00 €**

4. Auf einen Wareneinkauf i. H. v. 2.100 € netto plus 19 % Umsatzsteuer erhält die „Holztraum GmbH“ einen Stammkundenrabatt von 15 %. Die Rechnung ist am Ende des Monats noch offen.
5. Bei der Überweisung einer offenen Eingangsrechnung zieht die Mitarbeiterin der GmbH berechtigterweise 2 % Skonto vom Brutto-Rechnungsbetrag (595,00 €) ab.

Nr.	SOLL		Betrag in €	HABEN		Auf-wand	Er-trag
	Konto-Bezeichnung	Konto-Nr. SKR 03 (SKR 04)		Konto-Bezeichnung	Konto-Nr. SKR 03 (SKR 04)		

Lernjob 3

Die folgenden fünf Geschäftsvorfälle betreffen den **Verkaufsbereich** der „Holztraum GmbH". Erstellen Sie auch für diese Vorgänge die Buchungssätze in der folgenden Buchungstabelle.

Rücksendungen, Rabatte und Skonti sollen auf Wunsch der Mandantin auf gesonderten Konten erfasst werden. Nehmen Sie sich Ihren Kontenrahmen zur Hilfe, um diese speziellen Unterkonten selbstständig herauszusuchen.

Geschäftsvorfälle

1. Der Privatkunde Heinz Maier kauft ein Holz-Bett bei der „Holztraum GmbH". Im Geschäft bezahlt er 1.130,50 € brutto (inkl. 19 % Umsatzsteuer) mit seiner EC-Karte und nimmt das Bett direkt mit.
2. Die „Holztraum GmbH" erhält von einer Spedition eine Rechnung über verschiedene Auslieferungen, die sie im Auftrag der GmbH an Kunden durchgeführt hat. Den Netto-Rechnungsbetrag i. H. v. 640 € zuzüglich 19 % Umsatzsteuer begleicht eine Mitarbeiterin der GmbH direkt per Überweisung.
3. Im Rahmen einer Aktionswoche kauft Familie Reinhardt eine neue Wohnzimmer-Schrankwand bei der „Holztraum GmbH". Auf den Nettowert (3.400 €) erhält sie einen Rabatt von 25 %. Auf den Verkauf entfallen zusätzlich 19 % Umsatzsteuer. Der Rechnungsbetrag wird erst im Folgemonat durch die Kunden beglichen.
4. Aufgrund eines Defekts sendet der Kunde Max Walter einen Holz-Nachttisch an die GmbH zurück. Dieser hatte 180 € netto zuzüglich 19 % Umsatzsteuer gekostet. Der Kaufpreis wird Herrn Walter direkt auf sein Bankkonto zurückerstattet.
5. Ein Großkunde begleicht eine offene Rechnung: Von dem Brutto-Rechnungsbetrag i. H. v. 9.758 € zieht er wie vereinbart 3 % Skonto ab, da er innerhalb von 14 Tagen bezahlt.

Nr.	SOLL		Betrag in €	HABEN		Aufwand	Ertrag
	Konto-Bezeichnung	Konto-Nr. SKR 03 (SKR 04)		Konto-Bezeichnung	Konto-Nr. SKR 03 (SKR 04)		

Lernjob 4

Im Buchungsmonat Dezember wird in der „Holztraum GmbH" eine Inventur durchgeführt. Damit im Rahmen des Jahreswechsels die korrekten Bestände in das neue Jahr übernommen werden können, muss Kim die Bestandsveränderungen der Waren in der Dezember-Buchhaltung erfassen. Ihr liegen die folgenden Angaben zu den Warenbeständen vor:

	Stückzahl 01.01.	Stückzahl 31.12.	Stückpreis (unverändert)
Kleiderschrank „Marcy"	4	6	650 €
Tisch „Jimmy"	10	8	340 €
Stuhl „Chris"	12	12	90 €

a) Kreuzen Sie bei den folgenden drei Arten der Bestandsveränderung an, wie sich der Warenbestand im Verlauf des Jahres jeweils grundsätzlich verändert. Entsprechende Informationen zu dem Thema finden Sie in Ihrem Lehrbuch[1].

Bestandserhöhung	Warenbestand am Ende des Jahres	☐ höher als ☐ gleich ☐ niedriger als	Warenbestand zu Beginn des Jahres
keine Bestandsveränderung	Warenbestand am Ende des Jahres	☐ höher als ☐ gleich ☐ niedriger als	Warenbestand zu Beginn des Jahres
Bestandsminderung	Warenbestand am Ende des Jahres	☐ höher als ☐ gleich ☐ niedriger als	Warenbestand zu Beginn des Jahres

b) In einem ersten Schritt soll Kim berechnen, wie sich die Warenbestände der „Holztraum GmbH" zwischen dem 01.01. und 31.12. entwickelt haben. Führen Sie diesen Arbeitsschritt durch.

	Anfangsbestand 01.01. in €	Schlussbestand 31.12. in €	Bestandsveränderung in €
Kleiderschrank „Marcy"			
Tisch „Jimmy"			
Stuhl „Chris"			

c) Nun stellt sich noch die Frage, wie diese Bestandsveränderungen in der Buchhaltung erfasst werden. Beantworten Sie mit Hilfe Ihres Lehrbuchs die folgenden Fragen.

1. Kreuzen Sie an, um welche Kontoart es sich bei dem Konto „Waren (Bestand) 3980 (1140)" handelt.

   ☐ Aktivkonto ☐ Passivkonto ☐ Ertragskonto ☐ Aufwandskonto

2. Auf welcher Seite des Warenbestandskontos werden Erhöhungen gebucht? Kreuzen Sie an.

   ☐ Soll ☐ Haben

3. Welches (Gegen-)Konto wird genutzt, um die Bestandsveränderungen der Waren in dem Aufwand eines Unternehmens abzubilden (inkl. Kontonummern)?

   ____

4. Über welches Konto wird das Konto „Bestandsveränderungen Waren" abgeschlossen?

   ____

[1] In: *Zschenderlein*, Rechnungswesen für Steuerfachangestellte: F. Warenverkehr, 4. Bestandsveränderungen.

d) Erstellen Sie nun die Buchungssätze zur Anpassung der Warenbestände in der Buchhaltung der „Holztraum GmbH" in der folgenden Buchungstabelle.

SOLL		Betrag in €	HABEN		Auf-wand	Er-trag
Konto-Bezeichnung	Konto-Nr. SKR 03 (SKR 04)		Konto-Bezeichnung	Konto-Nr. SKR 03 (SKR 04)		

Ergänzende Übungsaufgaben

Übungsaufgabe 1

Der zum Vorsteuerabzug berechtigte Unternehmer Peter Schwarz betreibt in Kassel ein Großhandelsunternehmen namens „Schwarz Baustoffe KG“. Alle vorgelegten Belege sind ordnungsgemäß. In dem Unternehmen ereignen sich die folgenden Geschäftsvorfälle, die noch in der Buchhaltung zu erfassen sind.

1. Wareneinkauf gegen EC-Kartenzahlung:

netto	2.000,00 €
+ 19 % USt	380,00 €
brutto	**2.380,00 €**

2. Frachtkosten für den Wareneinkauf aus Nr. 1. gegen Barzahlung:

netto	300,00 €
+ 19 % USt	57,00 €
brutto	**357,00 €**

3. Eingangsrechnung für einen Wareneinkauf: (noch offen)

Warenwert	4.000,00 €
+ Transportkosten	100,00 €
+ Verpackungskosten	50,00 €
= Rechnungsbetrag netto	4.150,00 €
+ 19 % USt	788,50 €
= Rechnungsbetrag brutto	**4.938,50 €**

4. Transportversicherung des Wareneinkaufs aus Nr. 3., Banküberweisung, umsatzsteuerfrei: 90,00 €

5. Eingangsrechnung für einen Wareneinkauf: (noch offen)

Warenwert	2.500,00 €
+ Transportkosten	120,00 €
+ 6 Pfandkisten	240,00 €
= Zwischensumme, netto	2.860,00 €
+ 19 % USt	543,40 €
= Summe, brutto	**3.403,40 €**

6. Gutschrift für die Rücksendung der Pfandkisten aus Nr. 5.:

6 Pfandkisten, netto	240,00 €
+ 19 % USt	45,60 €
brutto	**285,60 €**

Bilden Sie die Buchungssätze zu den Geschäftsvorfällen in einer Buchungstabelle. Geben Sie zu jedem Buchungssatz die Gewinnauswirkung an.

Die Nebenkosten des Wareneinkaufs sollen auf den Unterkonten „Bezugsnebenkosten 3800 (5800)“ und „Leergut 3830 (5820)“ gebucht werden.

Übungsaufgabe 2

Die zum Vorsteuerabzug berechtigte Unternehmerin Julia Schönberger betreibt in Bremen ein Fachgeschäft für Haustierzubehör. Bei ihr ereignen sich folgende Geschäftsvorfälle:

1. Frau Schönberger kauft Hundebetten für 850 € netto zuzüglich 19 % USt auf Ziel.
2. Die Frachtrechnung des Spediteurs, der die Hundebetten vom Lieferanten zu Frau Schönberger befördert, beträgt 120 € + 22,80 € USt. Die Rechnung wurde noch nicht bezahlt.
3. Frau Schönberger kauft Hamsterkäfige auf Ziel ein. Der Warenwert beträgt insgesamt 1.100 € netto. Frau Schönberger erhält einen Mengenrabatt von 8 %. Die Lieferung wird mit 19 % USt besteuert.
4. Die Transportversicherung für die Hamsterkäfige (aus Nr. 3) i. H. v. 60 € überweist Frau Schönberger vom betrieblichen Bankkonto.
5. Auf einer Messe kauft Frau Schönberger Katzenspielzeug für insgesamt 600 € + 19 % USt ein. Im Rahmen eines Sonderangebots erhält sie einen Rabatt i. H. v. 15 % vom Listenpreis. Die ordnungsgemäße Rechnung des Verkäufers liegt vor.
6. Frau Schönberger reklamiert zwei Hundebetten (aus Nr. 1) und sendet sie an den Lieferanten zurück. Der Lieferant erteilt Frau Schönberger eine Gutschrift i. H. v. 280 € + 53,20 € USt. Die Rechnung war zu diesem Zeitpunkt noch offen.

Bilden Sie die Buchungssätze zu den Geschäftsvorfällen in einer Buchungstabelle. Geben Sie zu jedem Buchungssatz die Gewinnauswirkung an.

Rabatte sollen nicht getrennt erfasst werden.

Übungsaufgabe 3

Olga Petrova betreibt in Wiesbaden den Lampen-Großhandel „Birnchen GmbH“. Das Unternehmen ist zum Vorsteuerabzug berechtigt. Die folgenden Geschäftsvorfälle sollen noch in der Buchführung der „Birnchen GmbH“ berücksichtigt werden:

1. Frau Petrova bezahlt eine Lieferantenrechnung i. H. v. 20.000 € + 3.800 € USt, die bereits im Vormonat als Verbindlichkeit a LuL erfasst wurde, unter Abzug von 3 % Skonto durch Banküberweisung.
2. Es wird Ware im Wert von 11.250 € (netto) auf Ziel eingekauft. Der Lieferant gewährt 6 % Rabatt. Der Kauf unterliegt der Umsatzbesteuerung mit 19 %.
3. 20 % der eingekauften Ware aus Nr. 2 ist defekt und wird zurückgeschickt. Frau Petrova erhält eine entsprechende Gutschrift. Die Rechnung war zu diesem Zeitpunkt noch offen.
4. Für die Lieferung der Ware aus Nr. 2 erhält Frau Petrova von der Spedition eine Rechnung i. H. v. 350 € + 66,50 € USt (noch nicht bezahlt).
5. Frau Petrova bezahlt die Rechnung aus Nr. 2 unter Abzug der Gutschrift aus Nr. 3 durch Banküberweisung und unter Abzug von 2 % Skonto.

Bilden Sie die Buchungssätze zu den Geschäftsvorfällen in einer Buchungstabelle. Geben Sie zu jedem Buchungssatz die Gewinnauswirkung an.

Die Nebenkosten des Warenbezugs sollen auf dem Unterkonto „Bezugsnebenkosten 3800 (5800)“ gebucht werden. Rabatte sollen nicht getrennt erfasst werden, Skonti sollen getrennt ausgewiesen werden.

Übungsaufgabe 4

Lars Kling betreibt in Gera den Musikladen „Tönchen e. K.". Er ist zum Vorsteuerabzug berechtigt. Bei ihm ereignen sich folgende Geschäftsvorfälle:

1. Herr Kling verkauft eine Ukulele für 300 € + 57 € USt auf Ziel. Er schickt dem Kunden das Instrument vereinbarungsgemäß per Post.
2. Für den Versand der Ukulele an den Kunden (siehe Nr. 1) zahlt Herr Kling laut Barzahlungsbeleg 14,28 € (brutto 19 % USt).
3. Er verkauft Blockflöten an eine Grundschulklasse für 238 € (brutto 19 % USt) gegen EC-Kartenzahlung.
4. Für den Warenversand an Kunden kauft Herr Kling beim Großhändler diverse Versandkartons für insgesamt 360 € netto plus 19 % Umsatzsteuer auf Ziel.
5. Herr Kling kauft Instrumente, die in speziellen Pfandkisten versendet werden. Von dem Lieferanten erhält er eine Rechnung, die die folgenden Positionen beinhaltet:

	Warenwert der Instrumente, netto	2.850,00 €
+	Pfand für Versandkisten	200,00 €
=	Rechnungsbetrag, netto	3.050,00 €
+	19 % USt	579,50 €
=	Rechnungsbetrag, brutto	**3.629,50 €**

6. Ein Kunde bringt eine kürzlich gekaufte Gitarre zurück und reklamiert sie. Herr Kling erteilt dem Kunden nach Prüfung des Instruments eine Gutschrift i. H. v. 550 € zuzüglich 104,50 € USt und zahlt sie ihm bar aus.

Bilden Sie die Buchungssätze zu den Geschäftsvorfällen in einer Buchungstabelle. Geben Sie zu jedem Buchungssatz die Gewinnauswirkung an.

Rabatte sollen nicht getrennt erfasst werden.

Übungsaufgabe 5

Dieter Pfaff verkauft in seinem Unternehmen in Neuwied Einrichtungsgegenstände für Verkaufsflächen (Ladenregale, Verkaufstheken usw.). Er ist buchführungspflichtig und zum Vorsteuerabzug berechtigt. Die folgenden Geschäftsvorfälle sollen in der Buchführung von Herrn Pfaff erfasst werden:

1. Unter Abzug von 2 % Skonto bezahlt ein Kunde eine Ausgangsrechnung i. H. v. 15.000 € + 2.850 € USt, die bereits im Vormonat als Forderung a LuL erfasst wurde, durch Banküberweisung.
2. Herr Pfaff verkauft Waren für insgesamt 11.000 € netto abzüglich 5 % Rabatt plus 19 % USt an eine Kundin auf Ziel.
3. Herr Pfaff lässt die Ware aus Nr. 2 von einer Spedition zu der Kundin transportieren. Die Spedition stellt Herrn Pfaff nach dem Transport eine Rechnung i. H. v. 450 € + 85,50 € USt aus (noch nicht bezahlt).
4. Ein Teil der in Nr. 2 verkauften Ware ist fehlerhaft und wird deshalb durch die Kundin reklamiert. Herr Pfaff erteilt der Kundin eine Gutschrift i. H. v. 2.300 € plus 19 % USt, die er mit der offenen Forderung verrechnet.
5. Die Kundin bezahlt den Restbetrag der Rechnung aus Nr. 2 unter Abzug der Gutschrift aus Nr. 4 und unter Abzug von 2 % Skonto durch Banküberweisung.

Bilden Sie die Buchungssätze zu den Geschäftsvorfällen in einer Buchungstabelle. Geben Sie zu jedem Buchungssatz die Gewinnauswirkung an.

Rabatte sollen nicht getrennt erfasst werden. Für Skonti soll das entsprechende Unterkonto genutzt werden.

Übungsaufgabe 6

Bei der buchführungspflichtigen Gewerbetreibenden Lilly Saber, die zum Vorsteuerabzug berechtigt ist, ereignen sich die folgenden belegmäßig ordnungsgemäß nachgewiesenen Geschäftsvorfälle:

1. Eine Forderung gegenüber einer Kundin wird mit einer Verbindlichkeit aus einer Warenlieferung derselben Kundin verrechnet: 4.462,50 €.
2. Ein Kunde schickt Ware im Wert von 195 € (netto) an Frau Saber zurück. Der Warenwert (zuzüglich 19 % USt) wird mit der offenen Forderung verrechnet.
3. Frau Saber kauft Ware im Wert von 7.500 € netto plus 19 % USt ein. Sie erhält 10 % Stammkunden-Rabatt. Die Rechnung muss noch in der Buchhaltung erfasst werden.
4. Frau Saber reklamiert Ware im Wert von 532 € netto bei einem Lieferanten. Darauf entfallen 101,08 € USt (19 %). Die Gutschrift wird mit dem offenen Rechnungsbetrag verrechnet.
5. Ein Kunde begleicht eine offene Rechnung durch Banküberweisung. Auf Frau Sabers Bankkonto gehen 2.099,16 € ein. Der Kunde hat berechtigterweise 2 % Skontoabzug in Anspruch genommen.
6. Frau Saber verkauft Ware für 5.000 € netto gegen Barzahlung. Sie gewährt 7 % Rabatt und zieht aufgrund der Barzahlung direkt 2 % Skonto vom Netto-Rechnungsbetrag ab. Auf den Verkauf entfallen 19 % USt.
7. Frau Saber bezahlt Frachtkosten für verkaufte Ware durch Banküberweisung: 337,00 € + 64,03 € USt.
8. Frau Saber bezahlt Frachtkosten für eingekaufte Ware durch Banküberweisung: 112,00 € + 21,28 € USt.

Bilden Sie die Buchungssätze zu den Geschäftsvorfällen in einer Buchungstabelle. Geben Sie zu jedem Buchungssatz die Gewinnauswirkung an.

Rabatte sollen nicht getrennt erfasst werden. Skonti sollen getrennt ausgewiesen werden.

I. Betriebswirtschaftlicher Kurzbericht

Lernsituation

Die „Spaß-Box GmbH" ist eine Mandantin der „Hubert & Wagner Steuerberatungsgesellschaft mbH". Das Unternehmen handelt mit Spielwaren, hat einige Angestellte und betreibt neben ihrem Online-Handel ein Geschäft in einer Fußgängerzone in Baden-Baden. Der Geschäftsführer Hannes Müller hat für diverse Angelegenheiten einen Beratungstermin mit dem Steuerberater Jan Hubert vereinbart.

Herr Hubert möchte, dass die Auszubildende Kim für diesen Termin einen Betriebswirtschaftlichen Kurzbericht der „Spaß-Box GmbH" erstellt. Damit sie ihr Wissen über betriebswirtschaftliche Kennzahlen ausbauen und dieses fallbezogen anwenden kann, möchte Herr Hubert vor dem Termin mit Kim diesen Bericht besprechen.

Kim generiert den folgenden Betriebswirtschaftlichen Kurzbericht der Mandantin:

Betriebswirtschaftlicher Kurzbericht
zum April 20..
für Spaß-Box GmbH

Berichtsposition	April aktuelles Jahr €	April Vorjahr €	Veränderung €	Abw. %
Leistung				
Umsatzerlöse	215.653,45	208.586,36	+ 7.067,09	+ 3,39
Bestandsveränderungen	1.123,65	912,48	+ 211,17	+ 23,14
Gesamtleistung	**216.777,10**	**209.498,84**	**+ 7.278,26**	**+ 3,47**
Material/Wareneinkauf	103.478,12	104.746,23	- 1.268,11	- 1,21
Rohertrag	**113.298,98**	**104.752,61**	**+ 8.546,37**	**+ 8,16**
Sonstige betriebliche Erlöse	312,48	541,25	- 228,77	- 42,27
Kosten				
Personal	63.452,78	59.478,56	+ 3.974,22	+ 6,68
Abschreibungen	4.746,96	3.956,15	+ 790,81	+ 19,99
sonstige	32.859,65	26.632,47	+ 6.227,18	+ 23,38
Gesamtkosten	**101.059,39**	**90.067,18**	**+ 10.992,21**	**+ 12,20**
Ergebnis				
Betriebsergebnis	12.552,07	15.226,68	- 2.674,61	- 17,57
Neutrales Ergebnis	1.512,48	965,81	+ 546,67	+ 56,60
Vorläufiges Ergebnis	**14.064,55**	**16.192,49**	**- 2.127,94**	**- 13,14**

Umsatzrentabilität	- das vorläufige Ergebnis beträgt der Gesamtleistung	im April akt. Jahr	6,48 %
		im April Vorjahr	7,73 %
Handelsspanne	- der Rohertrag entspricht der Gesamtleistung	im April akt. Jahr	52,27 %
		im April Vorjahr	50,00 %

Das vorläufige Ergebnis entspricht dem derzeitigen Stand der Buchführung.
Abschluss-/Abgrenzungsbuchungen können es noch verändern.

Lernjob 1

Sehen Sie sich den ersten Bereich des Betriebswirtschaftlichen Kurzberichts an: „Leistung".

a) Beschreiben Sie, welche Daten grundsätzlich in diesem Bereich dargestellt werden (noch nicht auf die Zahlen der „Spaß-Box GmbH" eingehen). Gehen Sie dabei auch auf die Berechnung des Rohertrags ein.

b) Recherchieren Sie in Ihrem Lehrbuch und/oder im Internet, welche Bedeutung der Rohertrag hat.

c) Analysieren Sie die Leistungsdaten des Aprils des aktuellen Jahres der „Spaß-Box GmbH“ und setzen Sie sie ins Verhältnis zum April des Vorjahres.

Lernjob 2

Sehen Sie sich in einem zweiten Schritt den „Kosten“-Bereich des Betriebswirtschaftlichen Kurzberichts an.

a) Beschreiben Sie, welche Daten grundsätzlich in diesem Bereich dargestellt werden und wie sich die Gesamtkosten zusammensetzen (noch nicht auf die Zahlen der „Spaß-Box GmbH“ eingehen).

b) Analysieren Sie die Kosten des Aprils des aktuellen Jahres der „Spaß-Box GmbH" und vergleichen Sie diese mit den Werten im April des Vorjahres.

Lernjob 3

In einem letzten Schritt betrachten Sie den Bereich „Ergebnis" des Betriebswirtschaftlichen Kurzberichts und beantworten Sie die folgenden Fragen. Recherchieren Sie entsprechende Informationen im Internet.

a) Wie berechnet sich das Betriebsergebnis grundsätzlich (Berechnungsschema)?

b) Was bedeutet das „Neutrale Ergebnis" und wieso wird es getrennt vom Betriebsergebnis ausgewiesen?

c) Wieso nennt sich das Gesamtergebnis „Vorläufiges Ergebnis"?

d) Was bedeutet die Umsatzrentabilität und wie wird sie berechnet?

e) Was bedeutet die Handelsspanne und wie wird sie berechnet?

f) Analysieren Sie das Ergebnis der „Spaß-Box GmbH" im April des aktuellen Jahres und setzen Sie es ins Verhältnis zum April-Ergebnis des Vorjahres. Gehen Sie auch auf die Umsatzrentabilität und die Handelsspanne ein.

Ergänzende Übungsaufgaben

Übungsaufgabe 1

Die im Vorjahr gegründete „Car Solutions GmbH" vertreibt Autoteile im Raum Köln/Bonn. Im August des aktuellen Jahres kommt der Inhaber zu einem Beratungsgespräch bei dem Steuerberater, bei dem Sie arbeiten. Der Betriebswirtschaftliche Kurzbericht, den Sie über die erste Jahreshälfte (Januar bis Juni) vorab erstellen sollen, gibt unter anderem die folgenden Daten aus:

	Januar bis Juni aktuelles Jahr	**Januar bis Juni Vorjahr**
▸ Umsatzerlöse	411.738,72 €	331.051,56 €
▸ Bestandsveränderungen	1.852,21 €	485,62 €
▸ Material/Wareneinkauf	149.108,70 €	189.128,74 €
▸ Personalkosten	42.124,72 €	29.074,50 €
▸ Abschreibungen	4.135,38 €	5.079,48 €
▸ sonstige Kosten	41.137,92 €	28.921,70 €
▸ sonstige betriebliche Erlöse	385,69 €	249,47 €
▸ Neutrales Ergebnis	-47,58 €	+65,98 €

Aufgaben

a) Berechnen Sie die folgenden Kennzahlen:

1. Gesamtleistung der ersten Jahreshälfte des aktuellen Jahres und des Vorjahres
2. Prozentuale Veränderung der Gesamtleistung im Vergleich zur ersten Jahreshälfte des Vorjahres
3. Rohertrag der ersten Jahreshälfte des aktuellen Jahres und des Vorjahres
4. Prozentuale Veränderung des Rohertrags im Vergleich zur ersten Jahreshälfte des Vorjahres
5. Gesamtkosten der ersten Jahreshälfte des aktuellen Jahres und des Vorjahres
6. Prozentuale Veränderung der Gesamtkosten der ersten Jahreshälfte im Vergleich zum Vorjahr
7. Vorläufiges Ergebnis der ersten Jahreshälfte des aktuellen Jahres und des Vorjahres
8. Prozentuale Veränderung des vorläufigen Ergebnisses der ersten Jahreshälfte im Vergleich zum Vorjahr
9. Umsatzrentabilität der ersten Jahreshälfte des aktuellen Jahres
10. Handelsspanne der ersten Jahreshälfte des aktuellen Jahres

b) Analysieren Sie die errechneten Ergebnisse. Gehen Sie dabei auch auf die Entwicklung im Vergleich zur ersten Jahreshälfte des Vorjahres ein.

J. Privatentnahmen und -einlagen

Lernsituation

Hannah Brach ist Inhaberin des Gartenbaubetriebs „Bäumli e. K." in Simmern. Sie beschäftigt mehrere Mitarbeiter und bietet ihren Kunden sowohl die Anlage und Pflege von Gärten als auch einen Verkaufsbereich mit diversen Gartenpflanzen an. Die „Bäumli e. K." unterliegt der Regelbesteuerung mit 19 % bzw. 7 % Umsatzsteuer.

Frau Brach ist Mandantin der Steuerberatungskanzlei „Hubert & Wagner Steuerberatungsgesellschaft mbH" und die Auszubildende Kim Becker ist mit der Buchhaltung des Einzelunternehmens beauftragt. Bei der Durchsicht der Belege fallen ihr einige Besonderheiten auf, die sie mit ihrem Kollegen Heinrich Mayer bespricht.

Lernjob 1

Herr Mayer überfliegt die Unterlagen, die Kim ihm vorlegt, und gibt ihr anschließend die folgenden beiden Arbeitsaufträge, damit sie sich vorab mit der Thematik auseinandersetzen kann. Bearbeiten Sie diese anstelle von Kim.

a) Kreuzen Sie mit Hilfe der Informationen aus Ihrem Lehrbuch[1] an, ob die folgenden Aussagen richtig (R) oder falsch (F) sind.

	Aussage	R	F
1.	Privatvorgänge müssen nicht getrennt von den Geschäftsvorgängen erfasst werden.		
2.	In der Gewinn- und Verlustrechnung werden private Aufwendungen und Erträge gesondert ausgewiesen.		
3.	Privatentnahmen vermindern das Eigenkapital, Privateinlagen erhöhen das Eigenkapital.		

b) Damit die privaten Vorgänge eines Einzelunternehmens (oder einer Personengesellschaft) nicht alle über das Eigenkapital-Konto gebucht werden müssen, werden für solche Vorgänge gesonderte Privatkonten genutzt. Sie sind im Grunde Unterkonten der Soll- oder Haben-Seite des Eigenkapital-Kontos.[2]

Ordnen Sie den folgenden Kontobezeichnungen ihre Kontonummern (aus dem SKR 03 bzw. SKR 04) zu.

Kontobezeichnung
Privatentnahmen allgemein
Sonderausgaben beschränkt abzugsfähig
Zuwendungen, Spenden
Privatsteuern
Sonderausgaben unbeschränkt abzugsfähig
Grundstücksaufwand
Privateinlagen
Unentgeltliche Wertabgaben
Grundstücksertrag
Außergewöhnliche Belastungen

Kontonummer SKR 03 (SKR 04)
1820 (2200)
1890 (2180)
1800 (2100)
1860 (2300)
1880 (2130)
1850 (2280)
1840 (2250)
1810 (2150)
1870 (2350)
1830 (2230)

---

1 In: *Zschenderlein*, Rechnungswesen für Steuerfachangestellte: I. Privatentnahmen und -einlagen, 1. Abgrenzung zwischen betrieblichen und privaten Vorgängen und 2. Privat verursachte Eigenkapitalveränderungen.

2 siehe auch in: *Zschenderlein*, Rechnungswesen für Steuerfachangestellte: I. Privatentnahmen und -einlagen, 3. Privatkonten.

c) Zeichnen Sie in den folgenden beiden T-Konten mit Hilfe eines Plus-Zeichens ein, auf welcher Seite der Konten die Privatentnahmen bzw. -einlagen gebucht werden.

S	Privatentnahmen H

S	Privateinlagen H

Lernjob 2

Kim und Herr Mayer schauen sich anschließend gemeinsam die folgenden beiden Sachverhalte an:

1. Frau Brach hat diverse Artikel für die Mitarbeiterinnen und Mitarbeiter eingekauft. Dafür hat sie 150 € aus der Ladenkasse mitgenommen. Auf dem Beleg hat sie handschriftlich einige Artikel angekreuzt und als „privat" gekennzeichnet. In Summe ergeben die privaten Artikel einen Bruttowert von 23,80 € (bei 19 % USt). Das gesamte Rückgeld aus dem Einkauf i. H. v. 11,96 € hat Frau Brach wieder zurück in die Ladenkasse gelegt. Alle Artikel des Einkaufs wurden mit 19 % USt besteuert.
2. Neben den Pflanzen, die an Kundinnen und Kunden im Laden verkauft wurden, hat sich Frau Brach eine Pflanze für ihren eigenen Garten mitgenommen. Sie hat diese Entnahme ordnungsgemäß aufgezeichnet. Die Pflanze hatte sie für 53,50 € brutto eingekauft und die Vorsteuer geltend gemacht. In ihrem Laden wird sie in der Regel für 80,25 € brutto verkauft. Zum Zeitpunkt der Entnahme hätte die Pflanze 55 € netto im Einkauf gekostet. Der anzuwendende Umsatzsteuersatz beträgt 7 %.

Herr Mayer fragt Kim, um welche Art der Privatentnahmen es sich bei diesen beiden Sachverhalten handelt. Was denken Sie? Begründen Sie Ihre Entscheidung kurz in eigenen Worten. Informieren Sie sich in Ihrem Lehrbuch über die verschiedenen Arten von Privatentnahmen.[1]

Damit Sie die beiden Sachverhalte anschließend korrekt in der Buchhaltung erfassen kann, notiert Kim sich außerdem die Buchungssätze.

Erstellen Sie die Buchungssätze zu den beiden Sachverhalten in der folgenden Buchungstabelle. Nehmen Sie sich Ihr Lehrbuch zu Hilfe.

Nr.	SOLL		Betrag in €	HABEN		Auf-wand	Er-trag
	Konto-Bezeichnung	Konto-Nr. SKR 03 (SKR 04)		Konto-Bezeichnung	Konto-Nr. SKR 03 (SKR 04)		

[1] In: *Zschenderlein*, Rechnungswesen für Steuerfachangestellte: I. Privatentnahmen und -einlagen, 4. Privatentnahmen.

Lernjob 3

Nachdem sie die ersten beiden Privatvorgänge verstanden hat, gehen Kim und Herr Mayer zu den nächsten beiden Sachverhalten über:

1. Für die Umgestaltung ihres privaten Gartens hat Frau Brach sich den kleinen Bagger ihres Betriebs für zwei Tage ausgeliehen. Beim Kauf des Baggers wurde die Vorsteuer voll geltend gemacht. Während der privaten Nutzung sind insgesamt 57,12 € (brutto, 19 % USt) Betriebskosten angefallen, für die ein Vorsteuerabzug möglich war. Die monatliche Abschreibung des Baggers beträgt 82,50 € (die zugrunde gelegte Nutzungsdauer beträgt 5 Jahre).
2. Außerdem haben ihr zwei Mitarbeiterinnen in der darauffolgenden Woche bei der Umgestaltung ihres privaten Gartens geholfen. In diesem Zeitraum sind dem Betrieb 1.920 € Lohnkosten (inkl. Lohnnebenkosten) und 530 € Materialkosten entstanden.

Herr Mayer stellt Kim die folgenden Fragen dazu. Beantworten Sie diese Fragen anstelle von Kim mit Hilfe Ihres Lehrbuchs[1] in eigenen Worten.

a) Was ist eine Nutzungsentnahme und was ist eine Leistungsentnahme? Definieren Sie beide Arten der Privatentnahme.

b) Mit welchem Wert ist eine Nutzungsentnahme nach dem Einkommensteuerrecht in der Buchhaltung anzusetzen?

c) Wie sind die Nutzungs- und die Leistungsentnahme umsatzsteuerrechtlich zu beurteilen?

1 In: *Zschenderlein*, Rechnungswesen für Steuerfachangestellte: I. Privatentnahmen und -einlagen, 4. Privatentnahmen.

d) Auf welchem Konto (Bezeichnung und Kontonummer/n) werden sowohl die Nutzungs- als auch die Leistungsentnahmen im Soll erfasst?

e) Auf welchem Konto (Bezeichnung und Kontonummer/n) werden Nutzungsentnahmen im Haben erfasst? [Gehen Sie davon aus, dass ein USt-Satz von 19 % angewendet wird.]

f) Auf welchem Konto (Bezeichnung und Kontonummer/n) werden Leistungsentnahmen im Haben erfasst? [Gehen Sie davon aus, dass ein USt-Satz von 19 % angewendet wird.]

Damit Sie die beiden Sachverhalte anschließend korrekt in der Buchhaltung erfassen kann, notiert Kim sich die Buchungssätze.

Erstellen Sie die Buchungssätze zu den beiden Sachverhalten in der folgenden Buchungstabelle. Nehmen Sie sich Ihr Lehrbuch zu Hilfe.

Nr.	SOLL		Betrag in €	HABEN		Auf-wand	Er-trag
	Konto-Bezeichnung	Konto-Nr. SKR 03 (SKR 04)		Konto-Bezeichnung	Konto-Nr. SKR 03 (SKR 04)		

Lernjob 4

Im Anlagevermögen des Gartenbaubetriebs von Frau Brach befindet sich unter anderem ein Pkw. Das Auto wurde für 35.700 € brutto (19 % USt) gekauft und hatte zum Zeitpunkt der Erstzulassung einen Bruttolistenpreis von 36.520 €. Frau Brach nutzt das Fahrzeug seit dem aktuellen Buchungsmonat neben den betrieblichen Fahrten auch für private Zwecke. Der private Nutzungsanteil liegt bei ungefähr 20 %. Sie führt kein Fahrtenbuch. Die Privatnutzung des Autos soll monatlich in der Buchhaltung erfasst werden.

Damit Kim sowohl die Berechnung der privaten Pkw-Nutzung als auch die Buchung zukünftig beherrscht, gibt Herr Mayer ihr den Auftrag, den folgenden Lückentext mit den darunter stehenden Begriffen zu ergänzen:

Die private Kfz-Nutzung stellt eine Nutzungsentnahme durch den Unternehmer dar. Sie kann entweder mit Hilfe eines Fahrtenbuchs oder bei Fahrzeugen, die zu mehr als 50 % betrieblich genutzt werden, nach der 1 %-Regelung ermittelt werden.

Für die **Fahrtenbuchmethode** muss ein ______________________________ Fahrtenbuch

vorliegen, mit Hilfe dessen dann die folgenden Berechnungen angestellt werden:

Privater Nutzungsanteil in % = ______________________________

: ______________________________ • ____________

Wert der Nutzungsentnahme = ______________________________

(umsatzsteuerpflichtig) • ______________________________

(z. B. Abschreibung, Benzin, Reparaturen)

Umsatzsteuer = ______________________________ • 19 %

Wert der Nutzungsentnahme = ______________________________

(umsatzsteuerfrei) • ______________________________

(z. B. Kfz-Steuer und Kfz-Versicherung)

Ist das betriebliche Fahrzeug sogenanntes ______________________ Betriebsvermögen (betriebliche Nutzung zu mehr als ______________), darf die **Prozentmethode** zur Berechnung der Nutzungsentnahme angewendet werden. Die Berechnungen lauten dann wie folgt:

Wert der Nutzungsentnahme = ______________________ (auf volle 100 € ______________)
(umsatzsteuerpflichtig) • ____________________ pro Monat • ____________________

Umsatzsteuer = ____ • 19 %

Wert der Nutzungsentnahme = ______________________ (auf volle 100 € ______________)
(umsatzsteuerfrei) • ____________________ pro Monat • ____________________

Der Bruttolistenpreis ist nicht der tatsächlich in Rechnung gestellte ______________________, sondern der Preis der ______________________ zum Zeitpunkt der ______________________ zuzüglich Sonderausstattungen einschließlich USt.

Die umsatzsteuerliche Aufteilung in 80 und 20 Prozent ist eine ______________________ Ermittlung.

______________________ rechtlich sind die Vergünstigungen für Elektro- und bestimmte Hybridelektrofahrzeuge zu beachten. Diese gelten allerdings bisher nicht für handels- oder ______________________ rechtliche Zwecke.

insgesamt zurückgelegte km | angefallene Kfz-Kosten ohne Vorsteuerabzug | Bruttolistenpreis
abgerundet | 1 % | Bruttokaufpreis | 50 % | umsatzsteuer | Händlerliste
Erstzulassung | privater Nutzungsanteil in % | ordnungsgemäß geführtes | abgerundet
Wert der umsatzsteuerpflichtigen Nutzungsentnahme | 80 % | Einkommensteuer
angefallene Kfz-Kosten mit Vorsteuerabzug | privater Nutzungsanteil in %
1 % | privat zurückgelegte km | 100 | notwendiges | pauschale
Wert der umsatzsteuerpflichtigen Nutzungsentnahme | Bruttolistenpreis | 20 %

Damit Sie den Sachverhalt anschließend korrekt in der Buchhaltung erfassen kann, notiert Kim sich außerdem die Buchungssätze. Erstellen Sie die Buchungssätze in der folgenden Buchungstabelle mit Hilfe Ihres Lehrbuchs.[1]

Nr.	SOLL		Betrag in €	HABEN		Auf-wand	Er-trag
	Konto-Bezeichnung	Konto-Nr. SKR 03 (SKR 04)		Konto-Bezeichnung	Konto-Nr. SKR 03 (SKR 04)		

Lernjob 5

Frau Brach besitzt ein betriebliches Handy, das sie auch privat nutzt. Der Handyvertrag kostet monatlich 47,60 € brutto inkl. 19 % USt. Im Rahmen der letzten Betriebsprüfung wurde festgestellt, dass der private Nutzungsanteil 30 % beträgt. Beim Kauf des Handys wurde die Vorsteuer in vollem Umfang geltend gemacht. Die Abschreibung erfolgt monatlich mit 12 €.

Die private Handynutzung wird wie folgt monatlich in der Buchhaltung gebucht:

Nr.	SOLL		Betrag in €	HABEN		Auf-wand	Er-trag
	Konto-Bezeichnung	Konto-Nr. SKR 03 (SKR 04)		Konto-Bezeichnung	Konto-Nr. SKR 03 (SKR 04)		
	Telefon	4920 (6805)	28,00	Bank	1200 (1800)	+	
	Abziehbare Vorsteuer 19 %	1576 (1406)	5,32	Bank	1200 (1800)		
	Privatentnahmen	1800 (2100)	14,28	Bank	1200 (1800)		
	Unentgeltliche Wertabgaben	1880 (2130)	3,60	Verwendung von Gegenständen für Zwecke außerhalb des Unternehmens 19 % USt (Telefon-Nutzung)	8922 (4646)		
	Unentgeltliche Wertabgaben	1880 (2130)	0,68	USt 19 %	1776 (3806)		

Kim versteht nicht, wieso die private Handynutzung so gebucht wird und wie die Beträge berechnet wurden. Herr Mayer versucht, ihr die Herangehensweise mit einigen Fragen zu verdeutlichen.

[1] In: *Zschenderlein*, Rechnungswesen für Steuerfachangestellte: I. Privatentnahmen und -einlagen, 4. Privatentnahmen, 4.4 Nutzungsentnahme, Private Pkw-Nutzung.

Beantworten Sie die Fragen anstelle von Kim. Zusätzliche Informationen finden Sie in Ihrem Lehrbuch.[1]

a) 28 € des Handyvertrags werden monatlich als Aufwand gebucht. Wie ergibt sich dieser Betrag rechnerisch?

b) Wie wird der Vorsteuerbetrag in Zeile 2 berechnet?

c) Erläutern Sie nun in eigenen Worten, wie die sog. „laufenden Telefonkosten" (hier die Handyrechnung) grundsätzlich behandelt werden.

d) Wieso gilt die private Nutzung des Handys durch Frau Brach als unentgeltliche Wertabgabe und unterliegt der USt?

e) Wie wird der Wert der privaten Nutzung des Handys durch Frau Brach (die unentgeltliche Wertabgabe) berechnet?

Lernjob 6

Frau Brach hat es an einem Tag im aktuellen Buchungsmonat nicht geschafft, morgens vor der Ladenöffnung Wechselgeld bei der Bank zu holen. Sie hat deswegen 220 € aus ihrem privaten Portemonnaie genommen und sie in die Kasse gelegt.

Informieren Sie sich mit Hilfe Ihres Lehrbuchs[2] über Privateinlagen und beantworten Sie die folgenden Fragen in eigenen Worten.

---

[1] In: *Zschenderlein*, Rechnungswesen für Steuerfachangestellte: I. Privatentnahmen und -einlagen, 4. Privatentnahmen, 4.4 Nutzungsentnahme, Private Telefon-Nutzung.

[2] In: *Zschenderlein*, Rechnungswesen für Steuerfachangestellte: I. Privatentnahmen und -einlagen, 5. Privateinlagen.

Herr Mayer möchte von Kim wissen, ...

a) wie sich dieser Sachverhalt von den bisherigen privaten Vorgängen unterscheidet.

b) was für eine Art der Privateinlage dieser Sachverhalt ist.

c) wie es zu behandeln wäre, wenn Frau Brach sich dazu entscheidet, dass ihr privater Laptop ab sofort dem Betrieb zuzuordnen ist.

d) wie es zu behandeln wäre (Art der Privateinlage und anzusetzender Wert), wenn Frau Brach ein privates Fahrzeug für eine Geschäftsreise nutzen würde.

Damit Sie den Sachverhalt anschließend korrekt in der Buchhaltung erfassen kann, notiert Kim sich außerdem den Buchungssatz. Erstellen Sie diesen in der folgenden Buchungstabelle mit Hilfe Ihres Lehrbuchs.

Nr.	SOLL		Betrag in €	HABEN		Aufwand	Ertrag
	Konto-Bezeichnung	Konto-Nr. SKR 03 (SKR 04)		Konto-Bezeichnung	Konto-Nr. SKR 03 (SKR 04)		

Lernjob 7

Buchen Sie nun alle privaten Vorgänge der Lernjobs 2 bis 6 in den folgenden T-Konten und schließen Sie am Ende (nur) die Privatkonten ab. Nehmen Sie Ihr Lehrbuch[1] zu Hilfe.

Bestandskonten

1000 (1600)
Kasse

S	H

0880 (2010)
Eigenkapital

S	H

1576 (1406)
Abziehbare Vorsteuer 19 %

S	H

1771 (3801)
Umsatzsteuer 7 %

S	H

1200 (1800)
Bank

S	H

1776 (3806)
Umsatzsteuer 19 %

S	H

Aufwands- und Ertragskonten

4980 (6850)
Sonstiger Betriebsbedarf

S	H

4920 (6805)
Telefon

S	H

8915 (4610)
Entnahme durch den Unternehmer für Zwecke außerhalb des Unternehmens (Waren) 7 % USt

S	H

8920 (4640)
Verwendung von Gegenständen für Zwecke außerhalb des Unternehmens 19 % USt

S	H

8921 (4645)
Verwendung von Gegenständen für Zwecke außerhalb des Unternehmens 19 % USt (Kfz-Nutzung)

S	H

8925 (4660)
Unentgeltliche Erbringung einer sonstigen Leistung 19 % USt

S	H

[1] In: *Zschenderlein*, Rechnungswesen für Steuerfachangestellte: I. Privatentnahmen und -einlagen, 6. Abschluss von Privatkonten.

8924 (4639)
Verwendung von Gegenständen für Zwecke außerhalb des Unternehmens ohne USt

S	H

8922 (4646)
Verwendung von Gegenständen für Zwecke außerhalb des Unternehmens 19 % USt (Telefon-Nutzung)

S	H

Privatkonten

1800 (2100)
Privatentnahmen

S	H

1890 (2180)
Privateinlagen

S	H

1880 (2130)
Unentgeltliche Wertabgaben

S	H

Ergänzende Übungsaufgaben

Übungsaufgabe 1

Der buchführungspflichtige zum Vorsteuerabzug berechtigte Unternehmer Fritz Schreiber betreibt in Dresden ein Einzelhandelsunternehmen für Drogerieartikel. Bei ihm ereignen sich u. a. folgende private und geschäftliche Vorgänge:

1. Herr Schreiber kauft einen Trockner für seinen Privathaushalt und zahlt mit der Bankkarte des Einzelhandelsgeschäfts: 800 € + 152 € USt = 952 €. Ein ordnungsgemäß ausgestellter Beleg liegt vor.
2. Vom betrieblichen Bankkonto wird Herrn Schreibers Einkommensteuervorauszahlung i. H. v. 1.250 € per Lastschrift eingezogen.
3. Auf der Fahrt von seinem Lebensmittelgeschäft nach Hause tankt Herr Schreiber das betriebliche Fahrzeug. Er bezahlt 82,11 € mit der betrieblichen EC-Karte. Eine ordnungsgemäße Quittung liegt vor.
4. Herr Schreiber überweist eine Spende an die Kindernothilfe i. H. v. 200 € vom betrieblichen Bankkonto. Ein ordnungsgemäßer Beleg liegt vor.
5. Herr Schreiber entnimmt 500 € aus der Kasse des Einzelhandelsgeschäfts für private Ausgaben.

Bilden Sie die Buchungssätze zu den Vorgängen in einer Buchungstabelle.

Übungsaufgabe 2

Merle Januarius ist Inhaberin einer Metzgerei in Zell (Mosel). Frau Januarius wohnt mit ihrem Ehemann und ihrem 11-jährigen Sohn über der Metzgerei. Die Familie entnimmt der Metzgerei Lebensmittel und Getränke für ihren privaten Bedarf. Aufzeichnungen hierüber liegen nicht vor.

Bilden Sie die notwendigen Buchungssätze für **einen** Monat in einer Buchungstabelle.

Nutzen Sie als Berechnungsgrundlage für diese Übungsaufgabe bitte die folgenden **beispielhaften** Werte:[1]

Gewerbezweig	Jahreswert für eine Person ohne Umsatzsteuer		
	ermäßigter Steuersatz	voller Steuersatz	insgesamt
	€	€	€
Bäckerei	1.537	197	**1.734**
Fleischerei/Metzgerei	1.368	522	**1.890**
Gaststätten aller Art			
a) mit Abgabe von kalten Speisen	1.678	579	**2.257**
b) mit Abgabe von kalten und warmen Speisen	2.919	762	**3.681**
Getränkeeinzelhandel	113	254	**367**
Café und Konditorei	1.481	550	**2.031**
Milch, Milcherzeugnisse, Fettwaren und Eier (Eh.)	663	0	**663**
Nahrungs- und Genussmittel (Eh.)	1.284	339	**1.623**
Obst, Gemüse, Südfrüchte und Kartoffeln (Eh.)	353	156	**509**

[1] Weitere Informationen zum Thema finden Sie in *Zschenderlein*, Rechnungswesen für Steuerfachangestellte: Kapitel I. Privatentnahmen und -einlagen, 4. Privatentnahmen, 4.3 Sachentnahmen.
Die **aktuellen** Pauschbeträge für solche Sachentnahmen finden Sie unter **www.bundesfinanzministerium.de** (Suchbegriff: „Pauschbeträge für Sachentnahmen (Eigenverbrauch)“).

Übungsaufgabe 3

Die Einzelunternehmerin Valerie Nieschke entnimmt ihrem Geschäft laut den Aufzeichnungen für den Monat März folgende Gegenstände für den privaten Bedarf:

1. Waren, die dem ermäßigten Umsatzsteuersatz unterliegen:
   - Summe der Verkaufspreise im Laden 92,40 €
   - Summe der Nettoeinkaufspreise 77,00 €
2. Waren, die dem regulären Umsatzsteuersatz unterliegen:
   - Summe der Verkaufspreise im Laden 84,00 €
   - Summe der Nettoeinkaufspreise 60,00 €

Bilden Sie die Buchungssätze zu den Entnahmen in einer Buchungstabelle.

Übungsaufgabe 4

Die zum Vorsteuerabzug berechtigte Unternehmerin Kristina Salzmann betreibt in Leverkusen eine Werbeagentur. Sie nutzt den betrieblichen Pkw sowohl für betriebliche als auch für private Fahrten. Das Fahrzeug gehört zum notwendigen Betriebsvermögen. Sie führt kein Fahrtenbuch.

Die Anschaffungskosten des im Vorjahr mit Vorsteuerabzug erworbenen Pkw betragen 48.750 € netto. Der Listenpreis hat zum Zeitpunkt der Erstzulassung 53.625 € brutto (bei 19 % USt) betragen. Es handelt sich nicht um ein Elektro- oder Hybridelektrofahrzeug.

Berechnen Sie den Wert der Privatnutzung (Jahreswert) und bilden Sie die Buchungssätze hierzu in einer Buchungstabelle.

Übungsaufgabe 5

Der zum Vorsteuerabzug berechtigte Unternehmer Joachim Moeller ist Inhaber eines Bioladens in Bonn. Im April hat Herr Moeller für sein Unternehmen einen neuen Pkw gekauft. Dieser gehört zum notwendigen Betriebsvermögen. Herr Moeller nutzt den Firmenwagen sowohl für betriebliche als auch für private Fahrten. Er führt kein Fahrtenbuch.

Der für den Bioladen angeschaffte Pkw hat 44.700 € + 8.493 € USt = 53.193 € gekostet. Zum Zeitpunkt der Erstzulassung betrug der Bruttolistenpreis des Fahrzeugs 58.310 €. Es handelt sich nicht um ein Elektro- oder Hybridelektrofahrzeug.

Berechnen Sie den Wert der Privatnutzung (Jahreswert) und bilden Sie die Buchungssätze hierzu in einer Buchungstabelle.

Übungsaufgabe 6

Der zum Vorsteuerabzug berechtigte Unternehmer Ingo Thier führt ein Softwareunternehmen in Jena. Er nutzt den betrieblichen Pkw sowohl für betriebliche als auch private Fahrten. Er führt ein ordnungsgemäßes Fahrtenbuch. Es handelt sich nicht um ein Elektro- oder Hybridelektrofahrzeug.

Aus dem Fahrtenbuch und der Buchführung sind für das vergangene Geschäftsjahr folgende Daten für den Pkw zu entnehmen:

- insgesamt zurückgelegt 133.533 km
  davon privat gefahren 16.024 km
- Kfz-Kosten mit Vorsteuerabzug, netto 36.108,68 €
  (Abschreibung, Benzin, Reparaturen etc.)
- Kfz-Kosten ohne Vorsteuerabzug 2.320,08 €
  (Steuer, Versicherung etc.)

Berechnen Sie den Wert der Privatnutzung (Jahreswert) und bilden Sie die Buchungssätze in einer Buchungstabelle.

Übungsaufgabe 7

Die zum Vorsteuerabzug berechtigte buchführungspflichtige Unternehmerin Manuela Marquart betreibt in Wiesbaden ein Lebensmittelgeschäft. Folgende Vorgänge des aktuellen Buchungsmonats sind von Ihnen zu beurteilen und zu erfassen:

1. Frau Marquart nutzt die betriebliche Telefonanlage, die im Jahr zuvor für 4.200 € + 798 € USt angeschafft wurde, auch für Privatgespräche. Die Telefonanlage wird über eine Nutzungsdauer von fünf Jahren abgeschrieben. Bei der letzten Betriebsprüfung wurde ein privater Nutzungsanteil i. H. v. 15 % festgelegt.
2. Die Rechnung über die Telefongebühren des Lebensmittelgeschäfts i. H. v. 180 € + 34,20 € USt wird vom betrieblichen Bankkonto abgebucht. In der Buchführung von Frau Marquart wurde die Telefonrechnung noch nicht erfasst. Der private Nutzungsanteil beträgt 15 % (siehe Nr. 1).

Berechnen Sie den Wert der Privatnutzung für den aktuellen Buchungsmonat und bilden Sie die Buchungssätze in einer Buchungstabelle.

Übungsaufgabe 8

Der zum Vorsteuerabzug berechtigte buchführungspflichtige Unternehmer Sebastian Doms ist Inhaber eines Einzelhandelsunternehmens in Pfronten. Bei ihm ereignen sich folgende Geschäftsvorfälle:

1. Herr Doms ordnet den Laptop seiner Ehefrau der Geschäftsausstattung seines Einzelhandelsgeschäfts zu, weil er diesen ausschließlich für betriebliche Zwecke nutzt. Der Laptop wurde im Vorjahr für 1.071 € (brutto 19 % USt) privat angeschafft. Der Wert des gebrauchten Laptops beträgt zum Zeitpunkt der betrieblichen Zuordnung 952 €.
2. Herr Doms bezahlt die Tankfüllung für den betrieblichen Pkw i. H. v. 107,10 € (brutto 19 %) mit seiner privaten Bankkarte. Ein ordnungsgemäßer Beleg liegt vor.
3. Auf dem betrieblichen Bankkonto des Einzelhandelsunternehmens geht eine Einkommensteuererstattung i. H. v. 645 € für Herrn Doms ein.

Bilden Sie die notwendigen Buchungssätze zu diesen Vorgängen in einer Buchungstabelle.

Lernfeld 3: Umsatzsteuerrechtliche Sachverhalte bearbeiten

Einführung

Im Lernfeld 3 Ihrer Ausbildung zum/zur Steuerfachangestellten sollen Sie die Kompetenz erwerben, die inländischen umsatzsteuerrelevanten Sachverhalte der Mandantinnen und Mandanten zu erfassen sowie die Umsatzsteuervoranmeldungen und Umsatzsteuererklärungen zu erstellen.

Zunächst verschaffen Sie sich einen Überblick über die betrieblichen Aktivitäten eines Unternehmens im Inland und über das System der Umsatzsteuer mit Vorsteuerabzug.

Sie erschließen umsatzsteuerrechtliche, inländische Sachverhalte mit Hilfe des Umsatzsteuergesetzes und unterscheiden hierbei die Eingangs- und Ausgangsleistungen eines Unternehmens. Sie informieren sich über die Steuerbarkeit und können steuerbare von nichtsteuerbaren geleisteten betrieblichen Umsätzen abgrenzen, indem Sie die vorliegenden umsatzsteuerrechtlichen Umsatzarten (Lieferung/sonstige Leistung) mittels der Tatbestandsmerkmale überprüfen.

Im Falle der Steuerbarkeit überprüfen Sie ferner die Steuerpflicht unter Beachtung der Steuerbefreiungen und Optionen (Wahlrechte).

Sie prüfen die Ordnungsmäßigkeit von Rechnungen, ermitteln die Bemessungsgrundlage und den entsprechenden Umsatzsteuersatz. Ihnen werden die Folgen von fehlerhaften Rechnungen bewusst. Sie bestimmen den Steuerschuldner, die Entstehung der Umsatzsteuer sowie das Besteuerungsverfahren. Sie berechnen die Umsatzsteuerzahllast unter Berücksichtigung des Vorsteuerabzugs.

Sie erfassen die relevanten Angaben für Umsatzsteuervoranmeldungen sowie Umsatzsteuererklärungen und können der Mandantin/dem Mandanten das Verfahren einer Dauerfristverlängerung erläutern.

Sie reflektieren ihre Entscheidungen hinsichtlich der Steueroptimierung und überprüfen ihre Ergebnisse. Diese können Sie auch mittels digitaler Medien systematisch darstellen.

Sämtliche dargestellten Lernbereiche werden mittels Lernsituationen und konkreter Aufgabenstellungen (Lernjobs) aufgearbeitet. Sich anschließende Übungsaufgaben sollen das Gelernte festigen und vertiefen und partiell auch als Übergang in die nächste Lernsituation dienen.

In allen Fällen wählen Sie unter Zuhilfenahme von Gesetzestexten und steuerlichen Informationssystemen die steuerlich relevanten Vorschriften aus. Benötigte Informationen finden Sie in Ihrem Lehrbuch, in konkreten Hinweisen zu relevanten Gesetzesgrundlagen, in den abgebildeten QR-Codes sowie unter Zuhilfenahme digitaler Medien.

Auf inhaltliche Querverbindungen zu der buchhalterischen Erfassung umsatzsteuerrechtlicher Sachverhalte, welche in diesem Band im Lernfeld 2 behandelt werden, wird in den betreffenden Lernsituationen hingewiesen.

A. Das System der Umsatzsteuer

Lernsituation 1

Sie als Auszubildende/Auszubildender sind relativ schnell im 1. Ausbildungsabschnitt in der Steuerkanzlei mit der Buchung diverser Rechnungen betraut worden. In den meisten Rechnungen finden Sie die Umsatzsteuer aufgeführt, denn diese Steuer gehört zu den Verkehrssteuern, die die wirtschaftlichen Verkehrsvorgänge (= Umsätze) erfassen sollen. Finanzpolitisch ist die Umsatzsteuer eine bedeutende Einnahmequelle für Bund, Länder und Gemeinden (= Gemeinschaftssteuer), denn sie ist die Steuer mit dem höchsten Steueraufkommen.

Daher sollten Sie sich rasch mit dem System der Umsatzsteuer beschäftigen und verstehen lernen.

Zur Verdeutlichung sehen Sie untenstehend, wie ein Produkt – hier exemplarisch zwei Schreibtische – über die verschiedenen Wirtschaftsstufen, d. h. von der Urproduktion bis zum Einzelhandel verarbeitet und weiterverkauft und dann letztendlich durch einen Endverbraucher zum Konsum erworben wird. In jeder dargestellten Rechnung ist die Umsatzsteuer gesondert ausgewiesen.

[Hinweis: Die dargestellten Rechnungen sind aus Vereinfachungsgründen nur auszugsweise dargestellt, siehe **Lernsituation J** in diesem Lernfeld.]

Lernjob 1

Vervollständigen Sie die leeren Felder mit den Begriffen:
Eingangsrechnung (ER), Ausgangsrechnung (AR) oder Kaufbeleg an den Endverbraucher.

Ein Schreibtisch entsteht ...

Forstbetrieb Horst Kahl
Mühlstr. 1
66500 Hornbach

Möbelbau XX GmbH
Beederstr. 50
66424 Homburg

Lieferung vom 12.10.20xx:
von 2 Feinbretter, Buche,

je 10,00 € =	20,00 €
+ USt. 19 %	3,80 €
Gesamt:	23,80 €

Anmerkung:
Forstbetrieb hat sich für die Besteuerung mit 19 % entschieden.

→

Möbelbau XX GmbH
Beederstr. 50
66500 Hornbach

Möbelgroßhandel
OFFICE AG
Frankenthaler Str. 10
68307 Mannheim

Lieferung vom 10.11.20xx:
2 Schreibtische, Trend 23

je 150,00 €	300,00 €
+ USt. 19 %	57,00 €
Gesamt:	357,00 €

→

Möbelgroßhandel
OFFICE AG
Frankenthaler Str. 10
68307 Mannheim

Einrichtungshaus Schön e. K.
Ladenburger Str. 5
69121 Heidelberg

Lieferung vom 1.12.20xx:
2 Schreibtische, Trend 23

je 200,00 €	400,00 €
+ USt. 19 %	76,00 €
Gesamt:	476,00 €

→

Einrichtungshaus
Schön e. K.
Ladenburger Str. 5
69121 Heidelberg

Fam. Neuhaus
Kalmitstr. 15
68163 Mannheim

Lieferung vom 20.12.20xx:
2 Schreibtische, Trend 23

je 350,00 €	700,00 €
+ USt. 19 %	133,00 €
Gesamt:	833,00 €

Lernjob 2

Tragen Sie in der folgenden Übersicht die Beträge aus den obigen Rechnungen ein. In jeder Bearbeitungsstufe wird ein **Mehrwert** geschaffen. Dieser setzt sich aus den kalkulierten Kosten und dem Gewinn des jeweiligen Unternehmens bzw. aus der Differenz zwischen Warenwert der ER und AR zusammen. Ebenso wird in jeder Stufe die Zahllast an das Finanzamt abgeführt. Die ausgewiesene Umsatzsteuer in der ER ist in der Praxis die Vorsteuer.

Finanzämter

insgesamt = ______

______ + ______ + ______ + ______

Forstbetrieb Horst Kahl	**Möbelbau** XX GmbH	**Möbelgroßhandel** OFFICE AG	**Einrichtungshaus** Schön e. K.	**Endverbraucher** Fam. Neuhaus
In der Urproduktion benötigt der Forstbetrieb im Beispiel keinen Einkauf von Materialien, um die Bretter herzustellen und zu verkaufen. Daher keine Angabe zu einer ER.	Warenwert (ER): (netto) ______ € + 19 % USt ______ € = Einkaufspreis (brutto) ______ €	Warenwert (ER): (netto) ______ € + 19 % USt ______ € = Einkaufspreis (brutto) ______ €	Warenwert (ER): (netto) ______ € + 19 % USt ______ € = Einkaufspreis (brutto) ______ €	Einkaufpreis einschl. 19 % Umsatzsteuer ______ €
Warenwert (AR): (netto) ______ € + 19 % USt ______ € = Verkaufspreis (brutto) ______ €	Warenwert (AR): (netto) ______ € + 19 % USt ______ € = Verkaufspreis (brutto) ______ €	Warenwert (AR): (netto) ______ € + 19 % USt ______ € = Verkaufspreis (brutto) ______ €	Warenwert (AR): (netto) ______ € + 19 % USt ______ € = Verkaufspreis (brutto) ______ €	**Kundenrechnung:** Warenwert: (netto) ______ € + 19 % USt ______ € = Endpreis (brutto) ______ €
Mehrwert (MW): Warenwert AR ______ € – Warenwert ER ______ € = MW ______ €	**Mehrwert** (MW): Warenwert AR ______ € – Warenwert ER ______ € = MW ______ €	**Mehrwert** (MW): Warenwert AR ______ € – Warenwert ER ______ € = MW ______ €	**Mehrwert** (MW): Warenwert AR ______ € – Warenwert ER ______ € = MW ______ €	
ZAHLLAST ______ € (Umsatzsteuer – Vorsteuer)	**ZAHLLAST** ______ € (Umsatzsteuer – Vorsteuer)	**ZAHLLAST** ______ € (Umsatzsteuer – Vorsteuer)	**ZAHLLAST** ______ € (Umsatzsteuer – Vorsteuer)	

Lernjob 3

Aus der Darstellung des obigen Lernjobs 2 können einige Erkenntnisse gewonnen werden:

a) Berechnen Sie auf jeder Wirtschaftsstufe die Umsatzsteuer nur auf den Mehrwert.
Zu welcher Schlussfolgerung kommen Sie?

b) Wie können Sie den Begriff „Allphasen-Umsatzsteuer" erklären?

c) Stellt die Umsatzsteuer für die einzelnen Unternehmen einen Kostenfaktor dar?

Ergänzende Übungsaufgaben

Übungsaufgabe 1

Beurteilen Sie die nachfolgend geschilderten Sachverhalte. Wenn Sie zur Einsicht kommen, dass eine Aussage des Sachverhalts falsch ist, so begründen Sie dies kurz.

	Sachverhalte	richtig	falsch
1	Alle Unternehmen der Wertschöpfungskette haben einen Teil der Umsatzsteuer selbst zu tragen und müssen daher die Umsatzsteuer in den Warenwert mit einkalkulieren.		
2	Steuerschuldner und Steuerträger sind bei der Umsatzsteuer verschiedene Personen (= indirekte Steuer).		
3	Steuerschuldner und Steuerträger sind ein und dieselbe Person (= direkte Steuer).		
4	Die USt in Höhe des an den jeweiligen Vorunternehmer (als Teil des Rechnungsbetrages) zu zahlenden USt-Betrages hat das kaufende Unternehmen selbst zu tragen.		
5	Letztendlich zahlt der Endverbraucher die gesamte Umsatzsteuer mit Zahlung des Kaufpreises.		
6	In der betrieblichen Praxis unterscheidet man nicht die Umsatzsteuer in der Eingangs- und Ausgangsrechnung.		
7	Auf jeder Wirtschaftsstufe wird die USt erhoben und die Unternehmen haben diese an das Finanzamt abzuführen.		
8	Die Umsatzsteuer ist für ein Unternehmen wettbewerbsneutral, d. h. die abzuführende Umsatzsteuer stellt für ihn keine Kosten dar.		
9	Die Umsatzsteuer in den Eingangsrechnungen wird in der Praxis als Vorsteuer gebucht und kann von der Umsatzsteuer der Ausgangsrechnung abgezogen werden.		

Übungsaufgabe 2

Das Stahl verarbeitende Unternehmen „Metal-Box GmbH" in Gütersloh hat von einem in Bochum ansässigen Stahlunternehmen den notwendigen Rohstoff für 4.200 € + 19 % Umsatzsteuer erworben. Er fertigt daraus in seinem Unternehmen mobile Kleiderschränke an. Für den Einsatz seiner Betriebsmittel für Maschinen, Gebäude und weitere Werkstoffe sowie für seine an der Produktion eingesetzten Mitarbeiter und Mitarbeiterinnen fallen insgesamt innerbetriebliche Kosten i. H. v. 2.400 € an, außerdem möchte der Inhaber bei dieser Fertigung einen Gewinn von 600 € in den Verkaufspreis mit einkalkulieren. Ermitteln Sie den Verkaufspreis netto und brutto für das Unternehmen „Metal-Box GmbH". Die gesamte Produktion wird an einen Großhändler für Möbelbedarf in Hamburg verkauft. Der Möbeleinrichter „Top-Modern GmbH" in Köln ist von dem Produkt begeistert und übernimmt den gesamten Bestand i. H. v. 10.000 € netto. Dieser verkauft schließlich an diverse Endverbraucher für insgesamt brutto 17.850 €.

Berechnen Sie die Höhe

- der vom Endverbraucher zu tragenden Umsatzsteuer
- die Umsatzsteuer-Zahllast für jedes im Text genannte Unternehmen.

B. Der Unternehmer und das Unternehmen in der Umsatzsteuer

Lernsituation 1

Ein guter Bekannter Ihres Vaters, Justus Schlosser, überlegt schon seit längerem, sich selbstständig zu machen. Zurzeit arbeitet Herr Schlosser noch als angestellter Hausmeister in einer Sporthalle der Stadt Hanau.

Herr Schlosser beschäftigt sich schon seit Jahren mit Sicherheitstechnik an Häusern und kennt sich mittlerweile sehr gut darin aus. Er hat sein Haus, in dem er alleine lebt, in 2023 komplett einbruchssicher gemacht.

Bereits seit Juli 2024 erledigt er immer wieder kleine Aufträge für Privatpersonen, die ihre Häuser ebenso absichern möchten. Aufgrund dieser bisherigen guten Arbeit hat sich seine Dienstleistung über seinen Bekanntenkreis hinaus herumgesprochen und die Nachfrage für den Einbau der Sicherheitstechnik hat für ihn ein Volumen erreicht, das er in seiner Freizeit nicht mehr bewältigen kann. Er überlegt, ob er seine Angestelltentätigkeit auf Teilzeit reduzieren soll, um mehr in der Sicherheitstechnik, die ihm sowieso viel mehr Spaß macht, zu arbeiten. Raum für Materiallagerung hat er sich schon im Haus geschaffen, denn er hat einen Kellerraum leergeräumt und einiges wie Fahrrad, Geschirr, Regale, was er nicht mehr benötigt, über das Internet verkauft.

Sie haben die Aktivitäten des Justus Schlosser seit Mitte 2024 mitverfolgt. Sie wissen, dass er bereits seiner Pflicht zur Anmeldung seines Gewerbes beim Finanzamt nachgekommen ist. Für seinen einkommensteuerrechtlichen Gewerbetrieb muss er noch keine Einkommensteuer-Vorauszahlung in 2024 leisten, da Herr Schlosser seine Gewinnprognose für 2024 eher negativ eingeschätzt hat, denn er hat einige notwendige Investitionen in seine Werkzeuge zu tätigen.

Aber die Einkommensteuer ist nicht die einzige Steuer, mit der Herr Schlosser in Berührung kommt. Sie wissen natürlich auch aus Ihrer Tätigkeit in der Steuerkanzlei, dass Herr Schlosser verpflichtet ist, regelmäßig eine Umsatzsteuervoranmeldung an das Finanzamt weiterzuleiten.

Lernjob 1

Begründen Sie, ob und ggf. seit wann Herr Schlosser umsatzsteuerrechtlich ein Unternehmer ist.

Zur Klärung nehmen Sie neben § 2 UStG auch Einblick in den Umsatzsteuer-Anwendungserlass: Abschnitt 2.6. UStAE. Anbei der QR-Code, der Sie direkt zum UStAE führt.

Lernjob 2

Welche der aufgeführten Tätigkeiten gehören zu dem Unternehmen des Herrn Schlosser? Sollte eine in der Lernsituation geschilderte Tätigkeit nicht zum Umfang nach dem UStG gehören, dann erläutern Sie dies.

Lernsituation 2

Ihnen liegen in der Steuerkanzlei Unterlagen des Mandanten-Ehepaars Emir und Alina Dogan vor. Sie sind erstaunt, wie viele verschiedene Gewerbe die Eheleute Dogan – zum Teil auch mit Emirs Bruder Kadir – betreiben und welche Vermögenswerte die Eheleute besitzen:

1. Emir und Kadir Dogan betreiben in Mannheim ein Bauunternehmen zu gleichen Anteilen.
2. Emir Dogan hat ein Unternehmen in Heidelberg, das sich mit Vermietung und mit dem An- und Verkauf von Anhängern betätigt.
3. Emir Dogan besitzt ein selbstgenutztes Einfamilienhaus in Hirschberg.
4. Emir und Kadir Dogan haben in der Pfalz ein Waldgrundstück angepachtet und veräußern die Bäume als Brennholz. Sie betreiben dieses Unternehmen zu gleichen Anteilen.
5. Frau Dogan hat ein Bekleidungsgeschäft für Kinder in Ladenburg.
6. Die Eheleute besitzen zusammen noch ein kleines Café in Ladenburg. Ihre beiden erwachsenen Töchter betreiben das Café als Angestellte.
7. Frau Dogan hat schon vor einigen Jahren ein vermietetes Mehrfamilienhaus von ihrem Vater geerbt. Das Haus befindet sich in Ludwigshafen.
8. Das Ehepaar besitzt privat drei Autos.
9. Frau Dogan tritt regelmäßig als Influencerin auf, gibt Anregungen zu Kinderaktivitäten im Umkreis Heidelberg-Ludwigshafen und der entsprechenden Kinderkleidung.

Lernjob 1

Klären Sie, welche Tätigkeiten bzw. Vermögenswerte in den Unternehmensbereich bzw. außerunternehmerischen Bereich (Privatbereich) fallen.

Lernjob 2

Wie viele Unternehmer sind in der obigen Aufzählung genannt? Benennen Sie diese. Ein Blick in den Abschnitt 2.1 UStAE ist hilfreich.

Lernjob 3

Ordnen Sie obige Tätigkeiten entsprechend § 2 Abs. 1 Satz 2 UStG den jeweiligen Unternehmen zu.

Lernjob 4

Klären Sie mit Hilfe Ihres Fachbuchs, welche Folgen die Tatsache hat, dass ein Unternehmer mehreren gewerblichen und/oder mehreren beruflichen Tätigkeiten nachgeht, aber diese stets umsatzsteuerrechtlich nur ein Unternehmen darstellen.

Lernsituation 3

Der Rechtsanwalt Rolf Windig hat Ihre Steuerkanzlei gebeten seine umsatzsteuerrechtlichen Angelegenheiten zu regeln. Er hat im Moment eine Menge an Aufgaben zu erledigen:

Natürlich ist seine Hauptaufgabe die Beratung, Betreuung und Vertretung seiner Mandanten vor Gericht. Zudem hat er einen Lehrauftrag an der Jura-Fakultät an der Universität in Mainz. Des Weiteren schreibt er gerne Abhandlungen zu interessanten Urteilen und veröffentlicht diese in einer juristischen Zeitschrift. Gelegentlich wird er auch in der Funktion eines Testamentsvollstreckers eingesetzt. Gerne nimmt er als Prüfer an Kammerprüfungen der Rechtsanwaltsfachangestellten teil. Für alle diese Tätigkeiten erhält er Honorare. Zurzeit beschäftigt er sich mit der Neueinrichtung seines Büros und verkauft gerade die gebrauchten Büromöbel über das Internet.

Lernjob 1

Die obigen Leistungen des Herrn Windig sind sehr unterschiedlich. Aber alle Geschäftstätigkeiten ergeben sich aus seiner beruflichen Tätigkeit als Jurist. § 1 Abs. 1 Nr. 1 UStG stellt auf die Leistungen, die im Rahmen des Unternehmens bewirkt werden, ab.

Beschriften Sie die nachfolgende Grafik und ordnen Sie die obigen Tätigkeiten entsprechend zu.

Abschnitt 2.7 Abs. 2 UStAE (siehe QR-Code) gibt hier einen nicht ganz vollständigen Rahmen der verschiedenen Tätigkeiten/Geschäfte einer gewerblichen bzw. beruflichen Tätigkeit vor, daher nutzen Sie für die Bearbeitung auch Ihr Fachbuch.

Rahmen des Unternehmens

______________	______________	______________
Bilden den eigentlichen Gegenstand der geschäftlichen Bestätigung (Hauptzweck).	Hierzu gehört jede Tätigkeit, die die Haupttätigkeit mit sich bringt.	Sie ergeben sich nicht notwendig aus der Haupttätigkeit, hängen aber mit dieser wirtschaftlich zusammen.
► ______________ ______________ ______________ ► ______________ ______________ ______________	► ______________ ______________ ______________	► ______________ ______________ ______________ ► ______________ ______________ ______________ ► ______________ ______________ ______________

Ergänzende Übungsaufgaben

Übungsaufgabe 1

Klären und begründen Sie in den nachfolgenden Sachverhalten, ob und in welchem Rahmen ein umsatzsteuerrechtliches Unternehmen vorliegt.

1. Der Angestellte Peter Müller in Leipzig wurde von seiner Tante Lieselotte Gerber als Testamentsvollstrecker eingesetzt. Nun ist der Todesfall eingetreten und Herr Müller wird tätig.
2. Markus Schöngeist ist Angestellter der Stadt Trier. In seiner Freizeit schreibt er Reisebücher. Die Rechte zur Veröffentlichung hat er dem Verlag Schöner Reisen übertragen. Er erhält quartalsmäßige Erfolgshonorare in Abhängigkeit der verkauften Exemplare.
3. Beate Baumeister lässt sich als selbstständige Ingenieurin für Gebäudetechnik in Diez nieder. Ihr erster Auftrag war die Planung und Betreuung beim Einbau von Heizungs-, Lüftungs- und Klimaanlagen in einem größeren öffentlichen Gebäude in Limburg. Sie erhält daraufhin ein attraktives Stellenangebot der Stadt Frankfurt, die ihre öffentlichen Gebäude für die Zukunft nachhaltig und energieeffizient gestalten wollen und gibt ihre Selbstständigkeit wieder auf.
4. Gerald Schrauber ist angestellter KFZ-Mechatroniker in einer VX-Werkstatt in Speyer. In seiner Freizeit führt er für einen kleinen Freundeskreis Reparaturen zu einem kleinen Entgelt durch.

C. Lieferung: Begriffsbestimmung, Steuerbarkeit und Steuerbefreiung

Lernsituation

Heute teilt Ihnen Ihr Ausbilder Moritz Kosten mit, dass in den nächsten Tagen die Mandantin Jane von Hohendorf die Buchungsbelege des Vormonats vorbeibringen würde. Da Sie in absehbarer Zeit die laufende Buchhaltung des Mandats mit übernehmen sollen, bittet Herr Kosten Sie darum, sich heute mit dem Mandat vertraut zu machen.

Aus den Mandatsunterlagen können Sie entnehmen, dass Frau von Hohendorf mit dem Winzer Anton von Hohendorf und den beiden Kindern in Königsstadt in der Pfalz wohnt. Das Ehepaar hatte sich anlässlich einer Bildungsreise in Cornwall (UK) kennen und lieben gelernt. Beide verbindet die Liebe zur Natur. Deshalb hat Jane nach ihrer Vermählung auch den Betrieb „Dreams of Roses" in Königsstadt eröffnet, der sich auf alles rund um englische Rosen spezialisiert hat. Neben dem Verkauf von Rosen sowie dem Vertrieb diverser Zusatzprodukte (Gartendekoration, Bücher, DVDs) werden auch Vorträge angeboten. Zudem erfolgen die architektonische Beratung und Gestaltung von Gärten nach englischen Vorbildern sowie die Vermietung von Gartenmaschinen.

Lernjob 1

Ist Frau von Hohendorf als Unternehmerin im Sinne des Umsatzsteuergesetzes tätig?

___

___

___

Lernjob 2

Nachdem Sie die Unternehmereigenschaft überprüft haben, müssen Sie für umsatzsteuerrechtliche Zwecke die Umsatzart bestimmen. Zu den Umsatzarten gehören u. a. die Lieferungen. Stellen Sie fest, in welchem Paragrafen des UStG der Begriff „Lieferung" definiert und was unter einer Lieferung zu verstehen ist:

Gesetzesgrundlage:

___

Definition:

___

___

___

Der Begriff „Gegenstand" ist im BGB umschrieben. Demnach gehören zu Gegenständen:

- ___ (§ 90 BGB) und
- ___ (§ 90a BGB).

Lernjob 3

Prüfen und begründen Sie nun für die folgenden Umsätze des Unternehmens „Dreams of Roses", ob jeweils eine Lieferung vorliegt:

1. Verkauf von 30 historischen Rosenstämmen in den Geschäftsräumen an eine Privatperson aus Frankfurt.

   ☐ Lieferung ☐ keine Lieferung

   Begründung:

   ___

   ___

2. Vortrag der Frau von Hohendorf „Der richtige Schnitt von historischen Rosen" in den Geschäftsräumen. Teilnehmer sind interessierte Privatpersonen. Die Teilnahmegebühr beträgt 20 € je Person.

   ☐ Lieferung ☐ keine Lieferung

   Begründung:

   ___

   ___

3. Verkauf einer äußerst seltenen und wertvollen englischen Stammrose im Geschäft an eine Kundin in Lindau/Bodensee zum Betrag von 1.500 €. Damit die Rose unbeschädigt ankommt, ist eine aufwendige Verpackung erforderlich, in der die Pflanze geschützt und klimatisiert transportiert werden kann. Für Verpackung und Transport mit UPS werden 100 € zusätzlich verlangt. UPS holt das Paket im Ladengeschäft ab.

   ☐ Lieferung ☐ keine Lieferung

   Begründung:

   ___

   ___

   ___

   ___

4. Verkauf von Gartendekoration (Rosenkugeln und Pflanzkübel) im Ladengeschäft an einen Hotelier auf Helgoland. Ein Mitarbeiter der Frau von Hohendorf bringt die Waren im firmeneigenen Sprinter auf die Insel.

   ☐ Lieferung ☐ keine Lieferung

   Begründung:

   ___

   ___

5. Vermietung eines Minibaggers für drei Tage an einen guten Kunden (Privatperson) in Neustadt.

   ☐ Lieferung ☐ keine Lieferung

   Begründung:

   ___

   ___

6. Verkauf eines weiteren gebrauchten Minibaggers an ein Bauunternehmen in Landau. Mit dem Kunden ist Ratenzahlung vereinbart. „Dreams of Roses" bleibt bis zur vollständigen Bezahlung Eigentümerin des Minibaggers. Der Bauunternehmer holt den Minibagger in Königsstadt ab.

   ☐ Lieferung ☐ keine Lieferung

   Begründung:

   ____

   ____

   ____

   ____

7. Planung einer öffentlichen Gartenanlage in Mainz zu einem Pauschalpreis.

   ☐ Lieferung ☐ keine Lieferung

   Begründung:

   ____

   ____

8. Verkauf von DVDs mit dem Titel „Gärten im Süden Englands" im Geschäft.

   ☐ Lieferung ☐ keine Lieferung

   Begründung:

   ____

   ____

9. Verkauf einer an das Geschäft in Königsstadt angrenzenden Lagerfläche an einen Nachbarbetrieb. Das Grundstück liegt auf dem Gebiet von Mußdorf und reicht flächenmäßig nicht mehr zur Lagerung sämtlicher Gartengeräte.

   „Dreams of Roses" wird in Kürze ein wesentlich größeres Ersatzgrundstück erwerben.

   ☐ Lieferung ☐ keine Lieferung

   Begründung:

   ____

   ____

Lernjob 4

(1) Eine Lieferung **kann** nur dann der Umsatzsteuer unterliegen (= sog. **steuerbare Lieferung**), wenn die in § 1 Abs. 1 Nr. 1 UStG aufgeführten vier Voraussetzungen **insgesamt** erfüllt sind. Benennen Sie die Voraussetzungen:

1. ______________________________
2. ______________________________
3. ______________________________
4. ______________________________

(2) In § 1 Abs. 2 UStG ist der Begriff „Inland" definiert. Ergänzen Sie:

Bundesrepublik Deutschland

- ______________________________
- ______________________________
- Freihäfen in Bremerhaven und Cuxhaven
- 12-Seemeilengebiet zwischen Strandlinie und Hoheitsgrenze
- deutsche Schiffe und Luftfahrzeuge, die zu keinem Zollgebiet gehören

= **Inland**

(3) Eine Lieferung unterliegt nur dann der Umsatzsteuer, wenn sie im Inland ausgeführt wird. Ob dies der Fall ist, bestimmt sich durch den Ort der Lieferung gem. § 3 Abs. 6 UStG für die Lieferungen mit Warenbewegung bzw. § 3 Abs. 7 UStG für die Lieferungen ohne Warenbewegung.

In § 3 Abs. 6 UStG sind als Lieferungen mit Warenbewegung die Beförderungslieferung und die Versendungslieferung aufgeführt.

Eine **Beförderungslieferung** liegt vor, wenn ...

____

____

Ort der Lieferung ist bei einer Beförderungslieferung dort, ...

____

____

Eine **Versendungslieferung** liegt vor, wenn ...

____

____

____

Ort der Lieferung ist bei einer Versendungslieferung dort, ...

____

____

(4) Und wo ist der Ort der Lieferung bei einer **unbewegten Warenlieferung** gem. § 3 Abs. 7 UStG?

____

____

(5) Gehen Sie zurück zu Lernjob 3. Bestimmen Sie in den Fällen, in denen eine Lieferung vorliegt,

a) die Art und

b) den Ort der Lieferung.

c) Nennen Sie auch die Gesetzesgrundlage:

Nr.	a) Art der Lieferung	b) Ort der Lieferung	c) Gesetzesgrundlage

Lernjob 5

(1) Damit eine Lieferung steuerbar ist, muss sie gegen **Entgelt** erfolgen. Der Begriff Entgelt ist in § 10 Abs. 1 Satz 2 UStG erläutert:

(2) Beurteilen Sie, ob in den folgenden Sachverhalten für „Dreams of Roses" jeweils das Tatbestandsmerkmal „Entgelt" erfüllt ist:

1. „Dreams of Roses" gibt einen gebrauchten Gabelstapler in Zahlung und erhält im Gegenzug einen gebrauchten Minibagger [Lösungshilfe: § 3 Abs. 12 UStG]:

2. Frau von Hohendorf erweiterte ihre unternehmerische Tätigkeit im letzten Monat um eine kleine Filiale in Freiburg. Das Hauptgeschäft in Königsstadt versorgt die Filiale mit den Waren und stellt der Filiale zur internen Kostenkontrolle separate Rechnungen zu.

3. Ein Kunde hat im Geschäft von „Dreams of Roses“ versehentlich einen Pflanzkübel umgestoßen. Für die Zerstörung des Kübels zahlt er pauschal als Entschädigung 100 € an Frau von Hohendorf.

Welche Folge ergibt sich in diesem Fall im Hinblick auf die Steuerbarkeit gem. § 1 Abs. 1 Nr. 1 UStG?

Lernjob 6

(1) Ist eine Lieferung nicht steuerbar, dann unterliegt sie keinesfalls der Umsatzsteuer.

Ist eine Lieferung steuerbar, dann entsteht Umsatzsteuer (= steuerpflichtiger Umsatz), es sei denn, die Lieferung wird gem. § 4 UStG von der Steuerpflicht befreit.

Beispiele für **steuerbefreite Lieferungen** finden Sie in ...

Gesetzesgrundlage	**Um welche Lieferungen handelt es sich?** Ergänzen Sie:
§ 4 Nr. 9. Buchst. a) UStG	
§ 4 Nr. 19 Buchst. a) und b) UStG	
§ 4 Nr. 28 UStG	Verkauf von Gegenständen von steuerbefreiten Unternehmern (z. B. Ärzte)

(2) Gehen Sie zurück zu Lernjob 3, Sachverhalt 9.
Muss „Dreams of Roses“ für diesen Umsatz Umsatzsteuer entrichten?

(3) Lesen Sie weiter in § 9 Abs. 1 und Abs. 3 Satz 2 UStG. Erläutern Sie die mögliche Alternative mit der entsprechenden Konsequenz für „Dreams of Roses“:

Ergänzende Übungsaufgaben

Übungsaufgabe 1

In welchen Sachverhalten handelt es sich jeweils um eine Lieferung?

a) Ein Reinigungsunternehmen säubert die Böden im Betrieb von „Dreams of Roses".

b) Die Stadtwerke in Neustadt versorgen „Dreams of Roses" mit Strom.

c) „Dreams of Roses" verkauft einen im Betrieb eingesetzten, aber mittlerweile veralteten Hochdruckreiniger an eine Privatperson.

d) „Dreams of Roses" erstellt einen Gartenplan für einen guten Kunden in Königsstadt.

e) Ein Makler veräußert im Auftrag von „Dreams of Roses" eine ungenutzte Gartenfläche an eine Privatperson.

Übungsaufgabe 2

Welche der nachfolgend aufgeführten Gebiete gehören umsatzsteuerrechtlich zum Inland?

a) Hansestadt Hamburg

b) Insel Norderney

c) Insel Lanzarote

d) Insel Helgoland

e) Konstanz am Bodensee

f) Berlin

g) Deutsches Schiff im Atlantik

h) Basel

i) Messegelände in Bremerhaven

j) Büsingen

k) Passagierfähre zwischen Köln-Rodenkirchen und Köln-Deutz

Übungsaufgabe 3

Entscheiden Sie, ob jeweils eine Beförderungs- oder Versendungslieferung vorliegt:

Sachverhalt	Beförderungs-lieferung	Versendungs-lieferung
Der Kunde lässt die Ware durch einen seiner Arbeitnehmer abholen und in sein Lager transportieren.		
Der Kunde holt die Ware persönlich ab und transportiert sie in sein eigenes Lager.		
Der Kunde beauftragt einen Spediteur, die Abholung und den Transport der Ware in sein Lager zu besorgen.		
Der Lieferer lässt die Ware durch einen seiner Mitarbeiter zum Abnehmer (Kunden) transportieren.		
Der Lieferer transportiert die Ware selbst zu seinem Kunden.		
Der Lieferer übergibt die Ware an DHL mit dem Auftrag, sie zu seinem Kunden zu transportieren.		

Übungsaufgabe 4

Prüfen Sie in den folgenden Fällen aus der Sicht des **„U"** ...

- die Umsatzart (ohne Gesetzesgrundlage), z. B. Versendungslieferung, Tausch etc.
- den Ort des Umsatzes einschl. Gesetzesgrundlage und
- die Steuerbarkeit der Umsätze
  [Hinweis: Eine Nichtsteuerbarkeit ist stichwortartig zu begründen]

Nutzen Sie das untenstehende Raster!

a) Ein sehr guter Kunde der Fa. **U** fährt beim Ausparken auf dem Firmengelände von **U** in ein Blumenbeet. Sämtliche dort gepflanzten Sträucher werden vernichtet. Im Hinblick auf die gute Kundenbeziehung einigen sich **U** und der Kunde auf eine pauschale Entschädigung von 150 €.

b) **U**, italienischer Staatsbürger, verkauft seit Jahren während der Sommermonate Eis in seiner Eisdiele in Hannover.

c) Ein bei „Dreams of Roses" angestellter Mitarbeiter **U**, wohnhaft in Gimmeldingen, verkauft die wertvolle Uhrensammlung seines vor kurzem verstorbenen Vaters über ein Internetportal und versendet sie mit UPS an den Käufer.

d) Die Parfümerie **U** mit Filialen in Stuttgart und Helgoland verkauft ihr auf Helgoland gelegenes Grundstück zu einem Betrag von 500.000 € an eine Privatperson.

e) Ein Friseurfachgeschäft in Bonn hat einen Kaffeevollautomaten von der Fa. Espresso Service **U** in Frankfurt gemietet. Nach sechs Monaten Mietzeit entschließt sich das Friseurfachgeschäft, den Kaffeevollautomaten von **U** zu kaufen. Beurteilen Sie den Kauf.

f) Der Rechtsanwalt **U** in Konstanz (Bodensee) verkauft sein gebrauchtes Wohnmobil an einen guten Freund in Stuttgart für 17.850 €. Er bringt das Wohnmobil selbst nach Stuttgart.

Nr.	Umsatzart	Ort des Umsatzes und §	steuerbar	**nicht steuerbar** (Kurze Begründung)
a)				
b)				
c)				
d)				
e)				
f)				

D. Sonstige Leistung: Begriffsbestimmung, Steuerbarkeit und Steuerbefreiung

Lernsituation 1

Wir leben in einer Volkswirtschaft, in der die angebotenen Dienstleistungen der verschiedensten Unternehmen einen immer größeren Umfang annehmen. Sie haben in Ihrer Steuerkanzlei viele Mandantinnen und Mandanten, die Ärzte, Rechtsanwälte, Makler, Architekten, Physiotherapeuten, Inhaber von Fitness-Studios und Reparaturwerkstätten, Taxiunternehmer, Handwerker, Gastwirte und Hoteliers usw. sind.

Nicht in jedem Umsatz wird somit eine Verfügungsmacht an einem Gegenstand/Sache verschafft.

Wie wird dies nun aber umsatzsteuerrechtlich eingeordnet, wenn keine Lieferung vorliegt?

Lernjob 1

Finden Sie in § 3 UStG die genaue gesetzliche Grundlage und Definition für diese Umsatztätigkeiten/Leistungen der o. g. Personen.

Genaue gesetzliche Grundlage:

___

Definition:

___

___

Lernjob 2

Vervollständigen Sie die nachfolgende Darstellung entsprechend des oben gefundenen Absatzes in § 3 UStG und fügen Sie Beispiele hinzu. Nutzen Sie ggf. auch Ihr Fachbuch.

Sonstige Leistungen
können bestehen in einem ...

TUN	____________	____________ (einer Handlung oder eines Zustands)
z. B.	z. B.	z. B.
► ____________	► ____________	► ____________
____________	____________	____________
► ____________	► ____________	____________
____________	____________	____________
► ____________	► ____________	____________
____________	____________	► ____________
► ____________	► ____________	____________
____________	____________	____________
► ____________	► ____________	____________
____________	____________	____________

Lernjob 3

Um den Ort der sonstigen Leistungen (s. L.) zu bestimmen, sind verschiedene Prüfungsschritte zu durchlaufen:

1. Welche Art von Dienstleistung/sonstiger Leistung liegt vor?
2. Ist der Leistungs**empfänger** ein Unternehmer (B2B) oder eine Privatperson (B2C)?
3. Liegt eine Sonderregelung nach den § 3a Abs. 3 - 8, § 3b, § 3e UStG zum Ort der s. L. vor?

   Wenn ja, dann haben diese Spezialregelungen immer Vorrang gegenüber den Grundregeln nach § 3a Abs. 1 und Abs. 2 UStG.

Ihnen liegen nachfolgend einige Umsätze zur Bearbeitung vor. Bestimmen Sie den Ort der sonstigen Leistung, indem Sie obigen Ablauf der Prüfung beachten und stellen Sie die Steuerbarkeit nach § 1 Abs. 1 Nr. 1 UStG fest. Nutzen Sie die nachfolgende Tabelle!

1. Peter Reich, wohnhaft in Dillenburg, besitzt ein Ferienhaus in Singen am Bodensee. Eine Familie aus Altenkirchen mietet das Ferienhaus in den Herbstferien für 1.800 € an.
2. Peter Reich, siehe 1., vermietet ein weiteres, eigenes Ferienhaus in Colmar/Frankreich an Urlauber aus Zürich/Schweiz zum gleichen Preis.
3. Das Steuerbüro Wolfgang Hundertmark aus Flensburg bearbeitet für einen Unternehmer aus Husum die Buchungsunterlagen und berät ihn in steuerlichen Angelegenheiten. Er erzielt daraus Einnahmen i. H. v. 2.950 €.
4. Das Steuerbüro Wolfgang Hundertmark, siehe 3., berät einen dänischen Grenzgänger (Arbeitnehmer, der in Deutschland arbeitet, aber in Dänemark wohnt) und erhält hierfür 1.000 €.
5. Das Immobilienunternehmen „Durchblick GmbH“ in München vermittelt dem in Stuttgart lebenden Privatmann Heinrich Will ein Mehrfamilienhaus in Esslingen. Er erhält 20.000 € für die Vermittlung.
6. Die Kfz-Werkstatt Schnell in Freiburg repariert einem Urlauber aus Bonn den defekten Privatwagen für 350 €.
7. Die Kfz-Werkstatt Schnell, siehe 6., repariert einem französischen Urlauber den defekten Privatwagen für 280 €.
8. Die Kfz-Werkstatt Schnell, siehe 6., repariert einem Unternehmer aus Rastatt den defekten Wagen für 725 €.
9. Die „Leasing Baugeräte AG“ in Hof vermietet kurzfristig gegen eine wöchentliche Zahlung von 800 € einen Bagger an den Unternehmer „Bau und Schutt SE“ in Tschechien. Der Bagger soll ausschließlich zu Aushubarbeiten an einer Baustelle in Franzenbad/Tschechien genutzt werden.
10. Eine Autovermietung in Bamberg vermietet einen Pkw an eine a) Privatperson und an einen b) Unternehmer aus Nürnberg für eine Woche gegen Zahlung von jeweils 200 €.
11. Eine Autovermietung, siehe 10., vermietet für ein Jahr einen Pkw an eine a) Privatperson und an einen b) Unternehmer aus Fürth für jeweils 350 € je Monat.
12. Eine Spedition „Schnell & Sicher GmbH“ aus Eschwege vermittelt der „Obst-Gemüse Handel GmbH“ aus Nordhausen die Beförderung der Frischwaren an den Frachtführer „Peter Rastig KG“ aus Gotha. Die Beförderung wird von Nordhausen nach München vorgenommen.
13. Die Superband aus den USA „MetalNoises“ ist auf Welttournee und tritt im Oktober auch in Berlin auf. Sie kassieren für ihren Auftritt 250.000 € vom Veranstalter „Top-FanWork AG“ aus München.
14. Eine Familie aus Singen feiert den runden Geburtstag eines Familienmitglieds im Restaurant „Schöner Seeblick“ in Radolfzell.

Nr.	**Art** der sonstigen Leistung	**B2B** oder **B2C**	genaue **gesetzliche Grundlage** für den Ort der s. L. im UStG	**Ort der sonstigen Leistung** ▸ Ortsbezeichnung lt. Gesetz ▸ Ortbestimmung lt. Aufgabe	**steuer-bar** ja/nein?
1.					
2.					
3.					
4.					
5.					
6.					
7.					
8.					
9.					
10. a)					
10. b)					
11. a)					
11. b)					
12.					
13.					
14.					

Lernsituation 2

Ihre Ausbilderin Frau Rita Schneider übergibt Ihnen verschiedene Ausgangsrechnung (AR). Eine

1. ... des Mandanten „Unternehmensberater Thomas Gutwill". Darin sind zum einen seine erbrachten Dienstleistungen und die angefallenen Fahrtkosten und zum anderen auch das verbrauchte Büromaterial abgerechnet worden.
2. ... des Mandanten „Obst-Gemüse Handel GmbH". Hierin sind neben den verschiedenen gelieferten Obst- und Gemüsesorten auch Beförderungs- und Versicherungsleistungen aufgeführt.

Lernjob 1

In beiden Ausgangsrechnungen sind jeweils sowohl Lieferungselemente wie auch Elemente von Sonstigen Leistungen kombiniert. Nun überlegen Sie, denn bisher haben Sie immer eine Lieferung **oder** eine sonstige Leistung als alleinige Leistung betrachtet. Für welche Leistung muss man sich nun bei Bearbeitung der Umsätze entscheiden?

Wie regelt der Gesetzgeber dies umsatzsteuerrechtlich?

Klären sie dies mit Hilfe des Abschn. 3.10 Abs. 3 - 5 UStAE,
nutzen Sie den QR-Code:

Lernjob 2

Für welche Leistungsart entscheiden Sie sich nun bei beiden in Lernsituation 2 aufgeführten Ausgangsrechnungen?

AR „Gutwill“:

AR „Obst-Gemüse Handel GmbH“:

Lernjob 3

Können Sie erläutern, warum Sie bei der Bearbeitung der Mandanten-Rechnungen in der Umsatzsteuer zwischen einer Lieferung und einer sonstigen Leistung unterscheiden müssen?

Lernsituation 3

Ist eine sonstige Leistung steuerbar, dann entsteht Umsatzsteuer (= steuerpflichtiger Umsatz), es sei denn, die sonstige Leistung wird gem. § 4 UStG von der Steuerpflicht befreit.

Lernjob 1

Vervollständigen Sie die aufgelisteten Beispiele von umsatzsteuerbefreiten sonstigen Leistungen:

Gesetzesgrundlage im UStG	**Um welche steuerbefreite sonstige Leistung handelt es sich?** Ergänzen Sie:
§ 4 Nr. 8 Buchst. a)	
§ 4 Nr. 9 Buchst. a)	
§ 4 Nr. 11	
§ 4 Nr. 12	
§ 4 Nr. 14 Buchst. a)	
§ 4 Nr. 16	
§ 4 Nr. 19 Buchst. a)	
§ 4 Nr. 21 Buchst. a)	

Lernjob 2

Ihre Ausbilderin Frau R. Schneider hat Ihnen eine kleine Fallsammlung sonstiger Leistungen zweier Mandanten, einem Zahnarzt und einem Immobilienbesitzer, zusammengestellt.

Sie sollen prüfen, ob die sonstigen Leistungen der beiden Mandanten umsatzsteuerfrei oder -pflichtig sind. Sie können davon ausgehen, dass alle Umsätze nach § 1 Abs. 1 Nr. 1 UStG steuerbar sind.

1. Der Mandant „Zahnarzt Dr. Rainer Sanft" in Kaiserslautern erzielt verschiedene Einnahmen
   a) ... aus der Durchführung prophylaktischer Zahnbehandlungen.

   ____

   ____

   b) ... aus der Fertigung und Anpassung von Zahnprothesen, die im eigenen Labor von einem angestellten Zahntechniker gefertigt wurden.

   ____

   ____

c) ... aus der Behandlung schadhafter Zähne, wie z. B. Kariesbehandlung, professionelle Zahnreinigung, Zahnentfernung, Röntgenaufnahmen.

d) ... aus seiner Autorentätigkeit. Er berichtet in einem Fachblatt über die Ästhetik der Zahnheilkunde.

e) ... aus eigenen Vorträgen zu seinen Erfahrungen aus der Ästhetik der Zahnheilkunde für eine angesagte regionale Zeitung.

2. Der zweite Mandant Herr Steinreich aus Köln besitzt die verschiedensten Immobilien in verschiedenen Städten.

   a) Er vermietet in Siegburg ein 2-Familienhaus langfristig zu Wohnzwecken an private Mieter. Je Wohnung erhält er monatlich 800 € zzgl. 110 € an Umlagen.

   b) Er vermietet ein Ferienhaus in Oberstdorf an Feriengäste in der Regel für ca. 2 - 3 Wochen. Wöchentlich erhält er an Miete 950 €.

   c) Herr Steinreich hat mit einem größeren Fahrradhandel aus Düren einen besonderen Vertrag abgeschlossen, damit dieser an der Außenwandfläche des 2-Familienhauses in Siegburg eine Werbetafel anbringen konnte, um auf dessen Fahrradhandel in Düren hinzuweisen. Hierfür erhält Herr Steinreich jährlich 600 €.

   d) Herr Steinreich unterhält auch einen Campingplatz in der Eifel, Nähe Bitburg. Er vermietet sowohl an Dauermieter aus dem Ruhrgebiet und erzielt hieraus Einnahmen von 25.500 €, als auch an Urlaubscamper für nur einige Tage, hieraus erzielt er Einnahmen i. H. v. 31.900 €.

   e) Zu guter Letzt ist er auch stolzer Eigentümer des Hotels „Das Stadthotel" im Zentrum der Stadt Mainz. Er vermietet die Hotelzimmer unterschiedlichster Größe zumeist kurzfristig an Touristen. Aus der Vermietung erzielt er einen Umsatz von 44.000 €, aus der Vermietung von Garagen an die Gäste 8.200 €.

Lernsituation 4

Die Ausbilderin Frau R. Schneider hat noch immer weitere Themen, die Sie zu den sonstigen Leistungen bearbeiten sollen. Nun legt sie Ihnen den § 9 UStG „Verzicht auf Steuerbefreiung" zur Durcharbeitung vor. Sie gibt Ihnen auch einen Hinweis auf § 15 Abs. 2 UStG.

Lernjob 1

Sie sind verwirrt, denn warum sollte man auf die Steuerbefreiung verzichten? Arbeiten Sie die Erklärung aus o. g. Paragrafen heraus und erläutern Sie diese.

Lernjob 2

Der Mandant Herr Heuser, Immobilienmakler, ist selbst auch Eigentümer eines gemischt genutzten zulässigerweise in vollem Umfang dem Unternehmen zugeordneten Gebäudes in Fulda. Das Gebäude wird wie folgt genutzt.

Beurteilen Sie folgende Miet-Umsätze anhand der nachfolgenden Tabelle.

Die Räume im

a) Erdgeschoss dienen als Büroräume für seine Immobiliengeschäfte. Der Mietwert beträgt 30.000 €.

b) 1. Obergeschoss dienen als Praxisräume für einen selbstständigen Kinderarzt. Die Mieteinnahmen betragen 24.000 €.

c) 2. Obergeschoss dienen als Büroräume für einen Rechtsanwalt. Die Mieteinnahmen betragen 24.000 €.

d) 3. Obergeschoss dienen zu 2 Wohneinheiten zu Wohnzwecken für
- seine Mutter,
- den Rechtsanwalt (2. Obergeschoss). Die Mieteinnahmen betragen jeweils 9.000 €.

Nr.	Ort der Sonstigen Leistung und Feststellung der Steuerbarkeit nach § 1 Abs. 1 Nr. 1 UStG	steuerfreier Umsatz? Gesetzl. Grundlage im UStG	Option nach § 9 UStG möglich? Mit Begründung!
a)			
b)			
c)			
d)			

Ergänzende Übungsaufgaben

Übungsaufgabe 1

Bestimmen Sie in den nachfolgenden Fällen die Art und den Ort der sonstigen Leistung und legen Sie fest, ob der Umsatz steuerbar ist.

Richten Sie sich bei der Bearbeitung der Fälle 1., 2. und 3. nach dem folgenden Lösungsraster:

Nr.	**Art** der sonstigen Leistung	**B2B** oder **B2C**	genaue **gesetzliche Grundlage** für den Ort der s. L. im UStG	**Ort der sonstigen Leistung** ▸ Ortsbezeichnung lt. Gesetz ▸ Ortbestimmung lt. Aufgabe	**steuer-bar** ja/nein?
1 a)					
...					

1. Die Juristin Martina Rat betreibt eine Rechtsanwaltskanzlei mit angeschlossenem Notariat im eigenen Haus in Dresden. Sie übt sehr unterschiedliche Tätigkeiten aus:
   a) Sie hat für ihre Mandantin Nina Krabbe aus Bautzen einen Scheidungsfall übernommen und kann nun nach Abschluss der Scheidung ein Honorar von 2.900 € abrechnen.
   b) Sie hat als Notarin einen Vertragsentwurf für einen privaten Immobilienkauf in Meißen erstellt und die weitere Abwicklung des Kaufs einschl. des notariellen Kaufvertrags vorgenommen. Sie berechnet hierfür 8.300 €. Der Käufer wohnt in Görlitz.
   c) Sie hat in der Gesellschafterversammlung der „Sonnenwind GmbH" aus Pirna die Protokollierung der Sitzung übernommen und berechnet 2.500 €.
   d) Sie hat die juristische Stellungnahme einer Kollegin Melanie Recht in Stuttgart für einen beiden vorliegenden Fall formuliert. Hierfür hat sie 850 € berechnet.
   e) Auch die polnische Kollegin Aleksandra Nowak aus Warschau/Polen bat um eine juristische Stellungnahme zu einem gemeinsamen Fall, den Frau Nowak federführend bearbeitet. Frau Rat erstellt eine Rechnung über 450 €.
2. Die „Allround-Leasing AG" in Darmstadt vermietet Fahrzeuge und Maschinen aller Art:
   a) Die AG vermietet für 900 €/Woche einen Kran an einen Bauunternehmer in München, der diesen auf seiner Großbaustelle in Straubing einsetzen möchte. Die „Allround-Leasing AG" ist verantwortlich für den Aufbau und Einweisung der Inbetriebnahme auf der Großbaustelle.
   b) Der Kran, aus a), wird im Auftrag der „Allround-Leasing AG" von dem Transportunternehmen „BigTrans GmbH" aus Groß-Gerau nach München transportiert. Kosten: 700 €.
   c) Die „Allround-Leasing AG" vermietet zehn technisch neue Kopierer an ein größeres Unternehmen in Frankfurt/Main. Es wird eine Leasingrate mit Wartungsservice für monatlich 850 € vereinbart.
   d) Die „Allround-Leasing AG" vermietet einen Baukran an einen französischen Bauunternehmer aus Straßburg/Frankreich, der diesen Kran auf seinem Betriebsgelände für Ausschachtungsarbeiten für sein neues Firmengebäude einsetzen möchte. Auch hier ist die „Allround-Leasing AG" verantwortlich für den Aufbau und Einweisung der Inbetriebnahme vor Ort, Kosten: 750 €/Woche.
3. Die Fa. „Fahrgut GmbH" aus Erfurt führt Güter- und Personentransporte gegen Entgelt durch:
   a) Sie chauffiert den Privatmann Pit Miller von Erfurt nach Berlin.
   b) Sie transportiert mit dem hauseigenen Sprinter für ein Unternehmer aus Jena im „Blitzexpress" wichtige Dokumente nach Stuttgart.
   c) Mit einem Reisebus transportiert die „Fahrgut GmbH" Urlauber von Erfurt nach Kopenhagen/Dänemark. 55 % der Gesamtstrecke legen Sie in Deutschland und 45 % in Dänemark zurück.
   d) Sie transportieren mit einem Umzugswagen den privaten Hausrat von Jena nach Hannover.

Übungsaufgabe 2

Prüfen Sie die nachfolgenden Umsätze

- zur Art der Leistung,
- zum Ort der Leistung,
- ob diese steuerbar, steuerfrei oder -pflichtig nach UStG sind.

Geben Sie die genauen gesetzl. Grundlagen an.

1. Frau Elisa Schwan, Tierärztin in Landau, behandelt Tiere aller Art in ihrer Tierarztpraxis. Die privaten Kunden kommen aus einem Umkreis von ca. 50 km zu ihr. Sie hat monatliche Einnahmen in Höhe von 16.000 €.
2. Die „Kreditbank West AG" in Bad Kreuznach gewährt ihrem Kunden Peter Hausmann (Privatmann) ein Darlehen zu zurzeit üblichen Konditionen zum Kauf eines Reihenhauses in seinem Wohnort Alzey. Der Vertrag wurde in den Räumen der Kreditbank West AG abgeschlossen.
3. Peter Hausmann, siehe 2., kauft nach Abschluss des Kreditvertrags ein schlüsselfertiges Reihenhaus von dem Bauträger „Baugesellschaft West GmbH". Kaufpreis: 395.950 €.
4. Die blinde Elke Sommer aus Marburg verdient ihr Geld als selbstständige Bürstenherstellerin. Sie unterhält ein kleines Geschäft in der Marburger Oberstadt. Mittlerweile hat sie drei Mitarbeiter beschäftigt. Ihr Umsatz ist auf 80.000 € angewachsen.
5. Der Zahnarzt Dr. Sanft aus Kaiserslautern behandelt einen Privatpatienten aus Saarbrücken. Er stellt hierfür 950 € in Rechnung.

Übungsaufgabe 3

Tim Stark hat vor einigen Jahren eine größere Erbschaft gemacht und einen Teil des Vermögens in ein größeres Geschäfts- und Wohnhaus in Landsberg investiert. Er selbst betreibt seit vier Jahren ein Fitnessstudio in Herrsching am Ammersee, mit dem Kauf des Geschäftshauses in Landsberg hat er dort die Spielhalle „Fortuna" eröffnet.

Tim Stark bewirkte in 20xx folgende Leistungen:

1.	Einnahmen aus dem Fitnessstudio in Herrsching	90.000 €
2.	Einnahmen aus der Spielhalle „Fortuna" in Landsberg	67.000 €

Das gemischt genutzte Grundstück, das in vollem Umfang zum Unternehmensvermögen des Tim Stark gehört, wird wie folgt genutzt (monatliche Mieteinnahmen):

3.	EG Spielhalle „Fortuna", Inhaber: Tim Stark	1.900 €
4.	1. OG (re) Tierarztpraxis Dr. Ross	1.350 €
5.	1. OG (li) Büroräume einer staatl. genehmigten Ersatzschule	1.750 €
6.	2. OG (re) Büroräume der „Buchhaltung-Schnell GmbH"	900 €
7.	2. OG (li) Kanzleiräume des Notars Dr. Goldammer	1.200 €
8.	3. Dachgeschoss Wohnung eines Lehrers	500 €.

Folgende Feststellung sollte beachtet werden:
Tim Stark hat alle Optionsrechte gem. § 9 UStG wahrgenommen.

Zur Bearbeitung dieser Aufgabe verwenden Sie folgendes Raster:

Nr.	Umsatzart	Ort der Leistung Angabe des §	steuerbarer Umsatz oder nicht steuerbarer Umsatz?	steuerfreier Umsatz? Angabe des §	Option nach § 9 UStG möglich? Mit Begründung.	steuerpflichtig? ja/nein
1.						
..						

E. Unentgeltliche Wertabgaben

Lernsituation

Ihr Mandant, Herr Josef Warnken, betreibt in Limburg das Ladenlokal „Büroambiente 3000". Angeboten werden hochwertige, zeitlose Designer-Büromöbel sowie Büro-Accessoires (Leuchten, Teppiche, Organizer, Ordner etc.). Vor zwei Jahren erweiterte Herr Warnken sein Unternehmen um eine Möbelschreinerei, um Änderungen an den Büromöbeln – den Kundenwünschen entsprechend – zeitnah vornehmen zu können.

Die Geschäfte der „Büroambiente 3000" laufen sehr gut. Entsprechend großzügig ist Herr Warnken, was „Zuwendungen" jeglicher Art aus seinem Unternehmen anbelangt. So erfahren Sie im Gespräch mit Ihrem Mandanten, dass er auch im vergangenen Monat verschiedene Freundschaftsdienste erwies, um deren umsatzsteuerliche Beurteilung er Sie nun bittet.

In Vorbereitung des Gespräches haben Sie über Ihren Ausbilder bereits erfahren, dass nicht nur entgeltliche Umsätze, sondern u. U. auch sog. unentgeltliche Wertabgaben der Besteuerung nach Umsatzsteuerrecht unterliegen können, sofern die maßgebende Gesetzesgrundlagen der § 1 Abs. 1 Nr. 1 UStG in Verbindung mit den §§ 3 Abs. 1b bzw. Abs. 9a UStG erfüllt sind.

Lernjob 1

Ergänzen Sie:

Unentgeltliche Wertabgaben
können sein...

______________________	______________________
gemäß § 3 Abs. 1b UStG	gemäß § 3 Abs. 9a UStG

Lernjob 2

Prüfen und begründen Sie nun unter Zuhilfenahme der § 3 Abs. 1b und § 3 Abs. 9a UStG für die folgenden „Zuwendungen" des Unternehmens „Büroambiente 3000", ob jeweils eine unentgeltliche (u. e.) Wertabgabe vorliegt. In allen Fällen konnte der Vorsteuer-Abzug für den Einkauf der Gegenstände vorgenommen werden.

1. Herr Warnken schenkt seinem Arbeitnehmer anlässlich der 10-jährigen Firmenzugehörigkeit eine Stehleuchte aus seinem Warensortiment im Wert von 800 €.

   ☐ u. e. Wertabgabe ☐ keine u. e. Wertabgabe

   Begründung:

   ____

   ____

   ____

   Gesetzesgrundlage: ______________________________

2. Herr Warnken schenkt seiner Tochter anlässlich des bestandenen Abiturs und ihrem Umzug in die erste eigene Wohnung in Frankfurt einen Schreibtisch aus dem Warensortiment im Wert von 2.500 €.

   ☐ u. e. Wertabgabe ☐ keine u. e. Wertabgabe

   Begründung:

   ____

   ____

   ____

   Gesetzesgrundlage: ______________________________

3. Herr Warnken bittet seinen bei ihm angestellten Schreiner um Reparatur einer Schrankwand im Privathaus seines Sohnes.

   ☐ u. e. Wertabgabe ☐ keine u. e. Wertabgabe

   Begründung:

   ____

   ____

   ____

   Gesetzesgrundlage: ______________________________

4. Herr Warnken schenkt seiner Auszubildenden anlässlich ihres Geburtstages einen schönen Kugelschreiber aus seinem Warensortiment im Wert von 50 €.

   ☐ u. e. Wertabgabe ☐ keine u. e. Wertabgabe

   Begründung:

   ____

   ____

   ____

   Gesetzesgrundlage: ______________________________

5. Herr Warnken gestattet seinem Mitarbeiter die Nutzung des firmeneigenen Sprinters für drei Wochenenden anlässlich dessen Umzuges in eine neue Wohnung.

   ☐ u. e. Wertabgabe ☐ keine u. e. Wertabgabe

   Begründung:

   ____

   ____

   ____

   Gesetzesgrundlage: ______________________________

6. Herr Warnken spendet zur Imagepflege einer Schule in Limburg Regale aus dem Warensortiment für deren Schulbibliothek im Wert von 800 €. Die Regale werden mit dem Firmenlogo von „Büroambiente 3000" versehen.

   ☐ u. e. Wertabgabe ☐ keine u. e. Wertabgabe

   Begründung:

   ___

   ___

   ___

   Gesetzesgrundlage: ___

7. Jeder Kunde von „Büroambiente 3000" erhält beim Verlassen des Ladenlokals einen Kugelschreiber mit Firmenlogo im Wert von 2 €.

   ☐ u. e. Wertabgabe ☐ keine u. e. Wertabgabe

   Begründung:

   ___

   ___

   ___

   Gesetzesgrundlage: ___

Lernjob 3

Herr Warnken fragt nach dem Ziel, welches mit der Besteuerung unentgeltlicher Wertabgaben verfolgt wird. Können Sie ihm antworten?

___

___

___

Lernjob 4

In Abwandlung zum Sachverhalt 2 des Lernjobs 2 bezieht die Tochter eine eigene Wohnung in Wien/Österreich. Herr Warnken bringt den Schreibtisch mit seinem Privatfahrzeug nach Wien.

Herr Warnken fragt nach, ob auch in diesem Fall eine Umsatzbesteuerung vorzunehmen sei.

Können Sie ihm antworten?

[Hinweis: Der Ort der unentgeltlichen Wertabgaben bestimmt sich nach den Grundsätzen des Ortes für entgeltliche Leistungen.]

___

___

___

Lernjob 5

Letztendlich teilt Herr Warnken Ihnen noch mit, dass er einem Familienangehörigen anlässlich dessen Geburtstages einen Bildband über italienische Büromöbel geschenkt habe.

Diesen Bildband hatte er vor einem Jahr auf einem Flohmarkt von einer Privatperson für 100 € erworben und bislang als Dekorationsstück in seinem Geschäft ausgestellt.

Ist in diesem Fall bei der Entnahme eine Umsatzbesteuerung vorzunehmen?

____

____

____

Lernjob 6

Stellen Sie gem. § 10 Abs. 4 UStG die Bemessungsgrundlagen für die unentgeltlichen Wertabgaben fest und fügen Sie die Begriffe sowie die passende gesetzliche Grundlage der Bemessungsgrundlage in die Tabelle ein.

Unentgeltliche Wertabgaben

Unentgeltliche Lieferungen	Unentgeltliche sonstige Leistungen
Ort: § 3 Abs. 6 oder Abs. 7 UStG **Bemessungsgrundlage** **§ 10 Abs. 4 Nr. 1 UStG** = ______________________________ ______________________________ ______________________________	**Ort:** i. d. R. § 3a UStG (ggf. auch § 3b und § 3e UStG) **Bemessungsgrundlage für Umsätze** ► im Fall § 3 Abs. 9a Nr. 1 UStG: = ______________________________ ______________________________ ______________________________ § 10 Abs. 4 Nr. ______ UStG ► im Fall § 3 Abs. 9a Nr. 2 UStG: = ______________________________ ______________________________ § 10 Abs. 4 Nr. ______ UStG

Ergänzende Übungsaufgaben

Übungsaufgabe 1

Bestimmen Sie für **U** für die folgenden Sachverhalte jeweils:

- die Art der unentgeltlichen Wertabgabe einschl. genauer Gesetzesgrundlage
- den Ort der unentgeltlichen Wertabgabe einschl. Gesetzesgrundlage und
- die Bemessungsgrundlage der unentgeltlichen Wertabgabe.

a) Der Fahrzeughändler **U** aus Dresden schenkt seinem Sohn im Mai 2024 zur bestandenen Steuerberaterprüfung einen Vorführwagen aus dem Unternehmen. Das Fahrzeug wurde im Januar 2023 für 30.000 € zzgl. 19 % USt erworben. Für den Erwerb eines gleichartigen gebrauchten Fahrzeuges müsste U 20.000 € zzgl. 19 % USt im Mai 2024 aufwenden. Der Buchwert des Pkw beträgt zum Zeitpunkt der Schenkung 18.000 €.

b) Der Textilhändler **U** aus Mannheim schenkt seiner Tochter zur bevorstehenden Abiturfeier ein Ballkleid aus dem Warenbestand. Der Einkaufspreis des Kleides beträgt bei Erwerb 400 € netto und hat sich seitdem auch nicht geändert. Der Verkaufspreis des Kleides beträgt generell 550 €.

c) Der Textilhändler **U** aus Mannheim lässt ein schönes aber zwischenzeitlich zu eng gewordenes Kleid seiner Mutter anlässlich der bevorstehenden Silberhochzeit seiner Eltern in dem zum Modegeschäft gehörenden Atelier ändern. Der anteilige Arbeitslohn des mit der Änderung beauftragten Schneiders beläuft sich auf 80 €.

d) Der in Bonn praktizierende Augenarzt **U** hat Anfang des Jahres von einem in Köln ansässigen Unternehmer ein Notebook zu einem Betrag von 1.000 € zzgl. 19 % USt erworben. Im Dezember schenkt er das Notebook seiner Auszubildenden. Für den Erwerb eines gleichartigen Notebooks müsste U zum Zeitpunkt der Schenkung 600 € zzgl. 19 % USt aufwenden.

Übungsaufgabe 2

Prüfen Sie unter Angabe der genauen Gesetzesgrundlage, ob für den Bauunternehmer **U** jeweils eine unentgeltliche Wertabgabe vorliegt:

a) Bauunternehmer **U** aus Wertheim ist Mitglied eines renommierten Golfclubs in Wertheim. Er stellt dem Golfclub zum Bau einer überdachten Außengastronomie Baugeräte leihweise kostenlos zur Verfügung.

b) Ein Mitarbeiter des Bauunternehmers **U** aus Wertheim wird durch U beauftragt, in seiner Arbeitszeit eine Zwischenwand im Privathaus des U zu entfernen.

c) Ein Mitarbeiter des Bauunternehmers **U** aus Wertheim wird durch U aufgefordert, während seiner Arbeitszeit die Büroräume des U in Wertheim zu isolieren.

d) Eine Mitarbeiterin des Bauunternehmers **U** aus Wertheim wird durch U aufgefordert, während ihrer Arbeitszeit kleinere Reparaturarbeiten an der von U vermieteten Lagerhalle in Heilbronn vorzunehmen.

e) Bauunternehmer **U** aus Wertheim erwirbt anlässlich des bevorstehenden Sommerfestes für seine Mitarbeiter 15 Kisten Bier. Zwei Kisten Bier werden nicht getrunken. U nimmt die beiden Kisten nach Ablauf des Sommerfestes mit nach Hause und überlässt sie seinem Bruder, der am darauffolgenden Wochenende zu einer privaten Feier eingeladen hat.

Übungsaufgabe 3

- Bestimmen Sie die Umsatzart für U unter Angabe der genauen Gesetzesgrundlage.
- Prüfen und begründen Sie, ob der Umsatz für den Unternehmer U im Inland steuerbar oder nicht steuerbar ist.

a) Der Architekt **U** aus Hamburg beauftragt einen bei ihm angestellten Mitarbeiter mit der Planung eines Anbaus des auf Mallorca liegenden Ferienhauses seiner Tochter.

b) Die Fahrradhändlerin **U** aus Essen lässt eine Tombola anlässlich des 10-jährigen Firmenjubiläums durchführen. Als Hauptpreis wird unter allen Teilnehmenden ein wertvolles E-Bike aus dem Warensortiment verlost.

c) Der Steuerberater **U** aus Flensburg schenkt einem guten Mandanten eine Flasche Champagner zu dessen runden Geburtstag im Wert von 60 € netto.
[Lösungshinweis: § 4 Abs. 5 Nr. 1 EStG und § 15 Abs. 1a UStG]

d) Der Steuerberater **U** aus Flensburg schenkt einer Mitarbeiterin eine Flasche Champagner zu deren runden Geburtstag im Wert von 50 € netto.

e) Der Steuerberater **U** aus Flensburg nutzt sein Firmenfahrzeug zu 70 % betrieblich, und im Übrigen privat.

f) Der Steuerberater **U** aus Flensburg verkauft das zu 70 % betrieblich genutzte Fahrzeug an eine Privatperson.

g) Der Steuerberater **U** aus Flensburg erstellt „kostenlos" die Einkommensteuererklärung des Nachbarn.

h) Die Textilhändlerin **U** aus Helgoland verkauft an einen Kunden einen Schal zum Preis von 60,98 € inkl. USt.

i) Der Bäcker **U**, Sylt, beliefert täglich ein benachbartes Hotel mit Backwaren und verlangt hierfür monatlich als Pauschalbetrag 750 € inkl. USt.

j) Der Bäcker **U**, Sylt, entnimmt täglich Backwaren für den privaten Bedarf seiner Familie.

k) Die Buchhändlerin **U** aus Münster bietet für einen Verlag 15 Exemplare Lexika bestehend aus jeweils 10 Einzelbänden als Kommissionsware an. 10 Exemplare können verkauft werden, die restlichen 5 Exemplare schickt U an den Verlag zurück.

F. Besonderheiten: Werklieferung – Werkleistung, Kommissions- und Agenturgeschäft

Lernsituation 1

Ihr Mandant Fritz Kleist ist im Handwerksgewerbe tätig. Er führt eine eigene Meister-Schreinerei in Düren. Dort stellt er Wohn- und Küchenmöbel her. Mit seinen Mitarbeitern und Mitarbeiterinnen führt er ebenso Schreinerarbeiten aller Art in privaten, gewerblichen Räumen sowie in Räumen von öffentlichen Einrichtungen wie Schulen oder Kindergärten im Großraum Aachen/Köln aus.

Ihnen liegen Ausgangsrechnungen über die verschiedensten Schreinerarbeiten vor. Mal sind die Arbeiten mit umfangreichen Werkstoffen aus dem eigenen Geschäft des Herrn Kleist ausgeführt worden und mal haben die Kunden sich die Holzteile oder -elemente selbst besorgt. Aber immer werden Nägel, Schrauben, Kleber, Farbe etc. aus dem Bestand der Möbelschreinerei entnommen und dem Kunden in Rechnung gestellt.

Sie haben in den vorangegangenen Lernsituationen die Leistungen (Lieferung/sonstige Leistung) und damit auch die Orte der Leistungen zu bestimmen gelernt.

Lernjob 1

Aber was nun? Was ist hier anders?

Lernjob 2

a) Sie haben vielleicht schon im Fach der Allgemeinen Betriebswirtschaftslehre den Begriff „Werkvertrag" aus dem Schuldrecht des Bürgerlichen Gesetzbuchs kennengelernt.

Wenn nicht, ziehen Sie Ihr Fachbuch in der Allgemeinen Wirtschaftslehre zurate!

Wer sind die Vertragspartner und welche Pflichten haben diese aus dem Vertrag nach § 631 BGB?

____

____

b) Das Umsatzsteuergesetz nimmt allerdings eine genauere Bestimmung des Werkvertrags vor.

Es werden zwei Arten nach § 3 Abs. 4 und Abs. 10 UStG mit ergänzenden Ausführungen im Abschnitt 3.8 Abs. 1 UStAE unterschieden. Nutzen Sie den QR-Code, um den UStAE aufzurufen:

Ein **Werkvertrag** führt zu einer ...

______________________	______________________
Hauptstoffe werden ganz oder teilweise vom leistenden Unternehmer selbst beschafft.	Alle Hauptstoffe werden vom Besteller (Auftraggeber)/Kunden selbst beschafft.
Es überwiegen die Merkmale der	Es überwiegen die Merkmale der
______________________	______________________
↓	↓
§: ______________________	§: ______________________
______________________	______________________
______________________	______________________

Lernjob 3

Folgende Beschreibungen der unterschiedlichsten Leistungen der Schreinerei Kleist finden Sie in den Ihnen vorliegenden Rechnungen.

- Bestimmen Sie unter Angabe der genauen gesetzlichen Grundlage, um welche Art der Leistung es sich jeweils handelt.
- Begründen Sie Ihre Einschätzung.
- Bestimmen Sie den Ort der Leistung mit gesetzlicher Grundlage.

a) Herr Kleist fertigt in seiner Schreinerei verschiedene Möbelstücke aus seinem Holzvorrat und liefert die fertigen Teile den Eheleuten Glück nach Kerpen aus.

Art der Leistung und Angabe des §:

____

Begründung:

____

____

____

Ort der Leistung mit §-Angabe:

____

____

b) Die Mitarbeiter und Mitarbeiterinnen der Schreinerei Kleist haben in einem privaten Haus in Bergheim unterschiedliche Arbeiten verrichtet. Sie reparierten dort verschiedene Möbel, dazu haben sie zum Teil einige Kleinteile, wie neue Schrauben, Scharniere, Kleber etc. eingearbeitet.

Art der Leistung:

____

Begründung:

____

____

____

Ort der Leistung mit §-Angabe:

____

____

c) Die Stadtwerke Aachen haben für ihr Verwaltungsgebäude Innentüren direkt ab Fabrik gekauft und die Schreinerei Kleist hat diese fachgerecht mit Hilfe ihrer Werkstoffe (Kleinteile wie Schrauben) eingebaut.

Art der Leistung:

____

Begründung:

____

____

____

Ort der Leistung mit §-Angabe:

____

____

d) Herr Gutwill hat auf seiner Reise durch die Eifel alte Holzdielen entdeckt, die er sofort aufgekauft hat. Schon immer wollte er einen rustikalen Esstisch gefertigt haben. Die Schreinerei Kleist hat den Auftrag ausgeführt. Es wurden Schrauben, Kleber und Bienenwachs verarbeitet und neben seiner Arbeitsleistung gesondert in Rechnung gestellt. Der schwere Tisch wurde durch eine von Herrn Gutwill beauftragte Spedition nach Köln-Hohlweide geliefert.

Art der Leistung:

____

Begründung:

____

____

____

Ort der Leistung mit §-Angabe:

____

____

e) Schreinerei Kleist hat eine komplette Küche mit eigenen Materialien gefertigt und baute sie vertragsgemäß im städtischen Kindergarten „Zum Sonnenschein“ in Eschweiler ein.

Art der Leistung:

____

Begründung:

____

____

____

Ort der Leistung mit §-Angabe:

____

____

Lernsituation 2

Sie bearbeiten mit Ihrer Kollegin Monika Schnell die Buchungsunterlagen des Mandanten „Möbelhaus Schöner Wohnen GmbH", Sitz in Mechernich.

Ihre Kollegin erläutert Ihnen zum dortigen Geschäftsablauf, dass die Möbel in den Ausstellungsräumen des Möbelhaus nicht alle vom Möbelhaus bestellt bzw. gekauft worden sind, sondern die Hersteller der verschiedensten Möbel haben Vereinbarungen (= Kommissionsverträge) mit dem „Möbelhaus Schöner Wohnen GmbH" geschlossen, damit diese die Möbel auf Kommission in ihren Ausstellungsräumen anbieten und direkt den Kunden zur Mitnahme aushändigen oder unmittelbar ausliefern können. Dies vergrößert das Angebot für die Kunden, ohne die Möbel gleich vorfinanzieren zu müssen. Das bedeutet aber, dass das Möbelhaus Möbel verkauft, die eigentlich noch dem Hersteller gehören. Frau Schnell erwähnt, dass ein Verkauf dieser Möbel durch das Möbelhauses zwar im eigenen Namen aber für fremde Rechnung erfolgt.

Lernjob 1

Mit Hilfe Ihrer Fachbücher in der Allgemeinen Wirtschaftslehre, § 383 HGB, § 3 Abs. 3 UStG oder Internetrecherche vervollständigen Sie die folgende Grafik, um das System des Kommissionsgeschäftes (hier: Verkaufskommission) zu durchschauen.

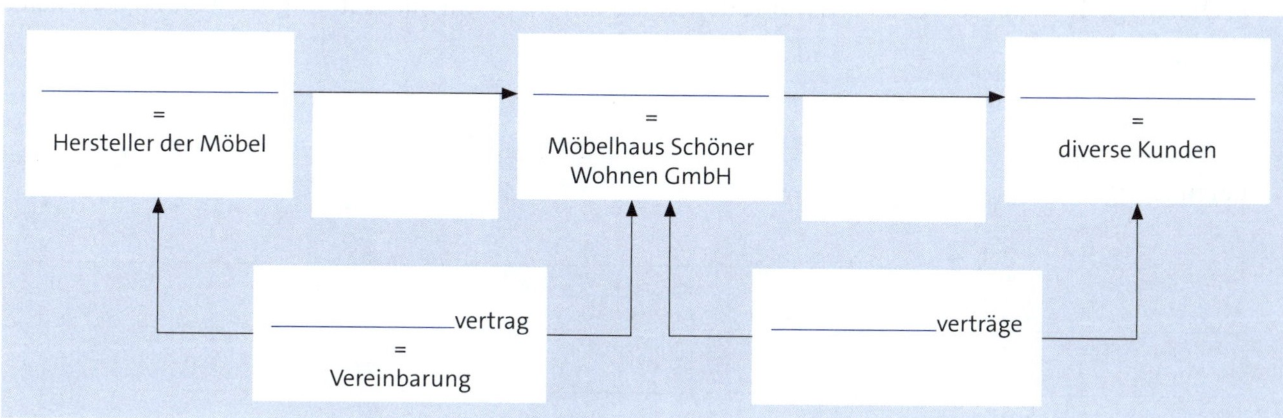

Lernjob 2

a) Beim Verkauf an den Abnehmer finden zeitgleich zwei Leistungen statt.

Das Umsatzsteuerrecht in § 3 Abs. 3 UStG legt die Art der Leistung zwischen Kommittenten und Kommissionär fest.

Somit finden statt:

(Vervollständigen Sie jeweils die Art der Leistung und die Vertragspartner.)

1. ______________ zwischen ____
   (Art der Leistung) (Vertragspartner)

2. ______________ zwischen ____
   (Art der Leistung) (Vertragspartner)

b) Nach welchen gesetzlichen Bestimmungen wird der Ort der o. g. Leistungen bestimmt? Begründen Sie kurz.

Zu 1. nach §

____

____

Zu 2. nach §

____

____

Lernsituation 3

Nun erhalten Sie von Ihrer Kollegin Schnell einen Beleg, der einen besonderen Vermerk auf der Rückseite hat:

Vorderseite

Reni Service Station
Otto Schmitt
Nordring 1
76829 Landau

Tankstellen Nr.: 555222111
Tel.: 06341-66655511

USt-Id-Nr. DE123456789

Beleg-Nr. 113/456/0006
28.08.20xx 18:45 Uhr

000003 Diesel 49.88 €
ZP 01 30,81 l 1,619 EUR/l

GESAMTBETRAG 49,88 €

Typ	Netto	Mwst	Brutto
A: 19 %	41,92	7,96	49,88

Kundenbeleg

Terminalnummer	654321
Datum	28.08.20xx
Uhrzeit	18:45:30
Beleg-Nr.	9035
Transaktions-Nr.	2255778

Kartenzahlung
MasterCard

Rückseite

Der Verkauf von Kraftstoffen erfolgt im Namen und für Rechnung der Reni Kraftstoff Deutschland GmbH, Mannheim.

Im Verkaufspreis für Kraftstoffe ist der gesetzliche Bevorratungsbeitrag enthalten.

Rechnungsbetrag einschl. gesetzl. Umsatzteuer.

Daten aus geeichten Anlageteilen sind zur besonderen Kennzeichnung durch Sterne * eingeschlossen.

Informationen über den effizienten Einsatz von Energieträgern, über Anbieter von Maßnahmen zu Energieeffizienzverbesserungen sowie einschlägige Kontaktadressen finden Sie unter

www.befee-online.de und unter www.energiespartipps-oel.de/auto

Lernjob 1

Was ist hier das Besondere beim Verkauf des Treibstoffs?

___

___

Lernjob 2

Kennen Sie Personen/Berufe, die ebenso im Namen und für Rechnung fremder Personen handeln? Recherchieren Sie.

___

___

Lernjob 3

a) Vervollständigen Sie die folgende Grafik mit den am obigen Verkaufsvorgang beteiligen Personen.

______________ ______________ = Auftraggeber	______________ ______________ = Agent (Vermittler)	______________ ______________ = Abnehmer

b) Kennzeichnen Sie in obiger Grafik die bei diesem Verkaufsvorgang entstandenen beiden Umsatz- bzw. Leistungsbeziehungen zwischen diesen Personen.

Lesen Sie hierzu Abschnitt 3.7 Abs. 1 UStAE, nutzen Sie den QR-Code:

Und beschreiben Sie die Art der Leistungen nach Umsatzsteuerrecht für die Vertragspartner:

1. ______________ zwischen ______________________________
   (Art der Leistung) (Vertragspartner)

2. ______________ zwischen ______________________________
   (Art der Leistung) (Vertragspartner)

Lernjob 4

Bestimmen Sie in den folgenden Fällen

- ... zwischen welchen Personen welche Art von Umsätzen stattfinden.
- ... den Ort der Lieferung bzw. sonstigen Leistung mit Nennung der gesetzlichen Grundlagen.
- ... ob die Umsätze steuerbar sind (mit Begründung).

1. Der Handelsvertreter Bernd Arnold aus Siegburg verkauft im Namen und für Rechnung der „Chic & Glitzer GmbH" in Montabaur Modeschmuck an Boutiquen im Großraum Frankfurt-Wiesbaden. Im Monat September 20xx schließt er Geschäfte i. H. v. 15.800 € ab. Diese werden von der „Chic & Glitzer GmbH" umgehend ausgeführt, indem ein Angestellter die Ware ausliefert. Von der „Chic & Glitzer GmbH" erhält Herr Arnold dafür eine Provision i. H. v. 20 %.

   1.1 Umsatz zwischen ...

   ____

   ____

   Art der Leistung:

   ____

   Ort der Leistung mit §:

   ____

1.2 Umsatz zwischen ...

Art der Leistung:

Ort der Leistung:

Steuerbare Umsätze?/Begründung:

2. Die Wohnungssuchende Sabine Ohnesorg beauftragt den Immobilien-Makler Mike Finder für sie eine 2-Zimmer-Wohnung in Frankfurt/Main zu suchen. Der Wohnungsmarkt ist sehr angespannt, aber Herr Finder hat Glück und kann Frau Ohnesorg schnell eine sehr schöne Wohnung anbieten. Sofort schließt sie mit dem Vermieter Friedrich Schneider einen Mietvertrag ab.

2.1 Umsatz zwischen ...

Art der Leistung:

Ort der Leistung mit §:

2.2 Umsatz zwischen ...

Art der Leistung:

Ort der Leistung:

Steuerbare Umsätze?/Begründung:

3. Der KFZ-Händler „Car-Brokers e. K." in Bochum hat von der Kundin Amelie Hinz, wohnhaft in Herne, einen gebrauchten Pkw zum Verkauf im Kundenauftrag erhalten. Am 15. September 20xx wurde der Wagen zu den Preisvorstellungen der Kundin verkauft. „Car-Brokers e. K." überweist der Kundin Hinz den Kaufpreis nach Abzug seiner ausgehandelten Provision.

3.1 Umsatz zwischen ...

Art der Leistung:

Ort der Leistung mit §:

3.2 Umsatz zwischen ...

Art der Leistung:

Ort der Leistung:

Steuerbare Umsätze?/Begründung:

Ergänzende Übungsaufgaben

Übungsaufgabe 1

Entscheiden und begründen Sie, ob es sich bei den nachfolgenden Umsätzen um eine Werklieferung oder Werkleistung handelt. Bestimmen Sie jeweils auch den Ort der Lieferung bzw. Ort der sonstigen Leistung.

1. Die „Mauer und Putz GmbH" aus Münster hat auf dem Grundstück der Familie Neureich in Steinfurt einen Rohbau nach den Bauzeichnungen des Architekten hochgezogen. Hierzu hat die „Mauer und Putz GmbH" die notwendigen Baumaterialien aus ihrem Lager in Münster entnommen und verarbeitet.
2. Der Goldschmied „Lieblingsstück e. K." in Rheinbach fertigt nach den Vorstellungen seiner Kundinnen und Kunden individuelle Schmuckstücke an. Der Kunde Herr Schick aus Euskirchen möchte zwei ältere Goldringe umarbeiten lassen, um seine Frau mit einem neuen, modernen Ring zu überraschen. Auf einer Geschäftsreise in Südafrika hat Herr Schick einen sehr schönen Edelstein gekauft. Herr Schick und der Goldschmied haben einen wunderschönen und einzigartigen Ring zusammen designt, der nun so vom Goldschmied angefertigt wird.
3. Der Fliesenleger Mike Michel aus Mechernich verlegt Fliesen im Gebäude des Möbelhauses „Schöner Wohnen" in Bad Münstereifel. Er verarbeitet die vom Kunden ausgewählten Fliesen, die der Kunde selbst in einem Fliesenfachgeschäft ausgesucht und gekauft hat. Die benötigten Materialien wie Fliesenkleber, -kreuze, Fugenmörtel etc. entnimmt der Handwerker seinem eigenen Lager.
4. Der KFZ- Meister Herr Grund in Ludwigshafen baut in den Wagen des Privatkunden Peter Pech aus Stockach einen Austauschmotor ein, den er aus einem Abwrackwagen in seiner Werkstatt ausgebaut hat.

Übungsaufgabe 2

Klären Sie in den folgenden Fällen, ob ein Kommissionsgeschäft oder ein Agenturgeschäft vorliegt.

Bearbeiten Sie diese nach der Vorlage in der Lernsituation 3/Lernjob 4, indem Sie die Umsatzbeteiligten darstellen, die Art der Leistung benennen und den Ort der Leistung bestimmen.

1. Die „Weinfass e. G." in Ediger/Mosel überlässt dem Weinhändler „Weinboutique Rolf Friderichs e. K." in Bad Homburg Flaschenweine für 15.000 €. Der Weinhändler hat sie nicht gekauft, weil er nicht weiß, wie die Moselweine bei seiner Kundschaft ankommen werden. Er verkauft die Weine zum Preis – wie mit „Weinfass e. G." vereinbart – im eigenen Namen an seine Kundschaft. Die vereinnahmte Umsatzsumme aus den Verkäufen überweist Herr Friederichs an „Weinfass e. G.". Er behält für sich vom Betrag 23 % an Provision zurück.
2. Bernd Überall ist Immobilienmakler in Mainz. Er vermittelt für die unterschiedlichsten Auftraggeber den An- und Verkauf von Immobilien. Der Kaufinteressent Willi Weiße wendet sich an den Makler Überall. Er soll ihm Objekte im Großraum Mainz–Wiesbaden anbieten. Tatsächlich findet sich schnell ein Verkäufer: Otto Althaus, der sein Haus in Hochheim am Main auch über Bernd Überall verkaufen möchte. Die beteiligten Personen werden sich schnell über den Kaufpreis und Übertragungszeitpunkt einig. Der Makler B. Überall erhält von Käufer und Verkäufer jeweils 20.000 € Provision.
3. Beate Wunderlich betreibt seit Anfang des Jahres ein Geschäft für Geschenkartikel „Suchen und Finden" in Michelbach/Odenwald. Sie möchte ihr Angebot im Herbst vorübergehend mit Halloween-Artikeln erweitern, aber da sie keine größeren Lagerkapazitäten hat, möchte sie das Risiko, umfangreiche Saisonartikel zu kaufen, nicht eingehen.

   Sie findet den Großhändler „SaiArt GmbH" aus Stuttgart, der Frau Wunderlich anbietet, die Saisonartikel zum Verkauf zur Verfügung zu stellen, mit der Absichtserklärung den nicht verkauften Teil der Halloween-Artikel Anfang November zurückzunehmen. Die Abrechnung über die verkauften Saisonartikel erfolgt auch erst dann mit „SaiArt GmbH". Frau Wunderlich darf sich eine Provision von 27,5 % zurückbehalten.

4. Der Handelsvertreter Rainer Braun, wohnhaft in Gießen, erhält von dem Unternehmer Eddie Kramm aus Friedberg, der gerade sein Unternehmen aus Altersgründen liquidiert, den Auftrag die Fertigungsmaschine X3 - 500 zu verkaufen. Herr Braun ist in gewerblichen Unternehmen in ganz Deutschland gut vernetzt, daher findet er auch schnell einen Käufer, die Fa. „Blitz AG“ in Braunschweig, die genau diese Maschine, auch wenn sie gebraucht ist, gut in ihrem Unternehmen einsetzen kann. Allerdings muss diese Maschine von Herrn Kramm geliefert, umgebaut und in den vorhandenen Maschinenpark eingebaut werden. Dies stellt für Herrn Kramm kein Problem dar.

   Herr Braun erhält vom Unternehmer Kramm für das Zustandekommen des Vertrags mit der Fa. „Blitz AG“ eine Provision i. H. v. 10.500 €.

5. Der Betreiber des Kiosks „Am Bahnhof“ in Gelsenkirchen, Robby Smith, verkauft neben Snacks und Getränken auch Presseartikel. Die Zeitschriften und insbesondere die Tageszeitungen müssen immer aktuell sein. Herr Smith kann nie die genaue Anzahl der benötigten Zeitschriften und Zeitungen im Voraus bestimmen, daher hat er mit dem Zeitungsverlag ausgehandelt, dass er diese Presseartikel im eigenen Namen aber für Rechnung des Verlags verkauft. Die zu viel gelieferten und nicht verkauften Exemplare des Tages werden am kommenden Morgen bei der Neulieferung zurückgeben. Wöchentlich rechnet der Kioskbetreiber mit dem Verlag ab, darf sich aber 15 % des verkauften Umsatzes behalten.

Übungsaufgabe 3

Beurteilen Sie die folgenden Fälle mit Hilfe ihres Fachbuches in Steuerlehre und dem § 3 Abs. 12 UStG.

Klären Sie, wie viele und welche Art von Umsatzleistungen vorliegen.

1. Die Firma „Möbel Office AG“ verkauft der Firma „Berufsbekleidung Hermann GmbH“ Schreibtische für die Verwaltung im Wert von 3.990 €. Der Rechnungsausgleich erfolgt durch die Lieferung von Berufsbekleidung wie Kittel, festes Schuhwerk, Arbeitshandschuhe etc. im gleichen Wert.
2. Der Malermeister Henry Bunt übernimmt Malerarbeiten in der Steuerkanzlei „Müller und Richter GmbH“. Er stellt hierfür 4.500 € in Rechnung. Zum Ausgleich der Rechnung kommt es nicht, da die Steuerkanzlei für laufende Buchhaltungsarbeiten ebenso eine Forderung gegenüber Herrn Bunt in gleicher Höhe hat.
3. Eine Stammkundin hat beim Modehaus „Chic für die Dame“ in Wiesbaden eine Kaschmir-Jacke für 219 € in Größe M gekauft, die sie ihrer Mutter zum Geburtstag schenken möchte. Leider passt die Jacke nicht. Sie muss eine Kleidergröße kleiner sein. Das Modehaus tauscht die Jacke gern in Größe S um, der Preis ist der gleiche.
4. Wie Fall 1, allerdings bezieht die „Möbel Office AG“ nur Berufsbekleidung im Wert von 2.500 €. Die Firma „Hermann GmbH“ hat daher noch einen Betrag von 1.490 € per Überweisung beglichen.
5. Der Radiologe Thomas Grund kauft ein neues Röntgengerät Pheonix 2500, Preis 110.000 € von der Firma „Medizintechnik Mannheim AG“. Die „Medizintechnik Mannheim AG“ vermittelt einen Kunden, der Interesse an dem älteren Röntgengerät hat. Hierfür stellt die „Medizintechnik Mannheim AG“ ein Honorar i. H. v. 15.000 € dem Radiologen in Rechnung.

   Den Differenzbetrag i. H. v. 95.000 € zahlt der Radiologe Thomas Grund umgehend.

G. Bemessungsgrundlagen für Lieferungen und Sonstige Leistungen

Lernsituation 1

Die Besteuerungsmerkmale des § 1 Abs. 1 Nr. 1 UStG kennen Sie nun bestens. Einer der Tatbestandsmerkmale zur Feststellung der Steuerbarkeit eines Umsatzes ist das **Entgelt**.

Das Entgelt ist die Bemessungsgrundlage für die Berechnung der Höhe der Umsatzsteuer beim steuerpflichtigen Umsatz und es ist in der täglichen Arbeit mit Rechnungsbelegen absolut wichtig, den Durchblick darüber zu haben, welche Ausgangsgröße zur Ermittlung der Umsatzsteuer genommen werden muss.

Ihr Ausbilder Franz Friedrich gibt Ihnen nun den Auftrag den § 10 UStG genauer anzuschauen und die folgenden Fragen zu bearbeiten.

Lernjob 1

Wie ist der Begriff „Entgelt“ definiert? Versuchen Sie ihn verkürzt zu formulieren. Geben Sie die genaue gesetzl. Grundlage an.

Lernjob 2

In welchen Formen könnte der Leistungsempfänger seine erhaltene Leistung begleichen?

Lernjob 3

Erklären Sie die Begriffe „Nettobetrag“ und „Rechnungsbetrag (Bruttobetrag)“.

Lernjob 4

Vervollständigen Sie die nachfolgende Tabelle:

Umsatzsteuersatz	Nettobetrag (= ______)	Umsatzsteuerbetrag	Bruttobetrag/Rechnungsbetrag (= ______ + ______)
19 %		127,30 €	
19 %			862,75 €
7 %		1,75 €	
7 %			73,83 €

Lernsituation 2

Ihnen liegen in der Buchhaltung einige Rechnungen der „Elektro-Plus GmbH“ in Trier über ihre getätigten Warenverkäufe und Vermietungen vor. Die GmbH unterliegt dem allgemeinen Umsatzsteuersatz von 19 %.

Lernjob 1

Berechnen Sie die Bemessungsgrundlage/Entgelt und die gesetzlich geschuldete Umsatzsteuer in den folgenden entgeltlichen Leistungen.

1. Die „Elektro-Plus GmbH“ hat am 24. Oktober 20xx einen Tagesumsatz lt. der Registrierkasse von 22.529,08 €.

2. Die „Elektro-Plus GmbH“ erhält eine Anzahlung des Kunden bei Vertragsabschluss durch eine Kreditkartenzahlung i. H. v. 1.500 €.

3. Die „Elektro-Plus GmbH“ liefert an ihre Zweigstelle, 80 km entfernt, einige Kühlschränke. Sie erstellt intern einen Beleg über netto 9.850 €.

4. Die „Elektro-Plus GmbH“ vermietet im 2. Stock des Geschäftshauses eine Wohnung an eine Familie für monatlich 1.250 €.

5. Die „Elektro-Plus GmbH“ liefert einem Geschäftsfreund, der einen Möbelhandel in Koblenz betreibt, eine hochwertige Kaffeemaschine zum Nettopreis von 3.355 €. Als Gegenleistung erhält sie einen Stehschreibtisch und Regale im Nettowert von 2.200 €, der Rest des Rechnungsbetrages wird durch Banküberweisung beglichen. Berechnen Sie ebenso den restlichen Überweisungsbetrag.

6. Die „Elektro-Plus GmbH" hat einem säumigen Kunden Verzugszinsen i. H. v. 35 € in Rechnung gestellt.

7. Die „Elektro-Plus GmbH" hat einen ihrer Auslieferungswagen einer Kfz-Werkstatt übergeben, damit diese die anstehende Inspektion durchführen und anschließend den Wagen beim TÜV vorführen soll. Die folgende Rechnung liegt der „Elektro-Plus GmbH" vor.

   Prüfen Sie ebenso die Richtigkeit des Auszuges der Eingangsrechnung nach § 10 Abs. 1 Satz 5 UStG.

   Auszug aus der ER der Kfz-Werkstatt:

	Inspektion mit Ölwechsel	
	Eingebaute Materialteile lt. Aufstellung S. 2	153,63 €
+	Arbeitszeit lt. Aufstellung S. 2	250,00 €
+	verauslagte TÜV-Gebühren	120,00 €
	Nettosumme	523,63 €
+	19 % Umsatzsteuer	99,49 €
=	Rechnungsbetrag	623,12 €

Lernsituation 3

In den Lernsituationen zu C „Lieferungen“ und D „Sonstige Leistungen“ haben Sie umsatzrechtlichen Bestimmungen zu § 3 Abs. 1b und Abs. 9a UStG kennengelernt.

Da bei diesen o. g. Leistungen oft kein oder nur ein geringes Entgelt von dem genannten Personenkreis gezahlt wird, sieht der Steuergesetzgeber hier einen Handlungsbedarf in der Berechnung der Umsatzsteuer, damit alle Endverbraucher mit der Umsatzsteuer belastet werden (= Grundsatz der Gleichbehandlung).

Lernjob 1

Auf welche Personenkreise finden die o. g. Gesetzesangaben Anwendung?

Lernjob 2

Prüfen Sie, welche Bemessungsgrundlagen (BMG) nach § 10 Abs. 4 und Abs. 5 UStG in den folgenden Fällen zugrunde gelegt werden sollen. Geben Sie die genaue gesetzliche Grundlage an.

1. Unentgeltliche Lieferungen nach § 3 Abs. 1b UStG:

   Gesetzl. Grundlage:

2. Unentgeltliche sonstige Leistung nach § 3 Abs. 9a Nr. 1 UStG:

   Gesetzl. Grundlage:

3. Unentgeltliche sonstige Leistung nach § 3 Abs. 9a Nr. 2 UStG:

   Gesetzl. Grundlage:

Lernjob 3

Prüfen und erläutern Sie, welche Bemessungsgrundlagen (BMG) in Euro nach § 10 Abs. 4 und Abs. 5 UStG in den folgenden Fällen anzusetzen sind und berechnen Sie ebenso die Höhe der Umsatzsteuer:

1. Der selbstständige Fliesenleger Gregor Flott hat seinem Geschäft, in dem er auch die ausgestellten Fliesen verkauft, Fliesen zu einem Ladenverkaufswert von 1.500 € netto entnommen, um sie in seinem Privathaus zu verwenden. Aufgrund der starken Materialpreiserhöhungen müsste er zum Tag der Entnahme 1.100 € netto bei einem Neueinkauf bezahlen. Er ist sehr froh, dass er diese Fliesen vor einem halben Jahr eingekauft und noch im Lager hat, denn der damalige Einkaufspreis betrug nur 800 € netto.

2. Der selbstständige Fliesenleger Gregor Flott (Nr. 1) hat in seinem selbstgenutzten Einfamilienhaus in Aurich umfangreiche Fliesenarbeiten durch zwei seiner Angestellten ausführen lassen. Sie haben 2 Wochen mit je 5 Arbeitstagen, täglich 7,5 Stunden dort gearbeitet. Die reinen Lohnkosten betragen 16 €/Stunde, Lohnnebenkosten fallen zusätzlich i. H. v. 20 % der Lohnkosten an.

3. Der Inhaber eines Schuhgeschäfts hat für seinen Sohn Schuhe aus dem Geschäft entnommen. Der Verkaufspreis beträgt 149,50 €, eingekauft hat er sie für 75 € netto zzgl. 19 % USt. Er hat den Verkauf mit 50 € Rechnungsbetrag über die Registrierkasse im Schuhgeschäft laufen lassen. Nennen Sie hier auch die gesetzliche Grundlage.

4. Zum 10-jährigen Dienstjubiläum erhält ein Mitarbeiter von der „Elektro-Plus GmbH" eine Flasche Champagner, Einkaufswert brutto 59,99 €.

5. Verkauf eines gebrauchten Firmenfahrzeuges an einen Mitarbeiter zu einem Preis von 2.950 €. Den Wagen hat der Arbeitgeber von einer Privatperson vor 3 Jahren zu einem Preis von 3.500 € gekauft.

Lernsituation 4

Von großer Bedeutung in der Praxis ist die private Nutzung eines betrieblichen Pkws für private Zwecke durch den Unternehmer. Gehen Sie davon aus, dass das Kraftfahrzeug zu mehr als 50 % betrieblich genutzt wird.

Zur Bearbeitung der folgenden Lernjobs nehmen Sie Ihr Fachbuch zur Hilfe. Näheres finden Sie auch im Abschnitt 15.23 Abs. 5 Satz 4 Nr. 1 UStAE; siehe QR-Code:

Lernjob 1

Welche Leistung nach dem UStG liegt hier vor? Nennen Sie die genaue gesetzliche Grundlage.

Lernjob 2

Um die umsatzsteuerliche Bemessungsgrundlage für die Pkw-Nutzung eines Unternehmers zu bestimmen, können zwei Methoden angewandt werden:

1.

2.

Lernjob 3

1. Berechnen Sie die jährlichen Werte für die Pkw-Nutzung des Unternehmers nach der „einfachen“ (Pauschal-) Regelung, die auch in der Regel als Bemessungsgrundlage für die Umsatzsteuer dient.

   Folgende Informationen zur Privatnutzung des Unternehmers liegen Ihnen vor:

   Der Unternehmer nutzt einen motorbetriebenen Pkw, betrieblich angeschafft zum Listenpreis von 35.000 € brutto, Fahrten zwischen Wohnsitz und Betrieb, einfache Entfernung 10 km.

2. Berechnen Sie alternativ die jährlichen Werte für die private Kfz-Nutzung nach der zweiten Methode.

   Folgende zusätzliche Informationen zur privaten Nutzung des betrieblichen Wagens liegen Ihnen vor:

   Laut Fahrtenbuch hat der betriebliche Pkw eine Jahresfahrleistung von 39.600 km.

   Der Unternehmer nutzte den Wagen für reine Privatfahrten 5.940 km und zusätzlich für die Fahrten zwischen Wohnung und Betrieb an 240 Tagen (siehe Nr. 1).

   An jährlichen laufenden Fahrzeugkosten für diesen Pkw sind aus der Buchhaltung zu entnehmen:

Kosten ohne Vorsteuerabzug (Kfz-Steuer, -versicherung)	1.700 €
Kosten mit Vorsteuerabzug (Reparaturen, AfA, Benzin etc.)	10.900 €

Lernsituation 5

Die „Elektro-Plus GmbH" hat dem langjährigen Privatkunden Peter Nolde eine Geschirrspülmaschine Model XX2003 verkauft und eine Rechnung über 879 € bei Anlieferung des Geräts am 25. Oktober 20xx ausgestellt. Der Kunde hat den Rechnungsbetrag sofort beglichen.

Der Kunde Herr Nolde ärgert sich nach einer Woche sehr, denn die gleiche Geschirrspülmaschine hätte bei einem Konkurrenten 90 € weniger gekostet, obwohl der Verkäufer der „Elektro-Plus GmbH" zugesichert hatte, dass das Gerät nirgends günstiger angeboten würde. Herr Nolde verhandelt am 04. November 20xx mit dem Geschäftsführer der „Elektro-Plus GmbH" nach und tatsächlich gewährt der Geschäftsführer dem Kunden nachträglich 10 % Nachlass auf den ursprünglichen Kaufpreis, denn Herr Nolde hat schon viele Geräte in seinem Geschäft gekauft.

Lernjob 1

Prüfen Sie mit Hilfe des § 17 Abs. 1 UStG, was die Veränderung des Verkaufspreises umsatzrechtlich auslöst.

Lernjob 2

Berechnen Sie die Bemessungsgrundlage und den geschuldeten Umsatzsteuerbetrag für den obigen Kauf bei Rechnungserstellung.

Lernjob 3

Um welchen Betrag und in welchen Besteuerungszeitraum müssen die Bemessungsgrundlage und der Umsatzsteuerbetrag im obigen Fall berichtigt werden?

Lernjob 4

Können Sie aus der Praxis weitere Beispiele benennen, für die eine Berichtigung der Bemessungsgrundlage und des Umsatzsteuerbetrags nötig werden könnte?

Ergänzende Übungsaufgaben

Übungsaufgabe 1

Der Unternehmer René Munz nutzt einen betrieblichen Pkw, der zu mehr als 50 % betrieblich genutzt wird und zu 100 % elektrisch fährt, auch für seine Privatfahrten.

Folgende Informationen zur privaten Nutzung des betrieblichen Wagens liegen Ihnen vor:

Das Fahrzeug, Anschaffung in 2023, wurde zum Listenpreis von 47.500 € brutto angeschafft, Fahrten zwischen Wohnsitz und Betrieb fallen nicht an, da Herr Munz selbst im Geschäftshaus wohnt.

Der Pkw hat lt. Fahrtenbuch in 2024 ein Jahresfahrleistung von 31.000 km. Private Fahrten sind mit 8.680 km aufgezeichnet. Laufende Kosten im Jahr 2024:

Kosten ohne Vorsteuerabzug (Kfz-Steuer, -versicherung)	1.200 €
Kosten mit Vorsteuerabzug (Reparaturen, AfA, Strom etc.)	9.900 €

Berechnen Sie für beide Methoden die Bemessungsgrundlage für die Umsatzsteuer und den USt-Betrag für die Privatfahrten des Unternehmers. (Näheres finden Sie im Abschn. 15.23 Abs. 5 Satz 4 Nr. 1 UStAE; QR-Code siehe Lernsituation 4).

Übungsaufgabe 2

Die „Elektro-Plus GmbH" hat nicht nur zahlungsfähige Kunden. Die GmbH verkaufte im Februar 2024 einem Geschäftskunden eine komplette Küche mit allen elektrischen Geräten, die sie auch in den Geschäftsräumen des Geschäftskunden einbaute. Der Rechnungsbetrag betrug 28.952,70 €. Im Mai 2024 hat die GmbH den Kunden wegen nicht Begleichung der Rechnung mit Verzugszinsen und Mahngebühren i. H. v. 500 € belastet. Der Kunde scheint jedoch permanent Liquiditätsengpässe zu haben. Im Juni 2024 hat der Geschäftsführer der „Elektro-Plus GmbH" erfahren, dass für diesen Kunde ein Insolvenzverfahren Anfang des Monats eröffnet wurde. Es scheint, dass er seine Forderung nicht mehr erhalten wird (= uneinbringliche Forderungen).

Im April 2025 erhält die „Elektro-Plus GmbH" überraschend doch noch einen Teilbetrag ihrer ursprünglichen Forderungen aus der Insolvenzmasse überwiesen. Der Betrag lautet über 9.520 €. Berechnen Sie die BMG/USt-Beträge für die Monate Februar 2024, Mai 2024, Juni 2024 und April 2025.

INFO

Hinweis auf Lernfeld 2:

Die buchhalterische Erfassung des Warenverkehrs erfolgt in der Lernsituation H und der unentgeltlichen Wertabgaben/Privatentnahmen in der Lernsituation J in diesem Buch.

H. Entstehung der Umsatzsteuer

Lernsituation

Ihr Mandant Friedrich Schneider betreibt in Wernigerode einen Fachhandel für Elektrozubehör, die Firma „Elektro Schneider GmbH“. Seit mehr als zwei Jahren bietet die GmbH neben der üblichen Produktpalette für den Haushalt wie Kühl- und Gefriergeräte, Waschmaschinen und Unterhaltungselektronik besonders energiesparsame Haushaltsgeräte der Energieeffizienzklasse A an. Diese Produkte haben sich als Verkaufsschlager erwiesen. In 2022 erzielte die GmbH einen Umsatz i. H. v. 650.000 € und in 2023 von 918.000 €.

Sie sollen in Kürze die Buchhaltung der „Elektro Schneider GmbH“ übernehmen. Ihr Ausbilder möchte daher mit Ihnen einige steuerrelevante Aspekte besprechen, wünscht aber, dass Sie sich bereits im Vorfeld mit bestimmten umsatzsteuerrechtlichen Gesetzesgrundlagen auseinandersetzen und sich um Antworten für von Ihrem Ausbilder konkret gestellten Fragen bemühen.

Lernjob 1

Übernehmen Sie den Inhalt des § 16 Abs. 1 Satz 1 UStG sinngemäß:

____

____

Lernjob 2

Sie können aus den Unterlagen der Vormonate erkennen, dass für die „Elektro Schneider GmbH“ monatliche Umsatzsteuer-Voranmeldungen erstellt werden.

In diesem Zusammenhang legt Ihnen Ihr Ausbilder folgenden Sachverhalt der GmbH vor:

Verkauf einer Kühl-Gefrierkombination an den Kunden Lissem in Wernigerode,
Verkaufspreis 2.000 € zzgl. 19 % USt, Zahlungsziel ein Monat.

Kaufvertrag	abgeschlossen am 19. November 2024
Aushändigung der Ware beim Kunden am	22. Dezember 2024
Rechnung datiert auf	3. Januar 2025
Zahlungseingang erfolgt am	1. Februar 2025

Beurteilen Sie diesen Sachverhalt aus umsatzsteuerlicher Sicht unter Verwendung des nachfolgenden Lösungsschemas [Lösungshilfe § 13 UStG]:

Art der Leistung mit gesetzlicher Grundlage	
Ort des Umsatzes mit gesetzlicher Grundlage	
Steuerbarkeit mit gesetzlicher Grundlage	
steuerbefreit bzw. steuerpflichtig	
Voranmeldungszeitraum, in dem die Umsatzsteuerschuld entsteht Begründung Genaue gesetzliche Grundlage	

Lernjob 3

Ergänzen Sie:

Bei der Besteuerung nach vereinbarten Entgelten spricht man von der

☐ Sollbesteuerung ☐ Istbesteuerung

Lernjob 4

a) In Ergänzung zu dem in Lernjob 2 beschriebenen Sachverhalt erfahren Sie, dass die „Elektro Schneider GmbH" mit dem Vertragsabschluss eine **im Vertrag vereinbarte** Anzahlung vom Kunden Lissem i. H. v. 500 € zzgl. 19 % USt verlangte. Der Betrag wurde durch Herrn Lissem sofort in bar entrichtet.

Ergänzen Sie mit Blick auf die Anzahlung:

Voranmeldungszeitraum, in dem die Umsatzsteuerschuld über die Anzahlung entsteht	
Begründung	
Gesetzesgrundlage	
Höhe der Bemessungsgrundlage	

b) Würde sich an Ihrer Lösung zu a) etwas ändern, wenn der Kunde Lissem eine Anzahlung i. H. v. pauschal 100 € ohne gesonderte Anzahlungsrechnung hätte leisten müssen?

Ergänzen Sie:

Gesetzesgrundlage	
Höhe der Bemessungsgrundlage	

Lernjob 5

Ein Mitarbeiter der „Elektro Schneider GmbH" erhielt im November 2024 anlässlich seines 50-jährigen Geburtstages einen hochwertigen Kaffeevollautomaten, den die GmbH im Oktober 2024 für ihr Warensortiment erworben hatte.

Folgende Informationen liegen Ihnen zu dem Kaffeevollautomaten vor:

Einkaufspreis: 650 € im Oktober 2024 und 690 € im November 2024
Verkaufspreis: 800 € im Oktober 2024 und 850 € im November 2024

Ergänzen Sie:

Art der Leistung mit gesetzlicher Grundlage	
Ort des Umsatzes mit gesetzlicher Grundlage	
Steuerbarkeit mit gesetzlicher Grundlage	
steuerbefreit bzw. steuerpflichtig	

Voranmeldungszeitraum, in dem die Umsatzsteuerschuld entsteht Begründung Gesetzliche Grundlage	

Lernjob 6

Ihr Ausbilder bittet Sie zu überprüfen, ob es eine Möglichkeit für die „Elektro Schneider GmbH" gäbe, die Umsatzsteuer erst dann abführen zu können, wenn sie die Zahlungen von den Kunden erhalten hätte.

Welche Art der Besteuerung meint Ihr Ausbilder? In welcher Gesetzesgrundlage ist diese geregelt?

Könnte die „Elektro Schneider GmbH" von dieser Möglichkeit Gebrauch machen?

Lernjob 7

Sie erfahren, dass die „Elektro Schneider GmbH" an eine Eigentümergemeinschaft insgesamt 20 Waschmaschinen der Kategorie A zum VK-Preis von 20.000 € zzgl. 19 % USt verkaufte. Aufgrund des hohen Auftragsvolumens erhält der Käufer, die Eigentümergemeinschaft, einen Skontoabzug von 2 % eingeräumt bei Zahlung innerhalb von 14 Tagen nach Rechnungserhalt. Weiterhin liegen Ihnen folgende Informationen vor:

Kaufvertrag über 20 Waschmaschinen	abgeschlossen am 26. November 2024
Anlieferung der Waren mittels Spedition am	20. Dezember 2024
Rechnung datiert auf	22. Dezember 2024
Zahlungseingang unter Skontoabzug am	2. Januar 2025

Ergänzen Sie:

Bemessungsgrundlage und Entstehung von Umsatzsteuer in € im November 2024, kurze Begründung	
Bemessungsgrundlage und Entstehung von Umsatzsteuer in € im Dezember 2024, kurze Begründung	
Bemessungsgrundlage und Entstehung von Umsatzsteuer in € im Januar 2025, kurze Begründung und Gesetzesgrundlage	

Ergänzende Übungsaufgaben

Übungsaufgabe 1

Überprüfen Sie, ob für die folgenden Mandanten in 2025 eine Besteuerung nach vereinnahmten Entgelten erfolgen kann.

Begründen Sie jeweils Ihre Antwort und geben Sie die genaue gesetzliche Grundlage an.

a) Die Bauingenieurin Claudia Sommer ist seit Jahren selbstständig tätig. Im vergangenen Jahr erzielte sie einen Umsatz i. H. v. 620.000 € und einen Gewinn von 240.000 €.

b) Der Bauunternehmer Christian Schönfeld eröffnet seinen Betrieb im Mai 2024. Im Eröffnungsjahr erzielt er einen Umsatz i. H. v. 560.000 € und einen Gewinn i. H. v. 60.000 €.

c) Udo Walk betreibt einen Friseursalon. In 2024 erzielte er einen Umsatz von 370.000 € und einen Gewinn von 85.000 €.

Übungsaufgabe 2

Nicholas Baumann betreibt in Bonn einen Schreinerbetrieb. Er versteuert seine Umsätze nach vereinbarten Entgelten. In den Monaten Juni bis August 2024 führte er im Auftrag der Stadt Bonn umfangreiche Arbeiten an Bonner Gesamtschulen durch. Vereinbart wurde ein Festpreis von 178.500 € einschl. 19 % USt.

Im Rahmen des Vertragsabschlusses im Mai 2024 wurde eine Anzahlung i. H. v. 29.750 € vereinbart, welche die Stadt Bonn am 5. Juni 2024 leistete.

Die Auftragsarbeiten wurden pünktlich am 21. August 2024 fertig gestellt. Herr Baumann übermittelte der Stadt Bonn daraufhin die ordnungsgemäße Schlussrechnung i. H. v. 148.750 € mit einem vereinbarten Zahlungsziel von 14 Tagen. Aufgrund festgestellter, begründeter Mängel kürzte die Stadt Bonn den Rechnungsbetrag um 11.900 € und überwies am 7. September einen Betrag von 136.850 €.

Stellen Sie für die Monate Mai, Juni, August und September 2024 fest:

- die genaue Rechtsgrundlage in Bezug auf Entstehung der Umsatzsteuer mit Begründung,
- die Bemessungsgrundlage des Umsatzes sowie
- die Höhe der Umsatzsteuer.

Übungsaufgabe 3

Beurteilen Sie für den folgenden Sachverhalt:

- die Leistungsart mit gesetzlicher Grundlage
- den Ort der Leistung mit gesetzlicher Grundlage
- die Steuerbarkeit mit gesetzlicher Grundlage
- die Steuerpflicht
- den Zeitpunkt/die Zeitpunkte der Entstehung der Umsatzsteuer mit gesetzlicher/n Grundlage/n sowie
- die Bemessungsgrundlage/n.

Martha Ohnesorg betreibt in Bonn eine Rechtsanwaltskanzlei. Ein Antrag gem. § 20 UStG ist gestellt.

Sie vertritt Herrn Abels im Februar 2024 vor dem Amtsgericht Bonn in einer Unterhaltsklage. Im Rahmen des Abschlusses des Beratervertrages vom 10. Januar 2024 wurde eine Anzahlung i. H. v. 416,50 € einschl. USt fällig. Hierüber wurde eine gesonderte Rechnung mit USt-Ausweis erstellt und von Herrn Abels am 18. Januar 2024 beglichen. Am 14. März 2024 erstellt Frau Ohnesorg eine ordnungsgemäße Schlussrechnung i. H. v. 1.951,60 € einschl. 19 % Umsatzsteuer (ohne Anzahlung), die von Herrn Abels am 3. April 2024 beglichen wird.

I. Steuersätze

Lernsituation

Ihre Mandantin Michaela Blume betreibt in Stuttgart in einem Gebäude eine Bäckerei, eine Konditorei und ein Café. Frau Blume bittet um ein Beratungsgespräch. Schwerpunkt soll die umsatzsteuerrechtliche Beurteilung verschiedener Sachverhalte im Jahr 20xx sein. Ihrem Ausbilder ist in Erinnerung, dass es im letzten Gespräch u. a. um die Anwendung der Steuersätze gem. UStG ging. Er nimmt dies zum Anlass, Ihnen hierzu konkrete Arbeitsaufträge zu erstellen. So, nach seiner Auffassung, erlangen Sie ein umfangreiches Wissen zur Anwendung der Steuersätze im Umsatzsteuerrecht und können dem anstehenden Mandantengespräch sicherlich gut folgen. Als Lösungshilfe gibt Ihnen Ihr Ausbilder den § 12 UStG mit auf den Weg.

Lernjob 1

Ergänzen Sie:

Begriff	Steuersatz	Gesetzesgrundlage
Regelsteuersatz		
	7 %	
		§ 12 Abs. 3 UStG
		§ 24 Abs. 1 UStG

Lernjob 2

Für die folgenden Vorgänge sollen Sie nun den jeweils anzuwendenden Steuersatz, eine kurze Begründung und, wo verlangt, auch die genaue Gesetzesgrundlage ermitteln.

1. Verkauf von Torten in der Konditorei zum Verzehr außer Haus.

   Steuersatz:

   Begründung:

   Gesetzesgrundlage:

2. Verkauf von Torten zum Verzehr im Café.

   Steuersatz:

   Begründung:

Gesetzesgrundlage:

3. Verkauf von Getränken zum Verzehr im Café.
   Steuersatz:

   Begründung:

   Gesetzesgrundlage:

4. Verkauf von gekühlten Getränken (keine Milch) in der Konditorei zur Mitnahme.
   Steuersatz:

   Begründung:

   Gesetzesgrundlage:

5. Fertigung einer Torte auf Wunsch eines Kunden zu dessen Hochzeitsjubiläum. Preis: 80 € inkl. USt. Der Kunde wünscht eine Haus-Anlieferung. Für die Verpackung und den Transport verlangt die Konditorin Frau Blume pauschal 20 € inkl. USt.
   Steuersatz für Verpackung und Transport:

   Begründung:

6. Die Schwester von Frau Blume erhält anlässlich ihres Geburtstages eine Schachtel hochwertiger Pralinen aus dem Sortiment der Konditorei. Die Herstellungskosten der Pralinen betragen 40 €, der Verkaufspreis in der Konditorei beträgt 65 €.
   Steuersatz:

   Begründung:

7. Frau Blume plant den Austausch einer älteren Kuchentheke gegen ein modernes stromsparendes Aggregat. Sie verkauft deshalb die alte Kuchentheke an ein Start-Up-Unternehmen für 600 € netto.

   Steuersatz:

   ____

   Begründung:

   ____

   ____

   Gesetzesgrundlage:

   ____

8. Die in der Bäckerei produzierten Brezeln werden auch im Café angeboten. Frau Blume führt detaillierte Aufzeichnungen: die Selbstkosten dieser im Café angebotenen Brezeln betragen im laufenden Jahr 2.380 €.

   Steuersatz:

   ____

   Begründung:

   ____

   ____

   Gesetzesgrundlage:

   ____

9. Anlässlich ihres Besuches in Deutschland wird die in London lebende Tante von Frau Blume zu einem Imbiss in das Café eingeladen. Die Selbstkosten für Essen und ein Glas Champagner betragen 18 €, der Verkaufspreis im Café beträgt 24 €.

   Steuersatz:

   ____

   Begründung:

   ____

   ____

   Gesetzesgrundlage:

   ____

Ergänzende Übungsaufgaben

Übungsaufgabe 1

Welcher Steuersatz ist anzuwenden?

Sachverhalt	7 %	19 %
Taxifahrt innerhalb der Stadt Hamburg: 10 km		
Taxifahrt innerhalb der Stadt Hamburg: 52 km (Kunde ist angetrunken und findet Wohnung nicht mehr)		
Taxifahrt von Bonn nach Düsseldorf zum Flughafen: 85 km		
Bahnfahrt von Bonn nach Düsseldorf: 90 km		
Fahrt mit der Fähre von Königswinter nach Bad Godesberg: 3 km		
Fahrt mit einem Fahrgastschiff von Koblenz nach Rüdesheim: 70 km		
Fahrt mit einem Mietwagen von Köln nach Bonn: 30 km		

Übungsaufgabe 2

In einer Markthalle werden verschiedene Waren angeboten. Bestimmen Sie den Steuersatz für die folgenden Warenarten:

Warenart	7 %	19 %
Kartoffeln		
Nudeln		
Käse		
Gemüse		
Fleisch		
Austern		
Butter		
Pralinen mit Likör gefüllt		

Warenart	7 %	19 %
Lachsfilet		
Orangensaft frisch gepresst		
Wein in Flaschen		
Milch verpackt		
Mineralwasser mit Kohlensäure in Flaschen		
Pilze		
Schnittblumen		
Eis in der Waffel zum Verzehr außerhalb der Eisdiele		

Übungsaufgabe 3

Sämtliche in folgenden aufgeführten Positionen unterliegen dem ermäßigten Steuersatz. Führen Sie die entsprechende genaue Gesetzesgrundlage auf:

Sachverhalt	Genaue Gesetzesgrundlage:
Eintrittsgelder für ein Hallenbad	
Übernachtung im Hotel	
Verkauf von E-Books aus allen Bereichen des Steuerrechts durch einen Fachverlag	
Vermietung von Rollstühlen durch ein Orthopädiefachgeschäft	
Verkauf von Fachbüchern des Steuerrechts durch einen Buchhändler	
Verkauf von Tampons durch einen Drogeriefachmarkt	
Eintrittsgelder für ein Museumsbesuch	
Provisionen eines Autors für einem Verlag überlassene Buchmanuskripte zur Veröffentlichung	
Verkauf von Topfblumen durch einen Blumenladen	

J. Rechnungsbestandteile und fehlerhafte Rechnungen

Lernsituation 1

Das bisherige Arbeiten in der Buchhaltung anhand der vorliegenden Buchungsbelege der verschiedensten Mandanten erfordert von Ihnen hohe Aufmerksamkeit. Die Eingangs- und Ausgangsrechnungen sind sehr unterschiedlich aufgebaut bzw. dargestellt. Es ist Ihre Aufgabe, für den Mandanten vor der Erfassung abschließend zu prüfen, ob die Ihnen vorliegenden Belege mit allen erforderlichen Bestandteilen des § 14 Abs. 4 UStG als Rechnung gelten.

Lernjob 1

Ihnen liegt nun folgende Rechnung des Mandanten „Max Frisch e. K." vor. Prüfen Sie, ob alle Angaben enthalten sind.

Nennen Sie die fehlenden/fehlerhaften Bestandteile mit der genauen gesetzlichen Grundlage.

Das Reinigungsteam rund ums Haus
Max Frisch e. K.
Blumenweg 15
26871 Papenburg
Tel. 0175-3355221

Rechnungsdatum: 27. November 2024
Kundennummer: PU 1000504

Sehr geehrte Damen und Herren,

vielen Dank für Ihren Auftrag.

Ich stelle Ihnen für unsere erbrachten, umfangreichen Arbeiten am Geschäftshaus Hamburger Str. 110 in Papenburg in Rechnung:

Insgesamt, netto	800,00 €
zzgl. Umsatzsteuer	152,00 €
Rechnungsbetrag, brutto	952,00 €

Zahlbar innerhalb von 14 Tagen nach Erhalt der Rechnung ohne Abzug.
Bei Überweisung bitte die Kundennummer und das Rechnungsdatum als Verwendungszweck angeben.

Vielen Dank!

Mit freundlichen Grüßen

Max Frisch

Bankverbindung: SparBank Papenburg AG, DE87 2836 1599 0001 2546 78

Lernjob 2

Wäre der Rechnungsempfänger eine Privatperson, müsste Herr Max Frisch noch eine weitere Angabe in die obige Rechnung aufnehmen. Welche Angabe wäre dies? Nennen Sie die genaue gesetzliche Grundlage.

Lernjob 3

Im Fall obiger Rechnung an eine Privatperson hat der Leistungsempfänger welche **genaue** Pflicht einzuhalten? Nennen Sie das genaue Datum.

Können Sie sich denken, warum diese Verpflichtung im Gesetz aufgenommen wurde?

Lernjob 4

Ihnen fällt bei den laufenden Buchungsbelegen auf, dass seit einiger Zeit keine Ausgangsrechnungen der Fa. „Max Frisch e. K." mehr zu bearbeiten sind. Sie rufen daher Herrn Frisch an und fragen, ob dies seine Richtigkeit hat.

Herr Max Frisch bestätigt dies leider und beklagt sich, dass seine einzige Sekretärin schon seit Monaten ausfällt und nicht absehbar ist, wann sie wiederkommt. Er selbst kommt zurzeit nicht zum Rechnungsschreiben. Zum Glück hat er noch genügend finanzielle Liquidität, um noch einige Zeit zu überbrücken.

Kann Herr Frisch auf unbestimmte Zeit die Ausstellung seiner Ausgangsrechnungen hinausschieben, obwohl er die Leistungen bereits erbracht hat?

[Lösunghinweis: § 14 Abs. 2 UStG.]

Lernsituation 2

Natürlich bearbeiten Sie im Alltag auch elektronische Rechnungen und wollen nun mehr über die Vorgaben zu den Formalien einer Rechnung erfahren.

Lernjob 1

Wie definiert § 14 Abs. 1 UStG die Rechnung und welche Anforderungen sind an eine Rechnung gestellt?

Siehe auch Abschnitt 14.4. UStAE.
Anbei der QR-Code, der Sie direkt zum UStAE führt:

Definition:

Anforderungen:

1.

2.

3.

Lernjob 2

Wie lange muss der Unternehmer und der Leistungsempfänger, sofern er Unternehmer ist, Rechnungen aufbewahren? Nennen Sie auch die gesetzl. Grundlage.

Lernjob 3

Sie hören in der Buchhaltung öfters den Begriff der Kleinbetragsrechnungen.

a) Wann spricht man von einer Kleinbetragsrechnung?

b) Welche Bestandteile muss eine Kleinbetragsrechnung enthalten?
Erläutern Sie kurz die Vereinfachung nach § 33 UStDV.

1. ______________________________

2. ______________________________

3. ______________________________

4. ______________________________

Lernsituation 3

Wenn Sie nun bei der Prüfung der Buchungsbelege Ihrer Mandanten tatsächlich Rechnungen vorliegen haben, in der nicht alle geforderten Bestandteile nach UStG enthalten sind, sollten Sie über die evtl. umsatzsteuerlichen Nachteile für Ihren Mandanten Bescheid wissen.

Lernjob 1

Ihnen liegt eine Eingangsrechnung über 1.500 € netto mit korrektem Steuerausweis vor. Es fehlen jedoch die eindeutige Nennung des leistenden Unternehmers sowie dessen Rechnungsnummer.

Lesen Sie § 15 Abs. 1 Nr. 1 UStG und erläutern Sie die umsatzsteuerlichen Konsequenzen für Ihren Mandanten.

Lernjob 2

Sie informieren daraufhin Ihren Mandanten. Was raten Sie ihm? Finden Sie hierzu die genaue gesetzliche Grundlage.

Lernjob 3

Ab wann kann möglicherweise der Mandant den Vorsteuerabzug, siehe Lernjob 1 + 2, dann vornehmen? Finden Sie ebenso die genaue gesetzliche Grundlage in § 14 Abs. 4 UStG.

Lernjob 4

Bei den Buchungsarbeiten stellen Sie nun bei einer Ausgangsrechnung eine fehlerhafte Rechnungsausstellung fest. Es fehlen die genauen Angaben über Art, Umfang und Zeitpunkt der Leistung. Hat dies umsatzsteuerliche Konsequenzen für Ihren Mandanten?

Lernsituation 4

Ihre Ausbilderin fordert Sie auf, nicht nur die Bestandteile der Rechnungen zu überprüfen, sondern auch die rechnerische Richtigkeit der vorliegenden Rechnungen.

Bei der Prüfung der Rechnungen der Gemüse- und Obsteinzelhändlerin Lena Gut haben Sie nun tatsächlich einen Fehler in der Berechnung der Umsatzsteuer aufgedeckt, den die Mandantin selbst noch nicht bemerkt hat, denn sie hat die Rechnung bereits in der ausgewiesenen Höhe beglichen.

Lernjob 1

Beschreiben Sie den Fehler in der folgenden Rechnung und stellen Sie nach § 14c Abs. 1 UStG fest, welche umsatzsteuerrechtlichen Folgen dies

1. für den Rechnungsaussteller und
2. für den Rechnungsempfänger haben.

Nehmen Sie auch Ihr Fachbuch für Steuerlehre zur Hilfe und/oder nutzen Sie Abschn. 14c.1 Abs. 1 Satz 6 ff. UStAE zur Hilfe:

Eingangsrechnung (ER), Kauf von Obst und Gemüse beim Großmarkt in Hamburg:

Auszug aus der ER von Lena Gut, Rechnung vom 21.09.20xx:

30 Europool-Kisten Äpfel, Sorte Elstar	je Kiste	9,60 €	288,00 €
10 Steigen Erdbeeren, Demeter	je Steige	12,00 €	120,00 €
15 Steigen Zucchini, Demeter	je Steige	4,50 €	67,50 €
Warenwert, netto			475,50 €
zzgl. 19 % Umsatzsteuer			90,35 €
Rechnungsbetrag, brutto			565,85 €

Fehler:

1. Folge für Rechnungsaussteller:

2. Folge für Rechnungsempfänger:

Lernjob 2

Sehen Sie hier nachträglich (Stand: Anfang November 20xx) eine Berichtigungsmöglichkeit der „falschen" Rechnung?

Die Lösung finden Sie in § 14c Abs. 1 UStG i. V. m. § 17 Abs. 1 UStG. Geben Sie den genauen Zeitraum für die Berichtigung an.

Lernjob 3

Die Gemüse- und Obsteinzelhändlerin Frau Lena Gut verkauft ihre Registrierkasse, die sie schon seit Jahren nicht mehr nutzt.

Auszug aus der Ausgangsrechnung von Lena Gut, Rechnung vom 04.10.20xx:

Gebrauchte Registrierkasse, netto	250,00 €
zzgl. 7 % Umsatzsteuer	17,50 €
Rechnungsbetrag, brutto	267,50 €

Beschreiben Sie den Fehler in der obigen Rechnung und stellen Sie fest, welche umsatzsteuerrechtlichen Folgen sich

1. für den Rechnungsaussteller und
2. für den Rechnungsempfänger ergeben.

Nehmen Sie ebenso Ihr Fachbuch für Steuerlehre zur Hilfe und/oder nutzen Sie Abschn. 14c.1 Abs. 9 UStAE zur Hilfe:

Fehler:

Folge für den Rechnungsaussteller:

Folge für den Rechnungsempfänger:

Lernjob 4

In Frau Lena Guts Buchungsunterlagen finden Sie ebenso eine Rechnung über den Verkauf eines alten Schranks aus ihrer Privatwohnung an eine Privatperson. Frau Gut hat dem Käufer in der Quittung einen Umsatzsteuerbetrag i. H. v. 57 € ausgewiesen. Sie hat einen Gesamtbetrag von 357 € erhalten.

1. Beschreiben Sie den Fehler in der obigen Rechnung und stellen Sie fest, welche umsatzsteuerrechtliche Folge dies für Frau Gut hat. Nennen Sie die genauen gesetzlichen Grundlagen.

   Nehmen Sie ebenso Ihr Fachbuch für Steuerlehre zur Hilfe.

2. Ist eine Berichtigung obiger Rechnung nach § 14 Abs. 2 UStG ohne weiteres möglich?

Ergänzende Übungsaufgaben

Übungsaufgabe 1

Folgende Fälle liegen Ihnen zur Klärung vor:

a) Der Taxifahrer Hassam Güngör in Frankfurt/Main (vierteljährliche Voranmeldung) hat am 21. August 20xx einen Kunden von Frankfurt-Bornheim bis zum Hauptbahnhof Frankfurt/Main befördert.

   Der Fahrgast hat für die Fahrt einen Preis von 24 € bezahlt. Eine Quittung wurde ausgestellt und auf einen Umsatzsteuersatz von 19 % hingewiesen.

   1. Welche Leistung mit welcher Besonderheit liegt im Fall vor?
   2. Nennen Sie die gesetzliche Grundlage zur Klärung der Ungeschicklichkeit des Taxifahrers.
   3. Wer ist der Steuerschuldner und in welchem Voranmeldezeitraum ist die Umsatzsteuer in welcher Höhe zu erfassen? Nennen Sie jeweils die genauen gesetzlichen Grundlagen.

b) Die Vermietungsgesellschaft „Schöner Wohnen GmbH“ in Butzbach, die überwiegend Wohnungen an Privatpersonen vermietet, gibt ihre Voranmeldung monatlich an das Finanzamt ab. Sie versteuert ihre Umsätze gem. § 16 Abs. 1 UStG.

   Die Rechnungsstelle der „Schöner Wohnen GmbH“ hat am 31. Oktober 20xx einen steuerfreien Umsatz der 19 %igen Umsatzsteuer unterworfen und dies in der Rechnung auch gesondert ausgewiesen. Die Rechnung über brutto 1.309 € ging am folgenden Tag beim Rechnungsempfänger ein.

   1. Welche Leistung mit welcher Besonderheit liegt im Fall vor?
   2. Nennen Sie die gesetzliche Grundlage zur Klärung der Ungeschicklichkeit der „Schöner Wohnen GmbH“ und führen Sie kurz die Konsequenzen für sie auf.
   3. Wer ist der Steuerschuldner und in welchen Voranmeldezeitraum ist die Umsatzsteuer in welcher Höhe zu erfassen? Nennen Sie jeweils die genauen gesetzlichen Grundlagen.

   Der Empfänger der Rechnung, ein langjähriger Mieter, wundert sich über den Umsatzsteuerausweis, denn diesen hatte er noch nie von der Vermietungsgesellschaft in Rechnung gestellt bekommen. Der Mieter wendet sich an „Schöner Wohnen GmbH“ und im Gespräch erkennt der Sachbearbeiter der GmbH sofort seinen Fehler.

   4. Wenn es eine Möglichkeit gibt, den Ausweis der Umsatzsteuer dieser Rechnung zu korrigieren, wird die „Schöner Wohnen GmbH“ dies im November 20xx vornehmen. Schildern Sie die umsatzsteuerrechtlichen Folgen.

c) Die „Export-Import-Süd-West AG“ hat der Firma „Insolta GmbH“ am 29. November 20xx eine Schein- bzw. Gefälligkeitsrechnung über den Verkauf eines neuwertigen Gabelstaplers ausgestellt. Die Rechnungsbestandteile sind im Dokument vollständig dargestellt – einschließlich einer berechneten und gesondert ausgewiesenen Umsatzsteuer. Allerdings ist die abgerechnete Leistung vom Unternehmer/Rechnungsaussteller nie erbracht worden.

   1. Welche Leistung mit welcher Besonderheit liegt im Fall vor?
   2. Nennen Sie die gesetzliche Grundlage zur Klärung der Scheinrechnung.
   3. Wer ist der Steuerschuldner und in welchen Voranmeldezeitraum ist die Umsatzsteuer zu erfassen? Nennen Sie jeweils die genauen gesetzlichen Grundlagen.

   Die „Export-Import-Süd-West AG“ hat erkannt, dass diese Gefälligkeitsrechnung nicht ihrem Geschäftsgebaren entspricht und möchte diese Rechnung rückgängig machen.

   4. Zeigen Sie die Möglichkeit auf mit Angabe der genauen gesetzlichen Grundlage.

Übungsaufgabe 2

Ihnen liegt nun der folgende, abgebildete Beleg einer Buchhandlung vor.

Beschreiben Sie den Beleg und stellen Sie fest, ob dieser den umsatzsteuerrechtlichen Vorgaben entspricht.

Buchhandlung *Wissen tut gut*
Grabenstraße 25
53310 Meckenheim

Quittung

Teambildung mal anders (Spiel)	19,95 €	2
Prozess im Handel (Buch)	27,00 €	1
Wie motiviert man Mitarbeiter (Buch)	24,50 €	1
5 Schreibblöcke à 2,50 €	12,50 €	2
Summe:	83,95 €	

Betrag enthält	8,56 € Umsatzsteuer.
1: 7 % = 3,37 €	Netto 48,13 €
2: 19 % = 5,19 €	Netto 27,26 €.

Betrag dankend erhalten.

Datum: 27.11.20xx 17.30 Uhr, Beleg-Nr. 00125

Steuernummer: 333/5550/1111

Übungsaufgabe 3

In den Buchungsunterlagen eines Mandanten finden Sie eine Tages-Gruppenkarte für den Münchner Stadtverkehr. Darauf stehen nur der Namen des Nahverkehr-Betriebes, das Datum der Ausstellung und ein Betrag i. H. v. 17 €.

Handelt es sich um eine Rechnung nach dem UStG und wie viel Umsatzsteuer wurde ggf. berechnet?

K. Der Vorsteuerabzug

Lernsituation

Ihr Ausbilder Moritz Kosten teilt Ihnen mit, dass die Mandantin Sarah Westfield heute Morgen die Buchungsbelege des Vormonats (= August 20xx) vorbeigebracht hat. Verschiedene Belege wurden durch Frau Westfield mit Anmerkungen versehen. In allen Fällen geht es um die Frage eines möglichen Vorsteuerabzuges und dessen Höhe.

Herr Kosten wünscht, dass Sie sich die Belege sehr genau ansehen und für jeden der Belege feststellen sollen, ob Sie die Fragen von Frau Westfield beantworten können. Als Hilfestellung weist er auf die §§ 14 und 15 UStG sowie Ihr Fachbuch hin.

Den Mandatsunterlagen können Sie entnehmen, dass Frau Westfield mit dem Architekten Claus Liveski verheiratet ist. Die Betriebe der Beiden befinden sich im gleichen Gebäude in Berlin. Frau Westfield hat vor 2 Jahren den Betrieb „Victoria's Style" eröffnet, der sich auf englisches Porzellan und Tischwäsche, englische Teesorten und Biographien der Windsors spezialisiert hat. Kunden sind in aller Regel Privatpersonen aus Berlin und Touristen aus Deutschland.

Lernjob 1

Gehen Sie möglichst konkret auf das jeweilige Anliegen der Frau Westfield ein.

Beleg 1:

Interoffice Leverkusen

Interoffice Leverkusen, Königstr. 350, 53118 Bonn

Victoria's Style
Sarah Westfield
Zum Garten 20
10777 Berlin

Königstraße 350, 53118 Bonn

Bankverbindung:
IBAN: DE53 4305 0000 0000 5247 00

USt-IDNr: DE999999999
St-Nr: xxx/yyyy/1234

Datum: 25. August 20xx

Rechnung-Nr. 42-20xx

Wir lieferten Ihnen laut Lieferschein Nr. 82/20xx am 21. August 20xx:

		Gesamt
1	Notebook Lenovo ThinkIT	838,55 €
	zzgl. 19 % Umsatzsteuer	159,32 €
	Rechnungspreis brutto	997,87 €

Zahlung innerhalb von 10 Tagen ohne jeden Abzug.

Notiz zu Beleg 1:

Ich werde in Kürze meine Produkte auch im Online-Shop anbieten. Aus diesem Grund erwarb ich dieses Notebook. Den Rechnungsbetrag habe ich am 5. September 20xx überwiesen.
In welchem Monat kann ich die Vorsteuer geltend machen?

Können Sie Frau Westfield antworten?

Auf welche genaue Gesetzesgrundlage stützen Sie Ihre Antwort?

Gesetzesgrundlage:

Beleg 2:

Vorderseite

La Vita
Alttor 1
10777 Berlin

Tisch 7

1	Rotwein Tretino	19 %	48,00 €
1	Platte AntiPasti div. Gemüse	19 %	29,80 €
2	Nudelgerichte	19 %	31,00 €
2	Tiramisu	19 %	18,50 €
2	Grappa	19 %	22,50 €
1	Mineralwasser	19 %	6,90 €
	Summe		156,70 €
	Inkl. 19 % USt		25,02 €

Berlin, 20. August 20xx

Rückseite

Bewirtungsbeleg

Tag der Bewirtung	28.08.20xx
Ort der Bewirtung	Berlin

Bewirtende Person	Sarah Westfield
Bewirtete Personen	Jane Aust (Geschäftspartnerin)
Anlass der Bewirtung	Besprechung der neuen Porzellanserien, Verhandlung über Abnahmezahlen, Preiskonditionen und Zahlungsbedingungen

Bewirtungsrechnung €	Trinkgeld €	Gesamtbetrag €
156,70		156,70

Ort, Datum	Unterschrift des Bewirtenden
Berlin, 20.08.20xx	S. Westfield

Notiz zu Beleg 2:

Mir ist aus einem früheren Telefonat mit Ihrer Steuerkanzlei in Erinnerung, dass ich nicht die gesamten Kosten als Betriebsausgaben geltend machen kann. Gilt dies auch für die Umsatzsteuer?

Können Sie Frau Westfield antworten?

Auf welche genaue Gesetzesgrundlage stützen Sie Ihre Antwort? [Hilfestellung: § 4 Abs. 5 Nr. 2 EStG.]

Gesetzesgrundlage:

Beleg 3:

Office Berlin

Office Berlin, Am Ufer 350, 11177 Berlin

Frau
Sarah Westfield
Victoria's Style
Zum Garten 20
10777 Berlin

Am Ufer 350, 11177 Berlin

Bankverbindung:
IBAN: DE53 4305 0000 0000 5247 00

USt-IDNr: DE999999999
St-Nr: xxx/yyyy/1234

Datum: 8. August 20xx

Rechnung-Nr. 200-08-20xx

Sehr geehrte Frau Westfield,

Wir lieferten Ihnen laut Lieferschein Nr. 500-01/20xx am 5. August 20xx:

		Stückpreis	**Gesamtpreis**
10 Pakete	Papiertragetaschen	20,00 €	200,00 €
4 Stück	Druckerpatronen	25,00 €	100,00 €
	Rechnungspreis, brutto		300,00 €

In dem Rechnungsbetrag sind 19 % Umsatzsteuer enthalten.

Zahlung innerhalb von 10 Tagen ohne jeden Abzug.

Notiz zu Beleg 3:

Kann ich die Umsatzsteuer auch dann als Vorsteuer geltend machen, wenn sie nicht als EURO-Betrag in der Rechnung ausgewiesen ist?

Wie würden Sie Frau Westfield antworten?

Auf welche genaue Gesetzesgrundlagen stützen Sie Ihre Antwort?

____

____

____

____

Gesetzesgrundlage:

____

Belege 4a und 4 b:

Es handelt sich in beiden Fällen um Geschenke an zwei treue Geschäftskunden, die beide Geburtstag hatten.

Beleg 4a: Geschenk an Kunden Marc Offer, Berlin und
Beleg 4b: Geschenk an Kundin Luise Müller, Berlin.

Beleg 4a:

Quittung

Netto € Ct

\+ % MwSt € Ct Nr.

Brutto € 65 Ct 00

Gesamtbetrag € in Worten

Fünfundsechzig ----- Cent wie oben

(im Gesamtbetrag sind 19 % Mehrwertsteuer enthalten.)

von

Sarah Westfield

für

1 Flasche London Dry Gin

erhalten zu haben.

Ort

Berlin

Datum

03.08.20xx

Buchungsvermerke

Stempel/Unterschrift

Heinrich's Getränkeshop
Bahnhofstraße 8
10775 Berlin

Heinrich

Beleg 4b:

Quittung

Netto € Ct

\+ % MwSt € Ct Nr.

Brutto € 25 Ct 00

Gesamtbetrag € in Worten

Fünfundzwanzig ----- Cent wie oben

(im Gesamtbetrag sind 19 % Mehrwertsteuer enthalten.)

von

Sarah Westfield

für

1 Flasche Cider

erhalten zu haben.

Ort

Berlin

Datum

03.08.20xx

Buchungsvermerke

Stempel/Unterschrift

Heinrich's Getränkeshop
Bahnhofstraße 8
10775 Berlin

Heinrich

Notiz zu Beleg 4:

Ich hoffe, ich kann mir die Umsatzsteuer in beiden Fällen vom Finanzamt wiederholen?

Können Sie Frau Westfield antworten?

Auf welche genaue Gesetzesgrundlage stützen Sie Ihre Antwort?
[Hilfestellung: § 4 Abs. 5 Nr. 1 EStG.]

Gesetzesgrundlage:

Lernjob 2

Nachdem Sie sämtliche Belege (siehe auch Sachverhalte Lernjob 1) für den Monat August 20xx für „Victoria's Style" buchhalterisch erfasst haben, möchten Sie auch die Umsatzsteuerzahllast für August 20xx in einer systematischen Darstellung rechnerisch nachvollziehen.

Hierzu stehen Ihnen die folgenden Angaben zur Verfügung:

Einnahmen aus dem Verkauf von Porzellan	95.438,00 €
Einnahmen aus dem Verkauf von Tischwäsche	24.038,00 €
Einnahmen aus dem Verkauf von losem englischen Tee	898,80 €
Einnahmen aus dem Verkauf von Biographien	3.638,00 €
Vorsteuer 19 % aus erfassten Belegen (ohne die Belege 1 bis 4)	6.650,00 €
Vorsteuer 7 % aus erfassten Belegen (ohne die Belege 1 bis 4)	5.225,00 €

Berechnung der Umsatzsteuerzahllast:

Lernjob 3

Der Ehemann von Frau Westfield, Herr Liveski, wird ebenfalls von Ihrer Kanzlei betreut. Er legt den Buchungsbelegen seiner Ehefrau ein stichwortartiges Schreiben mit mehreren Anliegen/Fragen bei:

Anliegen:

Geplanter Kauf eines neuen betrieblichen Fahrzeuges. Geschätzter privater Nutzungsanteil wie bislang 20 %.

Auszug aus dem Kaufvertrag:

Kaufvertrag vom 15. Juli 20xx

Zugesagter Liefertermin: 5. September 20xx

Kaufpreis netto 60.000,00 € zuzüglich 19 % USt 11.400,00 € = Kaufpreis brutto 71.400,00 €

Meine Fragen:

Sie teilten mir in dem letzten mit Ihnen geführten Telefonat mit, dass ich den Kaufpreis des Fahrzeuges auf mehrere Jahre aufteilen muss. In diesem Zusammenhang stellen sich mir mehrere Fragen:

1. *Gilt dies auch für die mir in Rechnung gestellte Umsatzsteuer?*
2. *Hat die Höhe meines privaten Nutzungsanteils Auswirkungen auf die Höhe des Abzugs meiner Vorsteuer?*
3. *Kann ich die Umsatzsteuer auf die laufenden Aufwendungen wie Benzin, Reparaturen etc. in voller Höhe vom Finanzamt zurückerstattet bekommen?*
4. *Sollte ich die gesamte Vorsteuer vom Finanzamt wiederbekommen können, überlege ich, ob ich nicht auch das Auto meiner Tochter über meine Firma anschaffen sollte. Wäre das möglich?*

Wie würden Sie im Einzelnen Herrn Liveski antworten?

Zu Frage 1:

Gesetzesgrundlage:

Zu Frage 2:

Gesetzesgrundlage:

Zu Frage 3:

Zu Frage 4:

Gesetzesgrundlage:

Lernjob 4

Sie wenden sich an Ihren Ausbilder mit der Frage, ob es nicht ungerecht sei, wenn Herr Liveski für sein Fahrzeug einen vollen Vorsteuerabzug geltend machen kann, obwohl er das Auto auch zu 20 % privat nutzt.

Sie selbst hätten im letzten Monat auch einen kleinen gebrauchten Pkw bei einem Händler erworben und konnten die Umsatzsteuer überhaupt nicht geltend machen.

Wie wird Ihr Ausbilder auf Ihre Überlegungen antworten?

Lernjob 5

Anliegen:

Im laufenden Monat war ich für 2 Tage auf der Messe „Bau und Handwerk" in Köln. Es sind verschiedene Aufwendungen angefallen, bei denen mir nicht bekannt ist, in welcher Höhe mir ein Vorsteuerabzug gewährt wird.

Hier die angefallenen Aufwendungen. In allen Fällen liegen korrekte Rechnungen vor.

Hotelübernachtung i. H. v. 192,60 € einschließlich ausgewiesener Umsatzsteuer.

Frühstück i. H. v. 25,00 € einschließlich ausgewiesener Umsatzsteuer.

Kosten der Bahnfahrt i. H. v. 90,95 € einschließlich Umsatzsteuer.

Taxiquittung für Fahrt in Köln i. H. v. 42,80 € einschließlich ausgewiesenem Umsatzsteuersatz.

Was versteht Herr Liveski unter „korrekten" Rechnungen?

Ermitteln Sie die Höhe der Vorsteuer aus den aufgeführten Positionen, sofern ein Vorsteuerabzug möglich ist.

Lernjob 6

Anliegen:

Wie Ihnen bekannt ist, bin ich seit dem Vorjahr Eigentümer des Gebäudes, in dem das Geschäft meiner Frau sich im Erdgeschoss und mein Architekturbüro sich im 1. Obergeschoss befindet. Das zweite Obergeschoss nutzen wir als Privatwohnung. Alle drei Etagen sind gleich groß. Ich mache von der Optionsmöglichkeit gem. § 9 UStG Gebrauch.

Für das Erdgeschoss erhalte ich von dem Unternehmen meiner Ehefrau eine monatliche Miete i. H. v. 1.500 € zzgl. 19 % USt.

In diesem Monat wurde rund um das Haus ein Kamera-Überwachungssystem eingebaut. Die Kosten beliefen sich laut ordnungsgemäßer Rechnung auf 6.500 € zzgl. 19 % USt.

Meine Frage:

Kann ich die in der Rechnung ausgewiesene Umsatzsteuer als Vorsteuer geltend machen?

Können Sie Herrn Liveski weiterhelfen? Führen Sie konkrete Gesetzesgrundlagen des § 15 UStG an.

- Beurteilen Sie hierzu zunächst die Zugehörigkeit der drei Geschosse zum Unternehmensvermögen.
- Bestimmen Sie anschließend die Steuerbarkeit und Steuerpflicht der zum Unternehmensvermögen gehörenden Geschosse.
- Nehmen Sie dann Stellung zur Frage des Vorsteuerabzuges.

EG:

1. OG:

2. OG:

Stellungnahme zur Frage des Vorsteuerabzugs:

Gesetzesgrundlage:

Ermitteln Sie die Höhe der abzugsfähigen Vorsteuer:

Ergänzende Übungsaufgaben

Übungsaufgabe 1

Bestimmen Sie den jeweiligen Monat des Vorsteueranspruches:

Herr Liveski (siehe Lernsituation ab Lernjob 3) lässt von einem Schreinereibetrieb in Berlin maßgefertigte Schreibtische und Stellwände für Projektdarstellungen für sein Architekturbüro anfertigen.

Die Vertragssumme beläuft sich auf insgesamt 30.000 € zzgl. 19 % USt. Im Vertrag vom 28. August 20xx wird eine Anzahlung i. H. v. 10.000 € zzgl. 19 % USt vereinbart, die Herr Liveski am 5. September 20xx überweist.

Die Schreibtische werden am 26. September 20xx geliefert. Die Rechnung i. H. v. 15.000 € zzgl. 19 % USt geht am 28. September 20xx ein und wird von Herrn Liveski Anfang Oktober 20xx gezahlt.

Die Stellwände werden am 15. Oktober 20xx geliefert. Die Rechnung über den Restbetrag i. H. v. 5.000 € zzgl. 19 % USt trifft erst am 3. November 20xx ein und wird von Herrn Liveski noch am gleichen Tag überwiesen.

Übungsaufgabe 2

Ihr Mandant Louis Schenker vertreibt hochwertige Kaffeevollautomaten in NRW und ist Vermieter eines 5-stöckigen Gebäudes in Aachen. Sämtliche Etagen sind gleich groß; sie betragen jeweils 70 m².

Die einzelnen Etagen werden wie folgt genutzt:

4. OG	Vermietet an eine Studenten-WG	Jährliche Mieteinnahmen	8.200 €
3. OG	Vermietet an eine Familie	Jährliche Mieteinnahmen	7.560 €
2. OG	Vermietet an eine Steuerberatungskanzlei	Jährliche Mieteinnahmen	13.200 €
1. OG	Vermietet an eine Versicherungsagentur	Jährliche Mieteinnahmen	13.800 €
EG	Vermietet an einen Feinkostladen	Jährliche Mieteinnahmen	15.500 €

Herr Schenker hat gem. § 9 UStG von der Optionsmöglichkeit – so weit wie möglich – Gebrauch gemacht.

In 20xx sind folgende Gebäudeaufwendungen angefallen:

a) Renovierung des Treppenhauses 20.000 € zzgl. 19 % USt
b) Ausbesserung der Marmorböden im EG 6.000 € zzgl. 19 % USt
c) Heizungsreparatur im 1. OG 500 € zzgl. 19 % USt
d) Neuanstrich Fenster im 2. OG 1.000 € zzgl. 19 % USt
e) Austausch Waschbecken im 3. OG 400 € zzgl. 19 % USt
f) Ausbesserung Laminatböden im 4. OG 2.000 € zzgl. 19 % USt

1. Ermitteln Sie die Höhe der abzugsfähigen Vorsteuer für das vermietete Objekt. Gehen Sie von dem regulären Aufteilungsmaßstab gem. § 15 Abs. 4 UStG aus.
2. Da die Ausstattung der vermieteten ersten drei Geschosse erheblich von der Ausstattung des 3. und 4. Obergeschosses abweicht, wurde in Absprache mit der Finanzbehörde als Aufteilungsmaßstab der Umsatzschlüssel vereinbart.

   Ermitteln Sie die Höhe der abzugsfähigen Vorsteuer nach dem Umsatzschlüssel.

   Siehe auch QR-Code: BMF-Schreiben vom 20.10.2022 (TZ 19 bis 22) zur Vorsteueraufteilung nach § 15 Abs. 4 UStG bei gemischt genutzten Grundstücken.

Übungsaufgabe 3

Die laufende Telefonrechnung Ihres Mandanten für den Monat August 20xx lautet auszugsweise wie folgt:

Grundpreis Paket Comfort XXL	80,00 €
zuzüglich 19 % USt	15,20 €
zu zahlender Betrag	95,20 €

20 % der entstandenen Aufwendungen sind privat veranlasst.

Ermitteln Sie die Höhe der abzugsfähigen Vorsteuer.

Siehe auch QR-Code: UStAE 15.2c. Zuordnung von Leistungen zum Unternehmen.

Übungsaufgabe 4

Entscheiden Sie für die folgenden Fälle, ob der Unternehmer einen Vorsteuerabzug vornehmen kann und führen Sie die Gesetzesgrundlage an, falls kein Vorsteuerabzug möglich ist.

In allen Fällen liegen ordnungsgemäße Rechnungen vor.

Sachverhalt	Vorsteuerabzug möglich? ja/nein	Gesetzesgrundlage falls kein Vorsteuerabzug möglich
In einem Gebäude mit drei Geschossen werden zwei Geschosse an eine Rechtsanwaltskanzlei vermietet. Das oberste Geschoss wird an einen Familienangehörigen vermietet.		
Ein Versicherungsvertreter erwirbt Büromaterial für seine Agentur.		
Ein Handelsvertreter erwirbt eine Büroleuchte für seine Büroräume.		
Ein Steuerberater erwirbt einen Blumenstrauß zum Preis von 40 € anlässlich des Geburtstages seiner Mitarbeiterin.		
Ein Handelsvertreter erwirbt 3.000 Liter Heizöl. 2.000 Liter sind für seine Büroräume und 1.000 Liter für seine Privatwohnung bestimmt.		und UStAE 15.2c
Ein Handelsvertreter lädt zwei Geschäftspartner zwecks Vertragsabschlusses zu einem Abendessen ein. Die Aufwendungen sind angemessen.		

Übungsaufgabe 5

Ermitteln Sie die Umsatzsteuerzahllast August 20xx für den Schreinereibetrieb Adams, Bremen:

1. Werklieferungen 145.000 € netto
   Werkleistungen 35.000 € netto
2. Erwerb Rohstoffe 19 % 25.000 € netto
   Laufende Aufwendungen 19 % 7.000 € netto
3. Erwerb Fahrzeug Modell Sprinter
   ausschließlich betrieblich genutzt 38.000 € netto
4. Erwerb neuer PKW: Kaufpreis 42.000 € netto
   70 % betrieblich genutzt
   Listenpreis brutto 44.528 €
   Pauschalregelung.
5. Der Schreinereibetrieb befindet sich in einem Gebäude, das im Eigentum des Herrn Adam steht. Das Gebäude wird wie folgt genutzt:

   EG: Werkstatt Schreinerei

   1. OG: vermietet an ein Notariat; monatliche Mieteinnahmen: 3.500 €

   2. OG: bewohnt von der Familie Adams

   - Herr Adams hat soweit wie möglich gem. § 9 UStG optiert.
   - Alle drei Etagen sind gleich groß.
   - Im August 20xx erfolgte der Einbau eines Fahrstuhls, der alle Geschosse anfährt.
     Kosten: 75.000 € zzgl. 19 % USt.
6. Während der Arbeiten in der Schreinerei entfachte sich ein Feuer, das einen Teil der Rohstoffe vernichtete. Die Versicherung leistete 9.800 €.
7. Ein Mitarbeiter der Schreinerei fertigte während seiner Arbeitszeit für den studierenden Sohn des Herrn Adam einen modernen PC-Tisch. Es entfielen auf den Arbeitslohn des Mitarbeiters 570 € und auf das verwendete Material 330 €.

   Der Verkaufspreis des Tisches würde 1.400 € einschl. 19 % USt betragen.

L. Besteuerungsverfahren: Steuerschuldner und Voranmeldungszeitraum inkl. Dauerfristverlängerung, USt-Jahreserklärung

Lernsituation 1

Die syrische Jungunternehmerin Enisa Murad betreibt seit Oktober 2024 den Blumenladen mit angeschlossenem Café „Blumentreff e. K." in Berlin. Ihren einkommensteuerrechtlichen Verpflichtungen zur Unternehmensgründung ist sie nachgekommen.

Nun möchte sie in den nächsten Tagen der ersten Woche im November 2024, Ihre Steuerkanzlei aufsuchen, um sich zu den umsatzsteuerlichen Besteuerungsverfahren zu erkundigen. Sie möchte keine Fehler gleich in der Gründungsphase ihres Unternehmens machen, denn sie weiß, dass die deutschen Steuerbehörden hier klare Vorgaben haben.

Frau Murad teilt Ihnen vorab mit, dass sie schon im Oktober einen Umsatz, vor allem im Café wegen vieler Familienfeiern, von 8.200 € hatte und ihre selbst errechnete Zahllast im Oktober 2024 bereits 845 € beträgt. Sie rechnet in den nächsten Monaten in 2024 mit einer vergleichbaren Zahllast. Mögliche Anträge im Umsatzsteuerrecht hat sie bisher nicht gestellt.

Sie kennen Frau Murads Geschäft und möchten sehr gern bei dem Mandantengespräch dabei sein. Daher informieren Sie sich vorab im UStG zu den anstehenden umsatzsteuerrechtlichen Verpflichtungen.

Lernjob 1

Klären Sie zuerst mittels der §§ 16 und 20 UStG nach welchem Verfahren die Umsatzsteuer berechnet wird und begründen Sie Ihre Einschätzung.

Lernjob 2

Wann entsteht die Umsatzsteuer? Nennen Sie die gesetzliche Grundlage.

Entstehung der Umsatzsteuer:

Gesetzl. Grundlage:

Lernjob 3

Wer ist Steuerschuldner der Umsatzsteuer des „Blumentreff e. K.“? Nennen Sie auch die gesetzliche Grundlage.

Steuerschuldner:

Gesetzl. Grundlage:

Lernjob 4

Frau Murad hat die Zahllast selbst errechnet und sie weiß, dass diese an das Finanzamt abzuführen ist. § 18 Abs. 1 Sätze 1 und 4 UStG zeigen auf, wie verfahrensmäßig hier vorzugehen ist:

1.

2.

Lernjob 5

Welcher Voranmeldungszeitraum wäre für das Unternehmen der Frau Murad grundsätzlich anzuwenden?

Lesen Sie § 18 Abs. 2 UStG.

Lernjob 6

Sie haben aber bereits in ihrer täglichen Arbeit in der Steuerkanzlei mitbekommen, dass insbesondere die mittelständische Wirtschaft von der Bürokratie (Drittes Bürokratieentlastungsgesetz vom 22. November 2019) vorübergehend entlastet werden soll. Daher ist in § 18 Abs. 2 Satz 6 UStG für den Zeitraum bis 2026 eine zeitliche Änderung verfügt worden.

Ergibt sich aus dieser Übergangsregelung eine Änderung für die Voranmeldungszeiträume in 2024 und 2025 für Frau Murad?

2024:

2025:

Lernjob 7

Nach § 18 Abs. 3 i. V. m. § 149 Abs. 2 AO hat Frau Murad eine Umsatzsteuererklärung abzugeben.
[Hinweis für die Praxis für die VZ bis 2023: Beachten Sie die Fußnoten bei § 149 Abs. 2 und 3 AO.]

a) Bis wann hat die Steuerpflichtige Frau Murad diese dem Finanzamt abzugeben, wenn sie die USt-Steuererklärung für 2024 selbst übermittelt?

b) Bis wann hat Ihre Steuerkanzlei die Steuererklärung der Mandantin Frau Murad an das Finanzamt zu übermitteln, wenn Sie die Steuererklärung gem. § 149 Abs. 3 AO zu bearbeiten haben?

Lernjob 8

a) Für welchen Besteuerungszeitraum wird die Umsatzsteuererklärung grundsätzlich erstellt?

b) Welcher Besteuerungszeitraum wird für die Umsatzsteuererklärung 2024 für den „Blumentreff e. K." betrachtet?

Lernsituation 2

Die syrische Jungunternehmerin Enisa Murad (aus Lernsituation 1) erscheint erneut Anfang Januar 2025 in Ihrer Steuerkanzlei. Sie hat im geschäftlichen Alltag schnell erkennen müssen, dass die Bearbeitung und Abgabe einer monatlichen Umsatzsteuervoranmeldung ab Januar 2025 recht stressig sein wird.

Sie hat in 2024 insgesamt 2.400 € an Vorauszahlungen zur Umsatzsteuer an das Finanzamt Friedrichshain-Kreuzberg abgeführt. Frau Murad ist sehr optimistisch und erwartet für 2025, dass ihr „Blumentreff e. K." einen größeren Kundenkreis erreichen wird. Sie rechnet in 2025 mit einem Jahresumsatz von 113.000 €, vereinnahmter Umsatzsteuer i. H. v. 14.570 € und Vorsteuerbeträgen von 5.870 €.

Lernjob 1

Frau Enisa Murad fragt nun an, ob sie den monatlichen Voranmeldezeitraum auf ein Kalendervierteljahr ab sofort umstellen kann. Was sagt das UStG hierzu?

Lernjob 2

Können Sie Frau Murad Hoffnung machen, dass sie in den nächsten Jahren von der monatlichen Voranmeldung auf das Kalendervierteljahr umstellen kann? Nehmen Sie eine Berechnung vor.

Lernjob 3

a) Können Sie Frau Murad eine Lösung aufzeigen, um den Zeitdruck bei der Abgabe der Voranmeldungen zu mindern. Wann muss Frau Murad dann die Voranmeldung für den Kalendermonat Januar 2025 übermitteln? Lesen Sie § 46 UStDV.

______

______

______

b) Welche zwei Voraussetzungen müssen hierfür erfüllt sein? Lesen Sie § 47 - 48 UStDV.

Voraussetzungen

______	______

Lernjob 4

Berechnen Sie für Frau Murad die Höhe der Sonderzahlung nach § 47 UStDV, die bei Beantragung der Fristverlängerung zu entrichten ist.

Lernjob 5

Bis wann muss Frau Murad fristgerecht den Antrag beim Finanzamt Friedrichshain-Kreuzberg gestellt und die selbst berechnete Sonderzahlung angemeldet und geleistet haben, um den Vorteil der Fristverlängerung für 2025 zu nutzen? [Hinweis: § 48 UStDV]

______

______

______

Lernjob 6

Frau Murad hat für die Monate Januar bis November 2025 insgesamt USt-Vorauszahlungen i. H. v. 7.910 € geleistet. Für Dezember 2025 ist eine Vorauszahlung i. H. v. 830 € berechnet worden.

Wie rechnet Frau Murad den Voranmeldungszeitraum Dezember 2025 mit dem Finanzamt ab?

Bis wann ist die Zahlung spätestens zu entrichten?

Lernjob 7

Wenn Frau Murad tatsächlich zukünftig den Voranmeldungszeitraum auf das Kalendervierteljahr umstellen kann, muss Sie dann ebenso eine Sondervorauszahlung leisten? Nennen Sie die gesetzliche Grundlage.

Ergänzende Übungsaufgaben

Übungsaufgabe 1

Folgende Fälle verschiedener Mandanten, die alle mit dem allgemeinen Steuersatz abrechnen, liegen Ihnen zur Klärung vor:

a) Die „Sonnenschein AG" in Regensburg möchte gern die Möglichkeit der Dauerfristverlängerung im Kalenderjahr 2025 in Anspruch nehmen.

Folgende Daten liegen Ihnen vor:

Gesamtumsatz in 2024	450.690,00 €
abziehbare Vorsteuer in 2024	49.950,00 €
USt-Zahllast 2024	? €

1. Berechnen Sie die Umsatzsteuer-Zahllast für 2024.
2. Was muss die „Sonnenschein AG" tun, um die Dauerfristverlängerung zu nutzen?
3. Wie hoch ist die Sondervorauszahlung, die die „Sonnenschein AG" im Jahr 2025 leisten muss?
4. Wer ist der Steuerschuldner bei der „Sonnenschein AG"?

b) Das „Beautiful-Studio" von Melanie Wunder in Singen möchte ab Kalenderjahr 2025 ebenso die Möglichkeit einer Dauerfristverlängerung in Anspruch nehmen.

Folgende Daten liegen Ihnen vor:

Gesamtumsatz in 2024	75.630,00 €
abziehbare Vorsteuer in 2024	9.569,70 €
USt-Zahllast 2024	? €

1. Berechnen Sie Umsatzsteuer-Zahllast für 2024.
2. Was muss Frau Melanie Wunder tun, um die Dauerfristverlängerung zu nutzen?
3. Wie hoch ist die Sondervorauszahlung, die Frau Wunder im Jahr 2025 leisten muss?

Lernfeld 4: Einkommensteuererklärungen von Beschäftigten erstellen

Einführung

Im Lernfeld 4 Ihrer Ausbildung zum/zur Steuerfachangestellten sollen Sie die Kompetenz erwerben, die Einkommensteuer von beschäftigten Arbeitnehmern zu ermitteln und deren Einkommensteuererklärungen zu erstellen.

In einem ersten Schritt machen Sie sich mit dem Mandat und den Steuerbelangen der Mandantin, des Mandanten im Zusammenhang mit der Einkommensteuer vertraut. Sie erhalten einen Überblick der Einkunftsarten und werden mit Fachbegriffen im Einkommensrecht vertraut gemacht. Sie beurteilen die persönliche und sachliche Steuerplicht.

Anschließend bereiten Sie die Erstellung der Einkommensteuererklärung anhand der Ihnen von der Mandantin, dem Mandanten überlassenen Unterlagen bzw. Angaben, auch unter Berücksichtigung der Möglichkeit eines elektronischen Abrufs, vor.

Sie ermitteln die Höhe der steuerbaren und steuerpflichtigen Einnahmen sowie die Höhe der abziehbaren Werbungskosten aus nichtselbständiger Arbeit mittels der Ihnen vorgelegten Belege und Angaben.

Zudem vergleichen Sie die Höhe der Ausgaben mit den abzugsfähigen Pauschbeträgen und ermitteln die Höhe der Einkünfte aus nichtselbständiger Arbeit.

Um den Gesamtbetrag der Einkünfte für die Steuerpflichtige, den Steuerpflichtigen zu ermitteln, überprüfen Sie die Abzugsfähigkeit eines Altersentlastungsbetrages sowie des Entlastungsbetrages für Alleinerziehende.

Schließlich würdigen Sie in einem weiteren Schritt anhand der Angaben bzw. der belegmäßig vorliegenden weiteren Aufwendungen die Abzugsmöglichkeit als Sonderausgaben und außergewöhnlichen Belastungen. Ebenso beurteilen Sie fallbezogen die Berücksichtigungsfähigkeit von Kindern im Einkommensteuerrecht und ermitteln das zu versteuernde Einkommen. Sie berechnen die festzusetzende Einkommensteuer sowie eine mögliche Einkommensteuernachzahlung oder -erstattung unter Berücksichtigung von Steuerermäßigungen.

Sie werden in die Lage versetzt, Ihre Ergebnisse in einem abschließenden Mandantinnen-, Mandantengespräch zu präsentieren. Sie nehmen in diesem Gespräch auch Stellung zu Veranlagungsarten, Steuertarifen, Antrags- und Pflichtveranlagung und zeigen mögliche steuerliche Optimierungen auf.

In allen Fällen wählen Sie unter Zuhilfenahme von Gesetzestexten und steuerlichen Informationssystemen die steuerlich relevanten Vorschriften aus.

Sämtliche dargestellten Lernbereiche werden mittels Lernsituationen und konkreter Aufgabenstellungen (Lernjobs) aufgearbeitet. Sich anschließende Übungsaufgaben sollen das Gelernte festigen und vertiefen.

Die Lernsituationen bauen entsprechend des Systems der Einkommensteuer von der Feststellung der Einkünfte bis zur Ermittlung der Steuerschuld aufeinander auf. Sie dienen stets als Übergang in die nächste Lernsituation.

Als Nachschlagewerk für die Lösungsbearbeitung wird der Infoband „Steuerlehre" von Reinhard Schweizer, erschienen bei Kiehl, empfohlen. Es eignen sich aber auch andere Steuerlehre-Fachbücher für Steuerfachangestellte.

A. Persönliche Einkommensteuerpflicht

Lernsituation

Sie sind seit einigen Wochen Auszubildende/Auszubildender in der Steuerberatungskanzlei Maier & Scholz in Aachen.

Sie erfahren heute, dass Sie in der kommenden Woche an einem ersten Mandantengespräch teilnehmen dürfen.

Der Steuerberater Herrmann Scholz wird dieses Gespräch mit einem neuen Mandanten, Herrn Markus Lange, führen. Er bittet um Beratung, da sich für ihn verschiedene Fragen zur Einkommensteuerpflicht in Deutschland stellen.

Damit Sie dem Gespräch folgen können, sollen Sie sich in den nächsten Tagen unter Zuhilfenahme des § 1 des Einkommensteuergesetzestextes und Ihres Lehrbuches über die Grundzüge der persönlichen Einkommensteuerpflicht in Deutschland informieren.

Lernjob 1

Füllen Sie die Lücken in dem nachfolgenden Text mithilfe der gesetzlichen Vorgaben aus:

Die Merkmale des Normalfalles der **unbeschränkten Steuerpflicht** ergeben sich aus § ______ Absatz ______ EStG.

Danach sind ______________________________ Personen, die

- im ______________________________ (= Bundesrepublik Deutschland)
- einen ______________________________ oder ihren ______________________________ haben,

unbeschränkt einkommensteuerpflichtig.

Der Begriff des **Wohnsitzes** ist geregelt in § ______ AO. Demnach hat jemand einen Wohnsitz dort, wo er eine ______________________________ unter Umständen innehat, die darauf schließen lassen, dass er die ______________________________ beibehalten und benutzen wird.

Der Begriff des **gewöhnlichen Aufenthaltes** ist geregelt in § ______ AO. Demnach hat jemand einen gewöhnlichen Aufenthalt dort, wo er sich ______________________________ aufhält, die erkennen lassen, dass er an diesem Ort oder in diesem Gebiet nicht nur vorübergehend verweilt.

Als gewöhnlicher Aufenthalt gilt nach Satz 2 ein von Beginn an zeitlich zusammenhängender Aufenthalt von ______________________________ Monaten. Hält sich eine Person z. B. zu Besuchs-, Kur- oder ähnlichen privaten Zwecken im Inland auf, dann gilt ein Zeitraum von ______________________________ Monaten.

→ **Folge der unbeschränkten Einkommensteuerpflicht:**

Kreuzen Sie an: Der persönlichen Einkommensteuer in Deutschland unterliegen

... nur die inländischen Einkünfte	
... die inländischen und ausländischen Einkünfte	

Die **beschränkte Steuerpflicht** ist geregelt in § ______ Abs. ______ EStG:

Danach sind ______________________________ Personen, die

- im ______________________________ (= Bundesrepublik Deutschland)
- weder einen ______________________________ noch einen ______________________________ haben

vorbehaltlich der Absätze 2 und 3 und des § 1a EStG beschränkt einkommensteuerpflichtig, wenn sie

____ im Sinne des § __________ EStG haben.

→ **Folge der beschränkten Einkommensteuerpflicht:**

Kreuzen Sie an:

Der Einkommensteuer in Deutschland unterliegen

... nur die inländischen Einkünfte	
... die inländischen und ausländischen Einkünfte	

Lernjob 2

Heute findet nun das Beratungsgespräch mit dem neuen Mandanten, Herrn Markus Lange, dem Steuerberater Scholz und Ihnen als Zuhörer bzw. Zuhörerin statt.

Sie erfahren, dass Herr Lange nach Beendigung seines Ingenieurstudiums ab 1. Januar 20xx bei dem Maschinenbauunternehmen „green solution GmbH" in Aachen beschäftigt ist. Aus diesem Grund mietete er sich ein kleines Appartement in Aachen ab dem Jahr 20xx an. Bis dahin wohnte Herr Lange bei seinen Eltern in Trier.

Diverse Wochenenden und die Urlaubstage (insgesamt 80 Tage im Veranlagungszeitraum 20xx) verbringt Herr Lange in der Wohnung seiner Freundin in Brüssel.

Neben seinem Gehalt (errechnete Einkünfte aus nichtselbstständiger Arbeit i. H. v. 47.000 €) erzielt er noch Einkünfte aus Kapitalvermögen aus Wertpapieranlagen in Luxemburg i. H. v. 5.000 €.

Herr Lange möchte von Herrn Scholz wissen, ob und in welchem Umfang eine persönliche Einkommensteuerpflicht in Deutschland in 20xx besteht. Könnten auch Sie Herrn Lange informieren?

Stellen Sie fest, ob und in welchem Umfang Herr Lange in Deutschland im VZ 20xx einkommensteuerpflichtig ist.

Lernjob 3

Herr Lange möchte von Herrn Scholz zudem wissen, ob er aufgrund der regelmäßigen Besuche bei seiner Freundin in Brüssel auch in Belgien steuerpflichtig sei. In Belgien findet ein dem deutschen EStG entsprechendes Gesetz Anwendung.

Lernjob 4

Bislang haben Sie sich mit den Grundzügen des § 1 Abs. 1 und Abs. 4 EStG beschäftigt.

Nun beschäftigen Sie sich noch mit den Regelungen der Abs. 2 und 3 des § 1 EStG.

Sie erfahren, dass es neben dem Normalfall der regulären unbeschränkten Steuerpflicht zwei weitere Arten der unbeschränkten Steuerpflicht gibt:

a) die **erweiterte unbeschränkte** Steuerpflicht und

b) die **fiktive unbeschränkte** Steuerpflicht.

Füllen Sie die Lücken in dem nachfolgenden Text mithilfe der gesetzlichen Vorgaben aus:

zu a): § ______ Abs. ______ EStG **erweitert** die unbeschränkte Einkommensteuerpflicht auf

- ______________________________ Staatsangehörige,
- die im ______________________________
- weder einen ______________________ noch einen ______________________ haben,
- und zu einer ______________________________ in einem Dienstverhältnis stehen und

  dafür Arbeitslohn aus einer ______________________________ beziehen.

  Weitere Voraussetzung ist nach Satz 2, dass diese Personen in dem ausländischen Staat, in dem sie sich aus dienstlichen Gründen aufhalten **nur** in einem der ______________________________ Einkommensteuerpflicht vergleichbaren Umfang der Einkommensbesteuerung unterliegen.

zu b): Eine **fiktive** unbeschränkte Einkommensteuerpflicht (**Grenzpendlerbesteuerung**) liegt gem. § ______ Abs. ______ EStG unter den folgenden Voraussetzungen vor:

- auf ______________________________
- für ______________________________ Personen,
- die im ______________________________
- weder einen ______________________ noch einen ______________________ haben,
- soweit sie ______________________________ haben.
- Die Einkünfte dieser Person unterliegen im Kalenderjahr mindestens zu ______________________ der deutschen Einkommensteuer oder die nicht der deutschen Einkommensteuer unterliegenden Einkünfte (= ausländische Einkünfte) übersteigen nicht den ______________________ nach § 32a EStG.
- Die ausländischen Einkünfte sind nachzuweisen durch eine ______________________________

  ______________________________.

Lernjob 5

In dem weiteren Gespräch mit dem Steuerberater Scholz und Ihnen teilt Herr Lange mit, dass er Anfang des kommenden Jahres heiraten werde. Ab dann beabsichtigt er, von Brüssel aus täglich zu seiner Arbeitsstelle nach Aachen zu fahren. Sein Appartement in Aachen wird er deshalb zum 31. Dezember des laufenden Jahres aufgeben.

Am Umfang der Einkünfte wird sich gegenüber dem laufenden Jahr (s. Lernjob 2) nichts ändern.

Frage 1:

Stellen Sie mithilfe des § 1 EStG fest, ob und in welchem Umfang Herr Lange im kommenden Jahr in Deutschland nach seinem Wegzug **grundsätzlich** noch einkommensteuerpflichtig sein wird.

Frage 2:

Der Steuerberater Scholz überprüft weiterhin, ob Herr Lange nach seinem Wegzug aus Deutschland auch eine andere Form der persönlichen Steuerpflicht beantragen könnte und ob die Antragstellung Aussicht auf Erfolg hätte. Ferner informiert er für diesen Fall über den Umfang der dann in der BRD steuerpflichtigen Einkünfte.

Was meinen Sie?

Ergänzende Übungsaufgaben

Übungsaufgabe 1

Begründen Sie unter Angabe der gesetzlichen Grundlagen, ob und in welchem Umfang eine persönliche Einkommensteuerpflicht im Inland für die folgenden Personen besteht:

Fall 1

Tommy Scott lebt in London und arbeitet dort bei der British Bank.

Vom 01.12.20xx bis 15.05. des Folgejahres ist er bei der Niederlassung der Bank in Hamburg eingesetzt. Er wohnt während dieser Zeit in einem Hamburger Hotel.

Fall 2

Leonardo Bocca betreibt jedes Jahr vom 1. April bis zum 30. Oktober in der Innenstadt von Koblenz ein Eiscafé. Außerdem ist er Eigentümer eines Mietwohnhauses in Neapel. Während der Winterpause (November bis März des Folgejahres) wohnt Herr Bocca in einer seiner Wohnungen in Neapel. In den restlichen Monaten hält er sich in seiner Eigentumswohnung in Koblenz auf.

Fall 3

Frau Henriette Lauenburg, deutsche Staatsangehörige, ist seit Jahren im Auswärtigen Amt in Madrid beschäftigt. Ihre Wohnung in Berlin hat sie mit Beginn der Tätigkeit im Ausland aufgegeben und wohnt seitdem in Madrid.

Frau Lauenburg erhält für diese Tätigkeit ein monatliches Gehalt von 8.000 € brutto aus der öffentlichen Kasse ihres Arbeitsgebers in Berlin. Diese Einkünfte werden in Spanien nicht besteuert.

Frau Lauenburg erzielt keine weiteren Einkünfte.

Fall 4

Der ledige Charles Martinet, französischer Staatsangehöriger, arbeitet in leitender Position bei einem Automobilkonzern in Saarbrücken und erzielt aus dieser Beschäftigung jährliche Einkünfte i. H. v. 85.000 €. Herr Martinet kehrt jeden Abend in seinen Wohnort Sarreguemines (Frankreich) zurück.

Zudem erzielt Herr Martinet französische Einkünfte i. H. v. 4.000 €, die bisher nicht der deutschen Einkommensteuer unterliegen und durch eine Bescheinigung der französischen Finanzbehörde belegt werden können.

Fall 5

Die 6-jährige Tina Schneider wohnt gemeinsam mit ihren Eltern und Großeltern in einem Mehrfamilienhaus in Bonn. Die Großeltern haben Tina bereits kurz nach ihrer Geburt ein Wertpapierdepot übertragen, aus dem sie im VZ 2023 Einkünfte aus Kapitalvermögen i. H. v. 14.500 € erzielt.

Fall 6

Der Schweizer Josef Bürgli arbeitet als Ingenieur in einem Bauunternehmen in Genf und erzielt aus dieser Beschäftigung Jahreseinkünfte i. H. v. 95.000 €. Nach einer schweren Erkrankung tritt er im Februar 20xx eine achtmonatige private Kur in Bad Ems (Rheinland-Pfalz) zur Behandlung seiner Krankheitssymptome an. Während seines Kuraufenthaltes wohnt er in einem Kurhotel in Bad Ems.

B. Sachliche Einkommensteuerpflicht

Lernsituation

Die Ausbilderin Frau Fischer wünscht, dass der Auszubildende Hassan Can in seinem nächsten Ausbildungsabschnitt bei steuerlichen Fragen mit Mandantinnen und Mandanten, die überwiegend Einkünfte aus nichtselbstständiger Arbeit erzielen, mitarbeiten soll.

Frau Fischer verlangt von Herrn Can sich einen Überblick zum Aufbau des Einkommensteuergesetzes zu verschaffen.

Lernjob 1

Frau Fischer gibt dem Auszubildenden zuerst einen Lückentext, damit er sich im gesamten Einkommensteuergesetz die **wichtigsten Fachbegriffe** erarbeitet.

Füllen Sie die Lücken in dem nachfolgenden Text mithilfe der genannten gesetzlichen Vorgaben aus.
[Hinweis: § 2 EStG]

Folgende Begriffe sind einzusetzen:

Aufwendungen für Berufsverbände/Gewerkschaften – Aufwendungen des Arbeitnehmers für Wege zwischen Wohnung und erster Tätigkeitsstätte oder für dienstliche Fahrten – Aufwendungen für Arbeitsmittel

Aufwendungen/ Ausgaben — außergewöhnliche Belastungen — Beginn des Wirtschaftsjahres

Betriebsausgaben — Betriebseinnahmen — Einkünfte — Einnahmen

Erhaltung — Erwerbung — Geld — Geldeswert — Gewinn-

nicht abzugsfähige Ausgaben — Pauschbetrag — Sicherung — Sonderausgaben

steuerfreien Einnahmen — Überschusseinkünfte — Wohnung-Kost-Waren-Dienstleistungen-private Nutzung eines betrieblichen PKWs

Werbungskosten — Werbungskosten — 1 bis 3

Gewinneinkünfte sind die Einkünfte Nr. ______ bis ______.

Der Gewinn ist der Saldo aus ________________________ und Betriebsausgaben, bzw. der Unterschiedsbetrag zwischen Betriebsvermögen am Schluss des Wirtschaftsjahres und dem Betriebsvermögen zu ____. Die Gewinnquelle ist der Betrieb.

________________ sind die Einkünfte Nr. 4 bis 7. Der Überschuss ist der Saldo aus ________________

und ________________________________. Die Überschussquelle ist der Ertrag im Privatvermögen.

Wenn Einnahmen erzielt werden, die zwar grundsätzlich einer der sieben Einkunftsarten zugeordnet werden können, eine ernsthafte Beteiligung am Wirtschaftsleben (langfristige Gewinnerzielung) aber nicht zu erkennen ist, dann spricht man im Einkommensteuerrecht von Liebhaberei (Hobby), deren Erträge und Verluste nicht unter das EStG fallen.

Betriebseinnahmen sind die Einnahmen der ____________________einkünfte. Der Begriff Betriebseinnahmen ist im EStG nicht definiert. Nach herrschender Meinung sind alle Güter zu verstehen, die in Geld und Geldeswert bestehen und dem Steuerpflichtigen im Rahmen der Einkunftsarten 1 - 3 zufließen.

Einnahmen der Überschusseinkünfte sind in § 8 EStG definiert und umfassen alle Güter, die in ____________ oder in ______________________________ bestehen und ebenso dem Steuerpflichtigen zufließen.

Einnahmen, die nicht in Geld bestehen, sind z. B. ____

____.

__________________________ sind saldierte Größen, während Einnahmen/Betriebseinnahmen ungekürzte Größen darstellen.

Von den einkommensteuerlich relevanten Zuflüssen werden bestimmte Einnahmen von der Besteuerung ausgenommen. Eine Auflistung der ______________________________ enthält u. a. § 3 EStG. Die Steuerbefreiungen gehen auf sozial-, wirtschafts- und kulturpolitische Überlegungen zurück.

Von den Betriebseinnahmen und den Einnahmen i. S. d. § 8 EStG dürfen bei der Ermittlung der Einkünfte bestimmte mit diesen Einnahmen in wirtschaftlichem Zusammenhang stehende ____________________ abgezogen werden.

Ausgaben im Zusammenhang mit den Einkünften 1 - 3 werden gem. § 4 Abs. 4 EStG als ____________________ bezeichnet und bei den anderen 4 Einkunftsarten spricht man gem. § 9 EStG von ____________________.

Es handelt sich dabei um Aufwendungen, die zur

____, ____ und

____ der Einnahmen dienen.

Im § 9 EStG werden beispielhaft Aufwendungen aufgezählt, die Werbungskosten sind, z. B.

____

____

____.

Hat der Steuerpflichtige bei der Erklärung seiner Einkünfte 4 - 7 überhaupt keine oder nur sehr niedrige Werbungskosten erklärt, wird mindestens ein ____________________ für die Werbungskosten lt. § 9a EStG mindestens abgezogen.

Im § 12 EStG sind ______________________________________ aufgezählt.

Gemäß § 12 Nr. 1 EStG dürfen Aufwendungen für die private Lebensführung, z. B. für Ernährung, Wohnung, Kleidung etc. weder bei der Ermittlung der Einkünfte noch vom Gesamtbetrag der Einkünfte abgezogen werden. Berücksichtigung ist nur zulässig, wenn das Gesetz dies ausdrücklich zulässt.

Allerdings dürfen nach §§ 10ff und 33ff EStG ausnahmsweise Aufwendungen der Lebensführung als ______________________________ oder als ______________________________ abgezogen werden.

Lernjob 2

Nun ist es wichtig, dass der Auszubildende Herr Can mit Hilfe des § 2 Abs. 1 bis 5 EStG das **Ermittlungsschema zur Berechnung des zu versteuernden Einkommens** – als Bemessungsgrundlage für die Erhebung der Einkommensteuer – herauszuarbeiten.

Dieses Schema gilt für einen Steuerpflichtigen, der allein zur Einkommensteuer gem. § 26a EStG (= Einzelveranlagung) herangezogen wird.

<table>
<tr><td></td><td></td><td rowspan="3">sog. Gewinneinkünfte
Gewinn wird ermittelt:
____________ - ____________</td></tr>
<tr><td>+</td><td></td></tr>
<tr><td>+</td><td></td></tr>
<tr><td>+</td><td></td><td rowspan="4">sog. Überschusseinkünfte
Überschuss wird ermittelt:
____________ - ____________</td></tr>
<tr><td>+</td><td></td></tr>
<tr><td>+</td><td></td></tr>
<tr><td>+</td><td></td></tr>
<tr><td>=</td><td></td><td>Begriff s. § 2 Abs. 3 EStG</td></tr>
<tr><td>-</td><td></td><td>Begriff s. § 2 Abs. 3 in Verbindung mit § 24 a EStG</td></tr>
<tr><td>-</td><td></td><td>Begriff s. § 2 Abs. 3 in Verbindung mit § 24 b EStG</td></tr>
<tr><td>-</td><td></td><td>Begriff s. § 2 Abs. 3 in Verbindung mit § 13 Abs. 3 EStG</td></tr>
<tr><td>=</td><td></td><td>Begriff s. § 2 Abs. 4 EStG</td></tr>
<tr><td>-</td><td>Verlustabzug (§ 10d EStG)</td><td></td></tr>
<tr><td>-</td><td></td><td>Begriff s. § 2 Abs. 4 in Verbindung mit §§ 10 ff EStG</td></tr>
<tr><td>-</td><td></td><td>Begriff s. § 2 Abs. 4 in Verbindung mit §§ 33 ff EStG</td></tr>
<tr><td>=</td><td></td><td>Begriff s. § 2 Abs. 5 EStG</td></tr>
<tr><td>-</td><td></td><td>Begriffe s. § 2 Abs. 5 in Verbindung mit § 32 Abs. 6 EStG</td></tr>
<tr><td>-</td><td>Härteausgleich (§ 36 Abs, 3 und 5 EStG)</td><td></td></tr>
<tr><td>=</td><td></td><td>Begriff s. § 2 Abs. 5 EStG</td></tr>
</table>

Lernjob 3

Herr Can soll nun für den Mandanten Herrn Flott das zu versteuernde Einkommen für 20xx (= VZ 2024) unter Beachtung der gesetzlichen Reihenfolge des § 2 EStG (siehe Lernjob 2) ermitteln.

Herr Richard Flott, 40 Jahre alt, unverheiratet und kinderlos, ist wohnhaft in Köln.

Für das Jahr 20xx liegen folgende Informationen vor:

Er ist als wissenschaftlicher Mitarbeiter an der Kölner Universität, Fachbereich der Betriebswirtschaftslehre, angestellt. Sein Jahresbruttogehalt beträgt 42.450 €. Werbungskosten hat er keine angegeben, daher hat die Ausbilderin Frau Fischer Herrn Can auf § 9a EStG hingewiesen.

Herr Flott schreibt seit kurzem Artikel für eine Fachzeitschrift in Stuttgart. Zu Besprechungen muss er oft vor Ort sein. Seine Aufwendungen, die er dadurch hat, muss er aber selber tragen, die Einkünfte aus dieser selbstständigen Arbeit sind als Journalist im Jahr 20xx daher negativ und betragen - 3.500 €.

Am Wochenende ist er auch noch als freiberuflicher Dozent für die Fernuniversität Hagen tätig. Hieraus erzielt er nochmals Einkünfte aus selbstständiger Arbeit i. H. v. 6.400 €.

Vor einiger Zeit hat der Steuerpflichtige Flott eine größere Erbschaft gemacht. Er hat sein geerbtes Kapital gut gestreut angelegt, u. a. ein Mehrfamilienhaus in Remagen gekauft, das er komplett vermieten möchte. Zurzeit hat er aber wegen umfangreicher Renovierungen noch nicht alle Wohnungen vermietet. Deshalb kommt ein negativer Betrag bei den Einkünften aus Vermietung und Verpachtung i. H. v. - 19.700 € zustande.

Der Steuerpflichtige unterhält ein weiteres Haus in Koblenz, das er bereits vor ca. 5 Jahren gekauft hat. Hieraus erzielte er ebenso Einkünfte aus Vermietung und Verpachtung i. H. v. 24.800 €.

Als studierter Betriebswirt beobachtet Herr Flott natürlich die Zukunftsentwicklung verschiedener Branchen und er bekam vor zwei Jahren die Chance sich als Kommanditist an der Kommanditgesellschaft „Sonnenenergie KG" mit 100.000 € zu beteiligen. Das erwies sich als eine sehr gute Investition, denn hieraus erzielte er in 20xx einen Gewinn im Rahmen der Einkünfte aus Gewerbebetrieb i. H. v. 25.000 €. Die abzugsfähigen Sonderausgaben i. H. v. 5.500 € und seine abzugsfähigen außergewöhnlichen Belastungen i. H. v. 3.550 € sind bereits von Frau Fischer ermittelt.

Frau Fischer gibt dem Auszubildenden noch eine kleine Hilfe für die Berechnung: die Summe und der Gesamtbetrag der Einkünfte betragen 74.220 €.

Ermittlung des zu versteuernden Einkommens:

	Einkünfte aus			
+	Einkünfte aus			
+	Einkünfte aus			
+	Einkünfte aus			
=	______ / ______			**74.220,00 €**
-				
-				
=				
=				

Ergänzende Übungsaufgaben

Übungsaufgabe 1

Ermitteln Sie in einer **übersichtlichen Aufstellung unter Nennung der einschlägigen Fachbegriffe und Zwischenschritte** das zu versteuernde Einkommen für den VZ 2024:

Der ledige, kinderlose 65-jährige Steuerpflichtige Michael Müller macht Ihnen für 2024 folgende Angaben:

► Einnahmen aus selbstständiger Arbeit	8.000,00 €
► Ausgaben aus selbstständiger Arbeit	2.000,00 €
► Einnahmen aus Vermietung und Verpachtung	24.000,00 €
► Ausgaben aus Vermietung und Verpachtung	20.000,00 €
► Einkünfte aus Gewerbebetrieb	70.000,00 €
► Einkünfte aus reinem Weinbaubetrieb	25.000,00 €
► Sonderausgaben, insgesamt abzugsfähig	10.000,00 €
► Abzugsfähiger Altersentlastungsbetrag	646,00 €
► Außergewöhnliche Belastungen, insgesamt abzugsfähig	5.000,00 €
► Freibetrag aus Land- und Forstwirtschaft (s. § 13 Abs. 3 EStG)	____________ €

Übungsaufgabe 2

Ermitteln Sie aus den folgenden Angaben das zu versteuernde Einkommen für den Veranlagungszeitraum 2024. Stellen und berechnen Sie auch alle im § 2 EStG genannten Zwischengrößen auch unter Beachtung der Reihenfolge.

Fall 1:

Zum Mandanten Egon Breuer (wird im Jahr 2024 65 Jahre alt, geschieden seit 2 Jahren, 1 Kind, alleinerziehend) liegen folgende steuerliche Informationen vor:

► Einkünfte aus Land- und Fortwirtschaft	3.800,00 €
► Einkünfte aus selbstständiger Arbeit (Dolmetscher)	23.900,00 €
► Einkünfte aus Gewerbebetrieb (Beteiligung als Kommanditist)	11.600,00 €
► Sonstige Einkünfte (Vermietung des Wohnmobils, § 22 Nr. 3 EStG)	2.900,00 €
► Einkünfte aus Vermietung und Verpachtung (Zweifamilienhaus)	- 8.100,00 €
► Einkünfte aus nichtselbstständiger Arbeit	40.250,00 €
► Sonderausgaben, abzugsfähig	5.300,00 €
► Altersentlastungsbetrag	646,00 €
► außergewöhnliche Belastungen, abzugsfähig	1.980,00 €
► Kinderfreibetrag, § 32 Abs. 6 EStG	3.192,00 €
► Freibetrag für Betreuungs- und Erziehungs- oder Ausbildungsbedarf des Kindes, § 32 Abs. 6 EStG	1.464,00 €
► Entlastungsbetrag für Alleinerziehende, § 24 b	4.260,00 €

Fall 2:
Wie ändert sich die Übersicht der Einkommensermittlung, wenn Egon Breuer noch mit Emilia Schick, 60 Jahre alt, verheiratet wäre und beide gemeinsam zur Einkommensteuer veranlagt werden.

Gehen Sie bei der Berechnung davon aus, dass Frau Schick von den unter Fall 1 genannten Einkünfte die Einkünfte aus nichtselbstständiger Arbeit und Einkünfte aus Gewerbebetrieb erzielt hat.

TIPP

Hinweise zur Bearbeitung:

Da es nun zu einer Zusammenveranlagung der Ehegatten kommt (s. § 26b EStG), werden die Einkünfte für jeden Ehegatten einzeln ermittelt, die errechneten Summen der Einkünfte beider Eheleute werden addiert und dann werden sie in der Berechnung gemeinsam wie ein Steuerpflichtiger behandelt.

Der Kinderfreibetrag und der Freibetrag für den Betreuungs- und Erziehungs- oder Ausbildungsbedarf verdoppeln sich bei der Berechnung des zu versteuernden Einkommens im Fall der Zusammenveranlagung gem. § 26b EStG.

C. Einnahmen im Rahmen der Einkünfte aus nichtselbstständiger Arbeit

Lernsituation 1

Der Auszubildende Hassan Can hat sich bisher einen guten Überblick über die Berechnung des zu versteuernden Einkommens im EStG verschafft. Nun sollte er sich in die Einkunftsart § 19 - Einkünfte aus nichtselbstständiger Arbeit - intensiver einarbeiten.

Lernjob 1

Ausbilderin Frau Fischer hat Herrn Can eine Tabelle ausgehändigt, die er vorab bearbeiten soll, um einen kleinen Überblick über die zusätzlichen Vergünstigungen durch den Arbeitgeber und deren steuerliche Behandlung gemäß EStG zu erhalten.

Herr Can muss nun feststellen, ob folgende Sachverhalte Einnahmen einer Arbeitnehmerin bzw. eines Arbeitnehmers sind und zu

- nicht steuerbare Einnahmen (= kein Arbeitslohn)
- Einnahmen im Sinne des § 8 EStG,
- steuerfreien Einnahmen nach § 3 EStG und/oder
- steuerpflichtige Einnahmen

gehören.

Herr Can nutzt zur Bearbeitung die ihm zur Verfügung gestellte nachfolgende Lösungstabelle.

Es sind Kreuze und der €-Betrag in die entsprechenden Spalten zu setzen. Ist der Sachverhalt steuerfrei, so soll auch die genaue gesetzliche Grundlage im § 3 EStG angegeben werden!

Sachverhalte:

1. Trinkgelder einer Friseurin von 1.000 € im Kalenderjahr, die sie von den Kundinnen und Kunden freiwillig und ohne Rechtsanspruch erhält.
2. Einnahme (Bruttoarbeitslohn) eines Angestellten aus einem Dienstverhältnis i. H. v. 2.320 € im Monat.
3. Ein Angestellter darf die Ferienwohnung auf Rügen für wöchentlich zum Vorzugspreis von 350 € des Arbeitgebers anmieten. Er verbringt dort 3 Wochen in den Sommerferien. Von Fremden verlangt sein Arbeitgeber durchschnittlich 800 € pro Woche.
4. Aufladen eines betrieblichen E-Fahrzeugs im Betrieb. Das Fahrzeug nutzt der Arbeitnehmer auch für private Fahrten. Anfallende monatliche Stromkosten: 100 €.
5. Zuwendung von 500 € (Sachgeschenke i. H. v. 300 € und Restbetrag in bar), die ein Arbeitnehmer anlässlich der Geburt seines Sohnes von seinem Arbeitgeber erhält.
6. Arbeitgeber zahlt der Arbeitnehmerin zusätzlich zum Arbeitslohn monatliche Kindergartenbeiträge i. H. v. 200 €.
7. Ein Arbeitsloser erhält vom Jobcenter Arbeitslosengeld i. H. v. 3.600 €.
8. Eine Arbeitnehmerin erhält eine Erstattung ihrer Reisekosten anlässlich ihrer Dienstreisen durch ihren Arbeitgeber. Die erstatteten Kosten i. H. v. 1.350 € liegen im Rahmen des § 9 EStG.
9. Ein Arbeitnehmer erhält vom Arbeitgeber eine Inflationsausgleichsprämie i. H. v. 1.500 € in 2024.
10. Eine Arbeitnehmerin erhält zum 40. Geburtstag einen wunderschönen Blumenstrauß vom Chef. Dafür hat er 55 € brutto gezahlt (s. R19.6 LStR und H19.6 LStH).
11. Der Arbeitnehmer darf ein betriebliches Handy auch privat nutzen. Das erspart ihm monatlich 35 €.
12. Ein Arbeitgeber übernimmt für eine Mitarbeiterin die Kosten für eine Fortbildungsveranstaltung zur Verbesserung der Beschäftigungsfähigkeit. Es sind Kosten i. H. v. 2.400 € angefallen.
13. Ein Arbeitgeber gewährt der Mitarbeiterin einen monatlichen Zuschuss i. H. v. 45 € für Präventionskurse des privat aufgesuchten und nach dem 5. Buch des SGB zertifizierten Fitnessstudios.
14. Das Krankenhaus überlässt ihrem Pflegepersonal unentgeltlich Pflegekittel mit dem Logo des Klinikums. Das Krankenhaus übernimmt auch die Reinigungskosten hierfür. Der jährliche geldwerte Vorteil beläuft sich auf ca. 250 €.

15. Die Arbeitnehmerin im Mutterschutz erhält Mutterschaftsgeld i. H. v. 2.500 € nach dem Mutterschutzgesetz.
16. Zuwendung des Arbeitgebers für seine Arbeitnehmerinnen und Arbeitnehmer anlässlich einer Betriebsveranstaltung. Die Kosten pro Person belaufen sich auf
    a) 90 € b) 140 €. [S. § 19 Abs. 1a EStG]

Tz.	**nicht steuerbare Einnahmen**	**steuerbare Einnahmen** nach § 8 EStG		**steuerfreie Einnahmen Angabe der gesetzlichen Grundlage**	**steuerpflichtige Einnahmen**
		in Geld	in Geldeswert (geldwerter Vorteil)		
1					
2					
3					
4					
5					
6					
7					
8					
9					
10					
11					
12					
13					
14					
15					
16a					
16b					

Lernsituation 2

Nun fügt sich das Gespräch zwischen Hassan Can und seiner Schwester Aylin gerade recht gut an. Sie hatte vorige Woche ein Treffen - Höhere Berufsfachschule, Abschluss vor 5 Jahren – mit ihren früheren Klassenkameradinnen und -kameraden. Alle plauderten über ihre Jobs und ihre Einkommen.

Hier nur einige sehr unterschiedliche Einkommensbeispiele aus der Runde der früheren Klassenkameradinnen und -kameraden:

Arne ist in der Gaststättenbranche beschäftigt und arbeitet im Sommer an der Nordsee auf der Insel Sylt und im Winter in Garmisch-Partenkirchen im Allgäu. Während der Saisonarbeit wohnt er in einem kleinen abgeschlossenen 1-Zimmer-Apartment, dass ihm sein jeweiliger Arbeitgeber recht günstig zur Verfügung stellt. Er sagt, er zahlt monatlich 100 €, Fremde müssten allerdings 450 € für das Apartment zahlen (jeweils inklusive Nebenkosten). Für sein Essen sorgt er selbst. Sein monatliches Grundgehalt beträgt nur 1.950 €, aber er bekommt noch Trinkgeld, monatlich durchschnittlich 800 €. Wenn er mal längere Zeit frei hat, dann wohnt er noch zu Hause bei seinen Eltern in Bonn, er muss also keine eigene teure Wohnung unterhalten.

Thomas arbeitet als Kaufmann für Bürokommunikation bei einer Versicherung in Köln. Zur Arbeit geht er zu Fuß zur Arbeitsstätte, denn das Büro liegt direkt bei ihm um die Ecke. Er bekommt ein Bruttogehalt von monatlich 2.400 €. Da er viel in den Filialen außerhalb Kölns arbeiten muss, steht ihm ein Dienstwagen zur Verfügung. Er konnte den Wagen mit aussuchen und hat sich für einen Golf GTI Sport entschieden, der einen Neupreis bei Zulassung von brutto 28.824 € hatte. Mit dem PKW kann er auch privat fahren. Seine Freundin arbeitet und wohnt zurzeit in Koblenz. Mit dem Dienstwagen fährt er hin und wieder zu ihr. Er muss noch nicht einmal ein Fahrtenbuch führen.

Katrin ist verheiratet. Sie und ihr Mann haben sich aus einer kleinen Erbschaft ein kleines Haus gekauft. Katrin arbeitet in einem großen Möbelhaus und hat sich zur Einkäuferin hochgearbeitet. In den letzten beiden Jahren haben sie ihr Haus komplett neu eingerichtet. Sie hat Aylin Bilder gezeigt. Also echt luxuriös. Na ja, sie hat eben das Glück, bei ihrem Arbeitgeber auf alle Möbel einen Personalrabatt zu erhalten. Sie hat im laufenden Jahr Designermöbel zum normalen Endpreis i. H. v. 18.000 € gekauft. Darauf hat sie allerdings 30 % Rabatt erhalten. Auch ihr normales Gehalt lässt sich sehen, sie bekommt monatlich brutto 2.600 €.

Was sollte nun **Aylin** sagen, außer dass sie monatlich 2.750 € Gehalt bei der Stadtverwaltung Bonn verdient. Sie hat weder einen Dienstwagen noch die Möglichkeit einer billigen zur Verfügung gestellten Wohnung oder einem Einkauf verbilligter Waren.

Lernjob 1

Hassan Can will nun die jeweiligen Einkommensverhältnisse der vier Personen berechnen und vergleichen.

Zur Bearbeitung der steuerlichen Jahres-Einnahmen muss Herr Can §§ 8 Abs. 2 und Abs. 3 EStG, 6 Abs. 1 Nr. 4 Satz 2 EStG sowie die Lohnsteuerrichtlinien im Internet: R 8.1 LStR Bewertung der Sachbezüge Lohnsteuerrichtlinien nutzen.

Ermittlung der steuerpflichtigen und steuerfreien Jahres-Einnahmen von

1. ... Arne

2. ... Thomas

3. ... Katrin

4. ... Aylin

Lernjob 2

Vergleichen Sie die unterschiedlichen Einnahmen dieser vier Personen und beurteilen Sie die Einnahmen dieser Arbeitnehmerinnen und Arbeitnehmer auch für die Zukunft. Wer hat dauerhaft die besseren Verhandlungen mit seinem Arbeitgeber mit Blick auf die Zukunft geführt?

Ergänzende Übungsaufgaben

Übungsaufgabe 1

Thomas (aus Lernsituation 2) hat im Januar des Folgejahres die Möglichkeit, sich einen neuen Dienstwagen auszusuchen. Er hat sich schon für einen PKW entschieden: ein vollelektrisches E-Auto einer renommierten Marke, Listenpreis 47.935 € inkl. USt. Mit der Grundausstattung ist er total zufrieden.

Aylin (aus Lernsituation 2) hat mit ihrem Arbeitgeber nachverhandelt und sie erhält ab sofort zusätzlich zu ihrem Gehalt ein kostenloses Jobticket für den Nahverkehr, monatlicher Preis 49 €.

Wie wirken sich diese neuen Sachverhalte auf die steuerpflichtigen Einnahmen von Thomas und Aylin aus?

Übungsaufgabe 2

Herr Can bekommt den Fall eines Mandanten, Werner Schröder, auf den Tisch. Seine Aufgabe soll nun erst einmal sein, dessen **Einnahmen** im Rahmen der nichtselbstständigen Arbeit darzustellen.

Folgende Informationen hat der Auszubildende Herr Can von seiner Ausbilderin Frau Fischer erhalten:

Herr Werner Schröder ist Mitarbeiter des Möbeleinzelhandels „Freigiebig GmbH".

Zu seinem monatlichen Arbeitslohn i. H. v. 2.800 € hat er im Jahr 2024 folgende Vergünstigungen durch seinen Arbeitgeber erhalten:

Im Geschäftsgebäude der Firma „Freigiebig GmbH" bewohnt der Mitarbeiter Schröder eine kleine Dachgeschosswohnung mit Terrasse als Dienstwohnung. Herr Schröder zahlt hierfür eine Monatsmiete von 300 € inkl. Nebenkosten. Die ortsübliche Vergleichsmiete beträgt 750 €.

Der „Freigiebig GmbH" liegt viel an der Erholung ihrer Mitarbeiter, so hat Herr Schröder die Möglichkeit gehabt, drei Wochen lang kostenlos das Ferienhaus seines Arbeitgebers an der Nordsee zu nutzen. Ein Mieter hätte pro Woche 710 € hierfür bezahlt.

Herr Schröder ist überwiegend im Außendienst tätig, hierfür stellt ihm der Arbeitgeber einen Dienstfahrzeug zur Verfügung. Es ist vertraglich zwischen Herrn Schröder und der „Freigiebig GmbH" vereinbart, dass Herr Schröder den Dienstwagen auch für private Fahrten nutzen darf. Die Führung eines Fahrtenbuchs ist nicht vereinbart worden. Der PKW war zum Zeitpunkt der Erstzulassung mit einem Listenpreis von 29.480 € netto (inkl. 2.800 € Sonderausstattung) ausgewiesen. Zudem hat Herr Schröder ein Firmenhandy aufgrund seiner häufigen Abwesenheit vom Geschäft erhalten, dieses darf er auch privat nutzen.

Zu seinem „runden" Geburtstag, am 15. März 2024, hat Herr Schröder einen Blumenstrauß im Wert von 35 € sowie ein Geldgeschenk i. H. v. 100 € erhalten.

Er selbst hat sich auch ein Geburtstagsgeschenk gegönnt und sich ein neues Sofa bei seinem Arbeitgeber gekauft. Sein Arbeitgeber hat statt des Verkaufspreises von 9.100 € nur 6.200 € von Herrn Schröder verlangt.

Aber auch die Kunden der GmbH waren in diesem Jahr wieder mit seiner Einrichtungsberatung sehr zufrieden. Nach eigenen Aufzeichnungen, die von Herr Schröder sehr sorgfältig geführt werden, hat er im ganzen Jahr 2024 Trinkgelder i. H. v. 450 € erhalten.

Für seine abgeschlossenen, hohen Umsätze im Jahr 2024 hat Herr Schröder am 23. Januar 2025 eine Sondervergütung (Tantieme) i. H. v. 1.500 € erhalten.

Ermitteln Sie die Höhe der steuerpflichtigen Einnahmen für das Jahr 2024. Nicht steuerpflichtige Einnahmen sind zu begründen.

Zur Lösung beachten Sie §§ 8, 38a EStG sowie die Lohnsteuerrichtlinien im Internet: R 8.1 LStR Bewertung der Sachbezüge und R 19.6 LStR Aufmerksamkeiten.

D. Ausgaben im Zusammenhang mit einer nichtselbstständigen Arbeit

Lernsituation

Eine Mitarbeiterin der Steuerkanzlei, in der Sie ausgebildet werden, bittet Sie um Unterstützung.

Sie erfahren, dass die Mandantin Iris Hansen um Erstellung Ihrer Einkommensteuererklärung bittet. Sie ist Angestellte einer Privatbank. Zudem veröffentlicht sie gelegentlich Artikel über neue Finanzprodukte bei einem Sparkassenverlag. Die Einnahmen aus dieser Autorentätigkeit werden den Einkünften aus selbstständiger Arbeit zugeordnet.

Frau Hansen hat Ihrer Kanzlei verschiedene Belege zukommen lassen, die Sie zunächst nach den folgenden Kriterien sortieren sollen:

- Aufwendungen im Zusammenhang mit der Einkunftsart „Nichtselbstständige Arbeit"
- Aufwendungen im Zusammenhang mit der Einkunftsart „Selbstständige Arbeit"
- Aufwendungen/Kosten der privaten Lebensführung.

Lernjob 1

Ergänzen Sie:

Die Aufwendungen im Zusammenhang mit der Einkunftsart „Nichtselbstständige Arbeit" werden gem. § 9 EStG

bezeichnet als ____.

Die Aufwendungen im Zusammenhang mit der Einkunftsart „Selbstständige Arbeit" werden gem. § 4 Abs. 4 EStG

bezeichnet als ____.

Aufwendungen/Kosten der privaten Lebensführung sind in § 12 EStG beispielhaft aufgeführt.

Lernjob 2

Folgende Belege liegen Ihnen von Frau Hansen vor.

Ordnen Sie die Positionen stichwortartig der nachfolgenden Übersicht (ohne €-Beträge) zu:

a) Fahrtkosten von Frau Hansen mit dem PKW von ihrer Wohnung zur ersten Tätigkeitsstätte (der Privatbank) an 230 Tagen. Die Entfernung zwischen Wohnung und Tätigkeitsstätte beträgt 24 km.

b) Fahrtkosten von Frau Hansen mit öffentlichen Verkehrsmitteln von ihrer Wohnung zu dem Sparkassenverlag: 10 Bahnfahrten im Jahr; Kosten je Bahnfahrt 15,80 €.

c) Aufwendungen für eine Erholungsreise an einem Wochenende nach einer anstrengenden Arbeitswoche: Übernachtungskosten 244 €.

d) Frau Hansen möchte sich im nächsten Jahr auf eine neue Position bei einer anderen Bank bewerben und besucht zur Vorbereitung ein Seminar. Die Fortbildungskosten muss sie selbst tragen.

   Die Kursgebühren betragen 440 €.

e) Aufwendungen für hochwertige Kleidung, die ausschließlich während der Tätigkeit bei der Privatbank getragen wird. Summe: 560,28 €

f) Aufwendungen für einen Aktenkoffer, um damit Unterlagen für die Weiterarbeit für die Privatbank nach Feierabend transportieren zu können: 128,40 €.

g) Aufwendungen für Ernährung. Es liegen Belege über insgesamt 3.278,48 € vor.

Aufwendungen im Sinne des Einkommensteuergesetzes

Aufwendungen im Rahmen der Selbstständigen Arbeit	**Aufwendungen im Rahmen der Nichtselbstständigen Arbeit**	**Aufwendungen /Kosten der privaten Lebensführung**
= ______________	= ______________	= ______________
______________	______________	______________
↓	↓	↓
______________	______________	______________
______________	______________	______________
______________	______________	______________
______________	______________	______________
______________	______________	______________
______________	______________	______________
______________	______________	______________

Lernjob 3

In dem nächsten Schritt sollen Sie die abzugsfähigen **Werbungskosten** der unter Lernjob 2 aufgeführten Aufwendungen der Frau Hansen darstellen und insgesamt berechnen:

Lernjob 4

Frau Hansen fragt nach, welche weiteren Aufwendungen neben den unter Lernjob 2 aufgeführten Aufwendungen grundsätzlich noch als Werbungskosten im Rahmen der nichtselbstständigen Arbeit geltend gemacht werden könnten.

Führen Sie unter Zuhilfenahme Ihres Fachbuches und des § 9 Abs. 1 und Abs. 4a EStG fünf weitere Beispiele für abzugsfähige Werbungskosten bei Arbeitnehmern an:

- ____________________.
- ____________________
- ____________________
- ____________________
- ____________________

Ergänzende Übungsaufgaben

Übungsaufgabe 1

Ermitteln Sie für die folgenden Fälle die höchstmöglichen abzugsfähigen Werbungskosten für die Fahrten zwischen Wohnung und erster Tätigkeitsstätte. Als Lösungshinweis stehen Ihnen § 9 Abs. 1 Nr. 4 und Abs. 2 EStG zur Verfügung.

a) Ein Arbeitnehmer fährt in 2024 an 220 Tagen mit dem Bus zu seiner ersten Tätigkeitsstätte. Die Monatskarte kostet 80 €. Die kürzeste Straßenverbindung beträgt 28,5 km.

b) Ein Arbeitnehmer, Grad der Behinderung 70, fährt an 200 Tagen zu seiner 10 km entfernt liegenden ersten Tätigkeitsstätte mit dem eigenen Pkw.

c) Eine Arbeitnehmerin, wohnhaft in Siegburg, fährt täglich (230 Arbeitstage) zu ihrer in Frankfurt befindlichen ersten Tätigkeitsstätte mit der Deutschen Bahn. Hierzu erwarb sie die Bahncard 100, 2. Klasse für 4.550 €. Die einfache Entfernung zwischen Wohnung und erster Tätigkeitsstätte beträgt 161 km.

d) Eine Arbeitnehmerin fuhr im VZ 2024 an 200 Tagen mit ihrem Pkw zu der 7 km entfernt liegenden Arbeitsstätte. In der 1-stündigen Mittagspause kehrte sie in ihre Wohnung zurück. Gegen 14 Uhr fuhr sie wieder zu ihrer Arbeitsstelle.

e) Ein Mandant fragt nach, ob er neben der Entfernungspauschale (225 Arbeitstage, gefahrene Kilometer zwischen Wohnung und Tätigkeitsstätte hin und zurück je Arbeitstag insgesamt 38 km) auch noch die Kosten für die Inspektion seines Fahrzeuges i. H. v. 233,65 € geltend machen könne.

Übungsaufgabe 2

Der Steuerfachangestellte Oliver Beier ist seit Beginn des Jahres 2024 bei der Steuerberaterin Luise Vogel in Nürnberg angestellt.

Er macht folgende Angaben zu den Aufwendungen im Zusammenhang mit seiner nichtselbstständigen Tätigkeit.

Teil 1

Ermitteln Sie die abzugsfähigen Werbungskosten. Als Lösungshinweis stehen Ihnen § 9 Abs. 1, Abs. 2, Abs. 4 und 5 EStG und § 9a EStG zur Verfügung.

a) Die Tätigkeitsstätte liegt 2,2 km von der Wohnung entfernt und wird von ihm an 220 Arbeitstagen zu Fuß aufgesucht.

b) Anlässlich der anstehenden Grundsteuerreform kaufte er sich selbst zur beruflichen Weiterbildung Software i. H. v. 78,60 € sowie ein Fachbuch, Kosten 39,90 €. Seine Arbeitgeberin war nicht bereit die Kosten zu übernehmen, da Herr Beier in der Kanzlei ausschließlich im Bereich Einkommensteuererklärungen mit Auslandsbezug eingesetzt wird.

c) Um die unter Sachverhalt b) angeschaffte Software abspielen zu können, und zwecks beabsichtigter Anschaffung weiterer Steuer-Software zur Fortbildung, kaufte sich Herr Beier ein handliches Notebook für 398 € zzgl. 19 % USt. Für private Zwecke steht ihm ein weiteres, älteres Notebook zur Verfügung.

d) Herr Beier beabsichtigt im kommenden Jahr an der Prüfung des Steuerfachwirtes teilzunehmen. Aus diesem Grund besuchte er einen zehntägigen Vorbereitungskurs mit neun Übernachtungen in Bamberg (Anreise am Morgen des ersten Tages der Fortbildung, Abreise am frühen Abend des letzten Tages), Hotelrechnung ohne Frühstück: 630 €, mit dem Pkw insgesamt gefahrene Kilometer: 164 und Kosten für Verpflegung: Vollpension 10 • 34 € = 340 €. Die Kursgebühren betrugen 970 €.

Teil 2

In Variation zu Teil 1 fallen die unter d) aufgeführten Aufwendungen nicht an.

Wie hoch wären in diesem Fall die abzugsfähigen Werbungskosten?

Übungsaufgabe 3

Ermitteln Sie für die folgenden Sachverhalte a bis c die Höhe der abzugsfähigen Werbungskosten (WK) eines ledigen Steuerpflichtigen. Lesen Sie aufmerksam § 9a EStG.

	a	b	c
nachgewiesene WK § 9 EStG	4.200,00 €	1.000,00 €	0,00 €
Lösung: ansetzbare WK			

Übungsaufgabe 4

Ermitteln Sie für die folgenden Sachverhalte a bis c die Höhe der jeweiligen abzugsfähigen Werbungskosten eines zusammenveranlagten Ehepaars:

	a	b	c
Ehemann nachgewiesene WK § 9 EStG	4.280,00 €	905,00 €	600,00 €
Ehefrau nachgewiesene WK § 9 EStG	1.102,00 €	1.298,00 €	500,00 €
Lösung:			

E. Die Einkünfte aus nichtselbstständiger Arbeit

Lernsituation

Heute sollen Sie die Einkünfte aus nichtselbstständiger Arbeit des Mandanten Karl Maier, geb. am 15.10.1959, wohnhaft in Bonn, für den VZ 2024 ermitteln.

Sie erfahren, dass Herr Maier Oberstudienrat an einem Gymnasium in Köln ist und das ganze Jahr die Fächer Politik und Geographie unterrichtete.

Er erhielt in diesem Zeitraum vom Landesamt für Besoldung und Versorgung (LBV) ein monatliches Bruttogehalt von 5.100 €. Die Gutschrift erfolgte über sein Girokonto.

Herr Maier fuhr bis Ende Dezember an 200 Arbeitstagen mit seinem eigenen Pkw von seiner Wohnung zu seiner ersten Tätigkeitsstätte. Die einfache kürzeste benutzbare Straßenverbindung beträgt 26,6 km. Herr Maier benutzte allerdings eine landschaftlich reizvollere Straßenverbindung entlang des Rheins (Länge 29,8 km). Die Fahrt auf dieser Strecke dauerte nur wenige Minuten länger.

Am 12. März geriet Herr Maier auf dem Weg zur Schule in eine Radarkontrolle. Da er innerhalb der Stadt Köln mit 65 km/h gefahren war, hatte er ein Verwarnungsgeld i. H. v. 80 € zu zahlen.

Für Fachliteratur hat Herr Maier insgesamt 250 € ausgegeben. Zudem hat Herr Maier einen Fotokurs bei der VHS besucht. Er ist leidenschaftlicher Hobbyfotograf und möchte in seinem nächsten Urlaub in Thailand möglichst viele beeindruckende Landschaften fotografieren.

Im Juni musste Herr Maier eine Rede zur Verabschiedung der Abiturienten halten. Aus diesem Anlass erwarb er einen Anzug für 450 €, den er aufgrund seines sich nahenden Ruhestandes sowohl dienstlich wie auch privat nie mehr tragen wird.

Im Januar erwarb Herr Maier ein neues Notebook zum Betrag von 1.100 € einschl. 19 % USt aus unstrittig rein beruflichen Gründen. Die Nutzungsdauer des Notebooks beträgt 3 Jahre.

Da Herrn Maier in der Schule kein eigener Arbeitsplatz zur Verfügung steht, hat er sich ein Arbeitszimmer in seinem Wohnhaus eingerichtet. Er nutzt das Arbeitszimmer an 210 Tagen im Jahr. Auf das Arbeitszimmer entfallen anteilige Kosten i. H. v. 1.480 €.

Seinen bisherigen Bürostuhl ersetzte er im April durch einen neuen ergonomischen Bürostuhl; der Kaufpreis betrug 700 € zzgl. 19 % USt. Die Nutzungsdauer beträgt 13 Jahre.

Lernjob 1

Ihnen ist noch in Erinnerung, dass Sie zur Ermittlung der Einkünfte aus nichtselbstständiger Arbeit trennen müssen in

- steuerpflichtige Einnahmen aus nichtselbstständiger Arbeit und
- die Ausgaben, die im Zusammenhang mit den beruflich veranlassten Aufwendungen stehen (= Werbungskosten):

Steuerpflichtige **Einnahmen** gemäß § 8 EStG	Abzugsfähige **Werbungskosten** gemäß § 9 EStG

Sie ermitteln daher zunächst die Höhe steuerpflichtigen Einnahmen für den VZ 2024:

Lernjob 2

In dem nächsten Schritt beschäftigen Sie sich mit den von Herrn Maier übermittelten Angaben zu seinen getätigten Ausgaben. Sind Ausgaben aufgeführt, die Ihrer Auffassung nach nicht im Rahmen der Werbungskosten gem. § 9 EStG abgezogen werden können?

- ______________________
- ______________________
- ______________________

Können Sie sich noch an den Begriff und die Gesetzesgrundlage für diese Aufwendungen erinnern?

____

Nun ermitteln Sie die Höhe der höchstmöglichen abzugsfähigen Werbungskosten für Herrn Maier für den VZ 2024.

Hier noch einige Hinweise:

- Informationen zum Arbeitszimmer finden Sie in Ihrem Fachbuch sowie in § 9 Abs. 5 EStG i. V. m. § 4 Abs. 5 Nr. 6b und Nr. 6c EStG.
- Kontoführungsgebühren sind Werbungskosten, soweit sie durch beruflich veranlasste Kontobewegungen entstehen. Pauschale Kontoführungsgebühren sind ggf. nach dem Verhältnis beruflich und privat veranlasster Kontobewegungen aufzuteilen. Die Finanzverwaltung erkennt i. d. R. ohne Nachweis 16 € pro Jahr im Rahmen des Werbungskostenabzuges an.
- Am 22.02.2022 veröffentlichte das BMF ein neues Schreiben zur Nutzungsdauer für „digitale Wirtschaftsgüter", d. h. für Computerhardware und Software. Mit dem Schreiben wird die Nutzungsdauer für die dort genannten Investitionen als Wahlrecht auf ein Jahr festgelegt.

Lernjob 3

Im letzten Schritt ermitteln Sie nun die Höhe der Einkünfte aus nichtselbstständiger Arbeit für Herrn Maier für den VZ 2024.

Lernjob 4

Herr Maier wünscht auch die Ermittlung der Einkünfte aus nichtselbstständiger Arbeit für seine Ehefrau Klara Maier, geb. am 23. April 1961, für den VZ 2024.

Hierzu legt er Ihnen die folgenden Informationen vor:
Frau Maier ist als Kauffrau für Büromanagement in einem Bonner Industrieunternehmen angestellt. Sie erhält ab Januar des Jahres neben ihrem monatlichen Bruttogehalt von 3.578 € von ihrem Arbeitgeber einen gebrauchten Pkw für Dienstfahrten. Diesen Wagen kann sie auch für Fahrten zwischen ihrer Wohnung und erster Tätigkeitsstätte sowie für die Privatfahrten nutzen. Der Bruttolistenpreis des Pkws hat im Zeitpunkt der Erstzulassung 30.588 € betragen. Der Wert des Fahrzeuges zum Zeitpunkt der Überlassung beträgt 19.000 €.

Die einfache Entfernung zwischen Wohnung und Tätigkeitsstätte beträgt 10 km. Frau Maier fuhr an 230 Tagen mit dem Firmenwagen von ihrer Wohnung zu ihrer Arbeitsstätte.

Wie hoch sind die Einkünfte aus nichtselbstständiger Arbeit von Frau Maier für den VZ 2024?

Lernjob 5

Die Tochter der Familie Maier arbeitet bei einem Telekommunikationsunternehmen in Bonn. Sie erhält ein monatliches Gehalt i. H. v. 2.550 €. Ferner erhält sie von ihrem Arbeitsgeber ein kostenloses Jobticket für die Fahrten im öffentlichen Personennahverkehr. Der Monatspreis des Tickets beträgt für den Arbeitgeber 49 €.

Die Tochter fährt an 230 Arbeitstagen zur Arbeitsstelle. Die einfache Entfernung beträgt 5 km.

Weitere Aufwendungen im Zusammenhang mir den Einnahmen aus nichtselbstständiger Arbeit sind nicht angefallen.

Ermitteln Sie die Höhe der Einkünfte aus nichtselbstständiger Arbeit für den VZ 2024.

Ergänzende Übungsaufgaben

Übungsaufgabe 1

Ermitteln Sie für die folgenden Sachverhalte a bis c die Höhe der jeweiligen Einkünfte aus nichtselbstständiger Arbeit für den VZ 2024:

	a	b	c
Einnahmen § 19 EStG	35.000,00 €	2.800,00 €	1.000,00 €
nachgewiesene WK § 9 EStG	4.200,00 €	3.000,00 €	0,00 €
Lösung:			

Übungsaufgabe 2

Die Eheleute Kaiser, wohnhaft in Bonn, wenden sich heute an Ihre Steuerberatungskanzlei.

Sie erfahren, dass beide Ehepartner im Angestelltenverhältnis berufstätig sind. Sie wollen von Ihnen erfahren, wie hoch ihre Einkünfte aus nichtselbstständiger Arbeit im VZ 2024 sind, die der Besteuerung unterworfen werden müssen.

Hierzu erhalten Sie detaillierte Angaben zu den beiden Beschäftigungsverhältnissen sowie zu den damit in Zusammenhang stehenden Einnahmen und Ausgaben:

Herr Kaiser ist als Chemiker für die „Weckar Chemie GmbH" in Köln tätig. Er ist als Führungskraft verantwortlich für den Forschungsbereich.

1. Er erhielt von der „Weckar Chemie GmbH" im VZ 2024 eine monatliche jeweils zum Monatsletzten ausgezahlte Bruttovergütung i. H. v. 7.500 €.

   Die Vergütung für Dezember 2023 konnte aufgrund einer Cyberattacke erst am 5. Januar 2024 auf seinem Konto gutgeschrieben werden.
2. Im Mai 2024 beging die „Weckar Chemie GmbH" ihr 25-jähriges Firmenjubiläum. Aus diesem Anlass erhielt jeder ihrer Mitarbeiter in Abhängigkeit zur Betriebsangehörigkeit eine Sondervergütung, Herr Kaiser konnte sich Ende Mai über eine Sondervergütung i. H. v. 2.000 € freuen.
3. Zur Dokumentation seiner chemischen Laborversuche hat ihm die „Weckar Chemie GmbH" ein Notebook im Wert von 2.000 € überlassen. Es ist vereinbart, dass das Notebook auch zur Nutzung im Privathaushalt und im Urlaub genutzt werden darf. Der geldwerte Vorteil der privaten Nutzung im VZ 2024 betrug 400 €.
4. Im Dezember 2024 lud die „Wecker Chemie GmbH" zu einer Weihnachtsfeier ein. Die ermittelten Kosten pro Teilnehmer betrugen 105 € einschließlich Umsatzsteuer. Weitere Betriebsveranstaltungen gab es im VZ nicht.
5. Herr Kaiser fuhr an 230 Tagen mit seinem eigenen Pkw von seiner Wohnung zu seiner ersten Tätigkeitsstätte. Die kürzeste benutzbare Straßenverbindung beträgt 54 km einfache Entfernung. Herr Kaiser benutzte allerdings regelmäßig die wesentlich schnellere Autobahnverbindung; Fahrtstrecke insgesamt täglich: 120 km.
6. Herr Kaiser ist Mitglied der ver.di. Sein jährlicher Mitgliedsbeitrag beträgt 120 €.
7. Verschiedene Mitarbeiter der Firma „Weckar Chemie GmbH" bemängelten den autoritären Führungsstil des Herrn Kaiser. Er versprach Besserung und erwarb deshalb das Buch „Personalführung" für 96 €.
8. Das Nettogehalt wurde Herrn Kaiser auf seinem Girokonto bei der Spar-Bank Köln-Bonn gutgeschrieben. An Kontoführungsgebühren wurden ihm monatlich 6 € belastet.

Frau Kaiser ist als medizinische Fachangestellte bei dem Internisten Dr. Mersburg in Remagen angestellt.

1. Frau Kaiser arbeitet in Teilzeit (140 Tage in 2024). Sie erhielt von Dr. Mersburg im Veranlagungszeitraum ein monatliches Bruttogehalt von 2.200 €.
2. Das Nettogehalt wurde Frau Kaiser auf ihrem eigenen Girokonto bei der Verbandsraiffeisenbank Köln-Bonn gutgeschrieben. An Kontoführungsgebühren sind hierfür monatlich 4 € angefallen.
3. Dr. Mersburg übernahm ebenfalls vermögenswirksame Leistungen von 20 € je Monat, die auf einen Bausparvertrag der Frau Kaiser überwiesen wurden.
4. Frau Kaiser fuhr im VZ 2024 mit dem Zug nach Remagen. Das Monatsticket kostet 44 €. Die einfache Entfernung zwischen Wohnung und Tätigkeitsstätte beträgt 20 km.
5. Frau Kaiser erwarb in 2024 zwei neue modisch geschnittene weiße Arztkittel i. H. v. insgesamt 180 € auf eigene Kosten.

F. Einnahmen aus einem früheren Dienstverhältnis

Lernsituation

Die Auszubildende Steffanie Hundertwasser sitzt mit ihrem Ausbilder, dem Steuerberater Herrn Weiß, in einem Beratungsgespräch mit dem Ehepaar Thomas und Marion Bayer aus Siegburg.

Der 55-jährige Thomas Bayer, noch einer der wenigen Beamten bei der Allgemeinen Ortskrankenkasse (AOK), hat die Möglichkeit in die zurzeit angebotene Vorruhestandsregelung aufgenommen zu werden.

Er informiert sich im Vorjahr bei seinem Freund und Steuerberater Herrn Weiß, ob es unterschiedliche steuerliche Auswirkungen hat, wenn er

- zum 01.01.2024
- zum 01.01.2026
- zum 01.01.2030 oder erst
- zum 01.01.2035 (zum regulären Rentenalter)

in den Ruhestand geht. Herr Beyer geht davon aus, dass er, egal wann er seinen aktiven Dienst beendet, eine monatliche Pension von 2.500 € von der AOK erhält. Herr Bayer musste während seiner aktiven Beschäftigung keine Beiträge in den Aufbau einer Altersversorgung zahlen.

Seine Ehefrau Marion Bayer hat ihren Mann zum Steuerberater begleitet und hört interessiert zu.

Sie ist ebenso bei der AOK beschäftigt, allerdings als Angestellte ohne Beamtenstatus. Sie ist älter als ihr Mann und hat vor, mit ihm gemeinsam in den Ruhestand zu gehen. Von ihrem Gehalt wurden bisher immer Arbeitnehmer-Beiträge zur gesetzlichen Rentenversicherung abgezogen.

Im Gespräch kristallisiert sich heraus, dass die Altersbezüge der Eheleute Bayer unterschiedlichen Einkünften im Einkommensteuerrecht zugeordnet werden und diese auch steuerlich unterschiedlich behandelt werden.

Lernjob 1

Das Ruhegeld/**die Pension** des Beamten Herrn Bayer wird der Einkunftsart ______________________________

gemäß § ______________________ EStG zugeordnet und wird steuerlich als ____________________________.

bezeichnet.

Das Ruhegeld/die **gesetzliche Rente** der Angestellten Frau Bayer wird der Einkunftsart ________________________

gemäß § ______________________ EStG zugeordnet.

Lernjob 2

Welche Auskünfte wird der Steuerberater Herr Weiß dem Mandanten Thomas Bayer bezüglich der Höhe seiner Einkünfte aus nichtselbstständiger Arbeit zu den oben genannten unterschiedlichen Eintrittsdaten in den Ruhestand geben?

a) Nutzen Sie die unterstehende vorgegebene Tabelle zur Berechnung der Einkünfte aus nichtselbstständiger Arbeit. Herr Bayer geht nicht davon aus, dass Ausgaben im Zusammenhang mit dem Bezug seines Ruhegeldes entstehen wird.

		Thomas Bayer			
Eintritt in den Ruhestand am ...					
	Höhe der **Versorgungsbezüge**				
-	**Versorgungsfreibetrag** § 19 Abs. 2 Satz 3 EStG				
-	**Zuschlag zum Versorgungsfreibetrag** § 19 Abs. 2 Satz 3 EStG				
=	**steuerpflichtige Einnahmen**				
-	**Werbungskosten-Pauschbetrag** § 9a Satz 1 Nr. 1b EStG				
=	**Einkünfte aus nicht-selbständiger Arbeit**				

b) Erläutern Sie, was Ihnen bei der Berechnung auffällt.

Lernjob 3

Herr Bayer erkennt in Ihrer Berechnung keinen großen steuerlichen Vorteil mit dem Ruhestand zu warten. Er hat viele private Hobbys, daher entscheidet er, ab 1. August 2024 in den Ruhestand zu treten. In seiner aktiven Beamtenzeit bis einschließlich Juli 2024 hat er ein monatliches Gehalt von brutto 3.400 €, ab 1. August 2024 erhält er Versorgungsbezüge i. H. v. monatlich 2.500 €.

Berechnen Sie seine Einkünfte aus nichtselbstständiger Arbeit für den Veranlagungszeitraum 2024. Zu Werbungskosten macht Herr Bayer keine Angaben.

Hinweis

Beachten Sie § 19 Abs. 2 Sätze 3 bis 5 **und** Satz 12 EStG bei der Berechnung des zeitanteiligen Versorgungsfreibetrags und Zuschlag zum Versorgungsfreibetrag!

Lernjob 4

In 2025 erhält Herr Bayer (Fortsetzung zu Lernjob 3) aufgrund der Tarifabschlüsse im öffentlichen Dienst ebenso eine Erhöhung seiner Pension i. H. v. 8 % ab dem Monat Juli 2025. Er macht keine Angaben zu Werbungskosten.

Berechnen Sie seine Einkünfte aus nichtselbstständiger Arbeit für den VZ 2025.

Hinweis

Beachten Sie § 19 Abs. 2 Sätze 8 und 9 EStG.

Ergänzende Übungsaufgaben

Übungsaufgabe 1

Frau Rosemarie Schnell, 62 Jahre, war Beamtin bei der Bezirksregierung Trier. Seit dem 01.01.2024 erhält sie eine monatliche Pension i. H. v. 2.100 €. Diese wird ab 01.09.2024 um 7 % erhöht. Darüber hinaus hat sie einen Anspruch auf Sonderzahlung (Weihnachtsgeld) in 2024 i. H. v. 800 €. Werbungskosten werden nicht gesondert geltend gemacht.

Berechnen Sie die Einkünfte aus nichtselbstständiger Arbeit und die individuellen Besteuerungsmerkmale (= Festlegung des Versorgungsfreibetrages und Zuschlag zum Versorgungsfreibetrag) für die nächsten Jahre.

Hinweis

Beachten Sie § 19 Abs. 2 Satz 4 EStG.

Übungsaufgabe 2

Bestimmen Sie in den nachfolgenden Sachverhalten, ob die jeweiligen Steuerpflichtigen Einnahmen im Rahmen des § 19 Abs. 1 Nr. 2 EStG beziehen und ob es sich dabei um Versorgungsbezüge nach § 19 Abs. 2 EStG handelt.

Fall 1

Frau Renate Moll, 55 Jahre, war Beamtin in der Stadtverwaltung Koblenz. Sie musste aus gesundheitlichen Gründen aus dem aktiven Verhältnis ausscheiden und erhält seit 2024 von ihrem früheren Arbeitgeber eine Pension von jährlich 28.700 €.

Fall 2

Hans Lustig (61 Jahre) aus Neuwied war bis einschließlich Juli 2024 als leitender Angestellter tätig. Er ist seit seinem 60. Lebensjahr im Ruhestand und erhält zu seiner gesetzlichen Rente seit Juli 2024 von seinem ehemaligen Arbeitgeber eine Betriebsrente i. H. v. 850 €. Während der aktiven Dienstzeit hat Herr Lustig keine Beitragsleistungen aus seinem Lohn aufwenden müssen. Herr Lustig ist nicht vermindert erwerbsfähig oder behindert.

Fall 3

Herr Michael Schneider ist 62 Jahre alt und war als Buchhalter bei der Deutschen Post AG in Bonn beschäftigt. Er ist schwerbehindert und bezieht neben seiner gesetzlichen Rente seit dem 01.01.2024 eine Betriebsrente von monatlich 900 €, für die er während seines aktiven Arbeitsverhältnisses keine eigenen Beitragsleistungen leisten musste.

Fall 4

Peter Baum war als angestellter Arzt im Krankenhaus Neuwied tätig. Er ist direkt nach Vollendung seines 63. Lebensjahres in den Ruhestand getreten. Seit Januar 2024 bezieht er aus der gesetzlichen Rentenversicherung eine monatliche Rente i. H. v. 2.100 €.

Übungsaufgabe 3

Die Eheleute Thomas und Marianne Kochs (beide 65 Jahre) wohnen in Bad Neuenahr. Sie werden in 2024 zusammenveranlagt.

Herr Kochs war bis einschließlich April als Prokurist tätig. Sein monatliches Gehalt betrug brutto 4.200 €. Neben seiner Altersrente i. H. v. monatlich 2.800 €, die die gesetzliche Rentenversicherung zahlt, bezieht er ab Mai vom früheren Arbeitgeber eine Betriebsrente i. H. v. monatlich 600 €. Um zu seiner ersten Tätigkeitsstätte zu kommen, musste Herr Kochs während seiner aktiven beruflichen Tätigkeit an 65 Tagen eine Entfernung von 18 km zurücklegen. Weitere Werbungskosten konnte er nicht benennen.

Frau Kochs ist während des gesamten Jahres als Geschäftsführerin in einem kleineren Betrieb beschäftigt. Sie bezog ein monatliches Gehalt von 3.900 €, Urlaubsgeld i. H. v. 1.500 € und Weihnachtsgeld i. H. v. 2.500 €. Außerdem durfte sie den ihr zur Verfügung gestellten Geschäftswagen auch privat nutzen. Ein Fahrtenbuch wurde nicht geführt. Der Bruttolistenpreis dieses Fahrzeugs, ein Benziner, betrug vor Jahren 29.560 €. Ihr Arbeitgeber hat den Wagen im Vorjahr für 15.550 € gebraucht gekauft. Frau Kochs fährt an 210 Tagen mit dem Pkw von der Wohnung zur ersten Tätigkeitsstätte. Die einfache Entfernung beträgt 29 km.

Sie hat an 20 Tagen die Möglichkeit zum Homeoffice genutzt.

1. Wie hoch sind die Einkünfte aus nichtselbstständiger Arbeit, die von Herrn und Frau Kochs in 2024 erzielt werden?
2. Bestimmen Sie für Herrn Koch den festzuschreibenden Versorgungsfreibetrag nebst Zuschlag zum Versorgungsfreibetrag für die Zukunft.

G. Von der Summe der Einkünfte zum Gesamtbetrag der Einkünfte

Lernsituation 1

Frau Renate Hundertwasser hat bei Stammtischgesprächen mit ehemaligen Lehrerinnen und Lehrern nur Wortfetzen mitbekommen, so u. a., dass die älteren Steuerzahlerinnen und Steuerzahler steuerliche Entlastungen in der Berechnung der Einkommensteuer erhalten. Mit steuerlichen Belangen hat sie sich bisher wenig befasst. Nun hat sie aber Zeit und will ihr Wissen auch auf steuerlichem Gebiet ausweiten. Sie besucht daher Ihr Steuerbüro, um zu klären, welche Vorteile es im Einkommensteuerrecht für ältere Steuerpflichtige gibt und wie diese im VZ 2024 für sie persönlich ausfallen werden.

Sie, als Auszubildende/Auszubildender, sollen das anstehende Gespräch mit Frau Hundertwasser inhaltlich vorbereiten. Ihr Ausbilder gibt Ihnen den Tipp sich mit § 24a EStG und den persönlichen Aufzeichnungen von Frau Hundertwasser im Intranet des Steuerbüros zu beschäftigen.

Im Intranet Ihres Steuerbüros finden Sie folgende Mandantenstammdaten zu Frau Hundertwasser:

Mandantin/Mandant:	Renate Hundertwasser					
Adresse:	Urnenstraße 25, 51069 Köln					
Daten zur Person:						
Nachname	**Vorname**	**Geburts-datum**	**Familien-stand**	**Kinder**	**Religions-zugehörigkeit**	**berufliche Tätigkeit**
Hundertwasser	Renate	31.01.1959	geschieden seit 2009	keine	evangelisch	verbeamtete Lehrerin, seit 01.08.2024 pensioniert
Sonstiges						

Frau Hundertwasser ist seit 10 Jahren erfolgreiche ***Autorin*** für Fachbücher „Englische Korrespondenz“ und ***Eigentümerin von zwei vermieteten Eigentumswohnungen*** in St. Augustin.

Bereits ausgearbeitete Informationen zum VZ 2024 aufgrund vorab eingereichter Belege:

► Einkünfte aus selbstständiger Arbeit (Autorentätigkeit)		5.100,00 €
► Einkünfte aus Vermietung und Verpachtung (vermietete Eigentumswohnungen)		9.800,00 €
► Einkünfte aus nichtselbstständiger Arbeit:		50.895,50 €
- während des aktiven Beschäftigungsverhältnisses als Lehrerin (01.01. bis 31.07., monatliches Bruttogehalt von 5.200,00 €, nachgewiesene Werbungskosten: 3.100,00 €)	33.300,00 €	
- aus dem passiven Beschäftigungsverhältnis (seit 01.08. monatliche Pension von 3.650,00 €)	17.595,50 €	

Lernjob 1

Klären Sie anhand des § 24a EStG, ob Frau Hundertwasser die altersmäßige Voraussetzung für die Inanspruchnahme des Altersentlastungsbetrags erfüllt.

Lernjob 2

Berechnen Sie für den VZ 2024 die Summe der Einkünfte und den Gesamtbetrag der Einkünfte für Frau Hundertwasser anhand der obenstehenden Mandantendaten. (Beachten Sie ebenso § 2 EStG.)

Lernjob 3

Im VZ 2025 haben sich die steuerlichen Einkünfte von Frau Hundertwasser wie folgt verändert:

- Einkünfte aus selbstständiger Arbeit (Autorentätigkeit): 4.800 €
- Einkünfte aus Vermietung und Verpachtung (vermietete Eigentumswohnungen) Frau Hundertwasser hat einige Erhaltungsaufwendungen/Reparaturen in den Wohnungen durchführen lassen, daher hat sie im VZ einen Verlust errechnet: - 5.850 €
- Einkünfte aus nichtselbstständiger Arbeit aus dem passiven Beschäftigungsverhältnis (= Versorgungsbezüge): 42.372 €

Berechnen Sie für den VZ 2025 die Summe der Einkünfte (beachten Sie § 2 EStG) und den Gesamtbetrag der Einkünfte unter Beachtung des Altersentlastungsbetrag gem. § 24a EStG für Frau Hundertwasser und der obenstehenden Mandantendaten.

Lernsituation 2

Frau Hundertwasser hat auch gleich ihre alleinerziehende Freundin Isabell Richter, die selbstständige Lektorin ist, mitgebracht.

Sie ist geboren am 25.05.1969 und ist seit drei Jahren Witwe. Sie hat zwei Kinder, 15 und 17 Jahre alt und lebt mit ihnen allein im eigenen Reihenhaus. Ihr Mann hatte ihr bisher immer die steuerlichen Angelegenheiten abgenommen, daher sieht sie sich nun gezwungen, wie ihre Freundin Frau Hundertwasser, sich ein bisschen mehr mit den steuerlichen Belangen zu beschäftigen. Frau Richter hat vor einiger Zeit in der Zeitung gelesen, dass die jetzige Regierung Alleinerziehende zukünftig höher entlasten wollte. Darüber möchte sie nun mehr erfahren.

Ihr verstorbener Mann war Landesbeamter. Laut vorliegender Lohnsteuerbescheinigung vom Landesamt für Besoldung und Versorgung NRW in Düsseldorf hat sie im VZ 2024 Versorgungsbezüge i. H. v. 36.400 € erhalten, ebenso ist in der Bescheinigung noch das Folgende abzulesen:

29. Bemessungsgrundlage für den Versorgungsfreibetrag zu 8.	**35.950**	**00**
30. Maßgebendes Kalenderjahr des Versorgungsbeginns zu 8. und/oder 9.	**2021**	
31. Zu 8. Bei unterjähriger Zahlung: Erster und letzter Monat, für den Versorgungsbezüge gezahlt wurden	**05 und 12**	

Ihren Gewinn (Einkünfte aus selbstständiger Arbeit) hat sie für 2024 mit 15.300 € berechnet.

Lernjob

Nun ist es Ihre Aufgabe mit Hilfe des § 24b EStG den Gesamtbetrag der Einkünfte für Frau Richter zu berechnen.

Ergänzende Übungsaufgaben

Übungsaufgabe 1

Die Eheleute Berta und Lorenz Knippscher werden zusammen veranlagt. Herr Knippscher ist im Jahr 2020 und Frau Knippscher ist in 2022 64 Jahre alt geworden.

Sie erzielten im Jahr 2024 folgende Einnahmen bzw. Einkünfte:

	Ehemann	Ehefrau
Einkünfte aus selbstständiger Arbeit		1.900 €
Laufender Arbeitslohn im Jahr		8.200 €
Ruhegehalt als Beamter: mtl. 2.800 € und 900 € Weihnachtsgeld Der Versorgungsfreibetrag und Zuschlag zum Versorgungsfreibetrag wurde in 2022 i. H. v. 1.404 € festgeschrieben.	? €	
Einkünfte aus Vermietung und Verpachtung	6.250 €	

Berechnen Sie den Gesamtbetrag der Einkünfte für das Ehepaar Knippscher.
Hinweis: Beachten Sie § 24a Satz 4 EStG.

Übungsaufgabe 2

Prüfen Sie in den nachfolgenden Fällen, ob ein Entlastungsbetrag für Alleinerziehende nach § 24b EStG gewährt werden kann. Wenn Sie „ja" bestimmen, berechnen Sie die Höhe des Entlastungsbetrages.

Fälle	
1	Laura und Paul sind nicht verheiratet und haben ein gemeinsames Kind, leben aber in getrennten Wohnungen. Das Kind ist bei Laura gemeldet.
2	Wie Fall 1, aber Laura und Paul sind verheiratet.
3	Laura und Paul sind nicht verheiratet, leben aber in einer gemeinsamen Wohnung.
4	Silly und Tim haben ein gemeinsames Kind von 8 Jahren. Sie lebten bisher in getrennten Wohnungen. Das Kind lebte bisher bei Silly. Am 1. Juni 2024 haben beide geheiratet und sind zusammengezogen.
5	Julia und Julian sind verheiratet, leben aber getrennt. Ihre gemeinsamen minderjährigen Kinder leben mal in der Wohnung von Julia und mal in der Wohnung von Julian und sind auch dort jeweils gemeldet. Beide Elternteile haben sich geeinigt, dass Julia das Kindergeld beantragen soll.
6	Sonja lebt mit ihrer 5-jährigen Tochter und ihrem 21-jährigen Sohn, für beide bezieht sie Kindergeld, gemeinsam in einer Wohnung.
7	Der seit fünf Jahren verwitwete Michael lebt mit seinen Söhnen, 17 und 22 Jahre alt, in einer gemeinsamen Wohnung. Seit dem letzten Jahr hat der ältere Sohn seine Ausbildung zum Steuerfachangestellten abgeschlossen und ist in Festeinstellung.
8	Sonja, aus Fall 6, hat Thomas kennengelernt. Seit dem 24. Oktober 2024 ist Thomas in Sonjas Wohnung mit eingezogen.
9	Maria, unverheiratet, lebt allein mit ihrer 3-jährigen Tochter in einer Wohnung. Maria befindet sich in einer außerordentlichen Notlage (Krankheit), daher zieht ihre Freundin Ronja für acht Monate bei Maria ein.

Übungsaufgabe 3

Der alleinerziehende Peter Müller ist im letzten Jahr 67 Jahre alt geworden. Er hat eine 18-jährige Tochter, die noch das Gymnasium besucht und lebte bisher mit ihr allein in einer Eigentumswohnung in Neuwied. Seit 29. Mai 2024 ist nun endlich seine langjährige Freundin bei ihnen eingezogen. Herr Müller ist als selbstständiger Arzt tätig und hat im VZ 2024 Einkünfte aus selbstständiger Arbeit i. H. v. 85.650 € erzielt. Außerdem ist er im Besitz verschiedener Immobilien. Diese konnte er zum Teil im Jahr 2024 nicht vermieten, da er grundlegende Renovierungsarbeiten durchführen ließ. Hieraus erzielte er Einkünfte aus Vermietung und Verpachtung i. H. v. - 14.500 €.

Berechnen Sie für Herrn Müller den Gesamtbetrag der Einkünfte für den VZ 2024.

H. Kinder im Einkommensteuerrecht

Lernsituation 1

Es erscheint im Steuerbüro ein neuer Mandant: Herr Siegfried Freund mit Ehefrau Ingeborg. Sie wohnen seit 2 Jahren in Ahrweiler, haben 5 Kinder und sind beide Arbeitnehmer. Er ist Leiter eines Gesundheitsamtes und sie ist als medizinische Fachangestellte tätig. Das Steuerbüro nimmt, nachdem sie die persönlichen Daten der neuen Mandanten erfasst haben, auch die der Kinder auf:

1. **Manfred,** 15 Jahre alt, besucht ein Gymnasium. Er arbeitet als Mini-Jobber für monatlich 200 €, indem er am Wochenende Zeitschriften und Werbeblättchen austrägt.
2. **Anita,** 19 Jahre alt, ist in der Ausbildung zur Bankkauffrau. Ihre monatliche Ausbildungsvergütung beträgt 1.150 €. Sie wohnt noch im Elternhaus.
3. **Carla,** 20 Jahre alt, hat im letzten Jahr die Steuerfachangestelltenprüfung bestanden und befindet sich in einem Arbeitsverhältnis mit einem monatlichen Bruttogehalt von 2.800 €. Die Eheleute Freund haben Carla vor 10 Jahren adoptiert. Sie ist die Tochter von Frau Freunds Schwester, die mit ihrem Ehemann bei einem Autounfall tödlich verunglückt ist.
4. **Egon,** 23 Jahre alt, studiert seit seinem Abitur Jura in Düsseldorf und hat dort ein Zimmer. Er jobbt ständig und hat insgesamt einen Bruttolohn i. H. v. 6.240 € im Veranlagungszeitraum 2024 erzielt.
5. **Werner** hatte im Alter von 20 Jahren einen Unfall und ist seitdem querschnittsgelähmt. Er geht keiner Ausbildung oder Arbeit nach.

Die Eltern können ihre Kinder mittels der steuerlichen Identifikationsnummern dem Finanzamt nachweisen.

Lernjob 1

Sie, als Auszubildende/Auszubildender haben nun die Aufgabe erhalten, die Kinderangaben genauer anzuschauen und zu prüfen, ob und für welchen Zeitraum diese für die Eltern im VZ 2024 noch als steuerlich berücksichtigungsfähige Kinder angesehen werden.

Zur Prüfung nehmen Sie § 32 EStG zur Hilfe. Geben Sie bei Ihren Ergebnissen auch die genauen gesetzlichen Grundlagen an.

1. Manfred

2. Anita

3. Carla

4. Egon

5. Werner

Lernsituation 2

Der Mandant Hermann Lehr wird von Ihrem Ausbildungsbetrieb schon seit langem in allen steuerlichen Fragen beraten.

Herr Lehr ist in der Pharmazie angestellt und hat ein Jahresgehalt von ca. 90.000 €. Seine Frau ist selbstständige Ärztin mit einem Gewinn i. H. v. ca. 60.000 €.

Sie haben gemeinsam einen Sohn Peter, geb. 10. Februar 2006.

Es kam am gestrigen Tag zu einem Telefonat mit Ihrer erfahrenen Kollegin, Frau Hein, aus dem Steuerbüro, indem Herr Lehr von Problemen bezüglich der Anerkennung seines Sohnes Peter bei der Kindergeldstelle im Jahr 2024 sprach. Mal wurde dem Ehepaar das Kindergeld gewährt, dann wurde das Kindergeld plötzlich wieder abgelehnt. Das Ehepaar ist total verunsichert.

Frau Hein erläutert ihm, dass die Anerkennung des Kindesgeldes an die steuerliche Anerkennung eines Kindes nach Einkommensteuerrecht geknüpft sei. Sie bittet daher, dass die Eheleute Lehr den schulischen und beruflichen Werdegang ihres Sohnes im Jahr 2024 darlegen, damit sie die Anerkennung von Peter als steuerliches Kind und somit auch den Anspruch auf Kindergeld klären kann.

Folgende Daten über Peter das laufende Jahr betreffend erhält das Steuerbüro:

- Sohn Peter hat im im Juli des Vorjahres seinen schulischen Teil der Fachhochschulreife an einem Berufskolleg in Bonn erhalten. Danach schlug er sich mit einem Mini-Job bei einer Tankstelle in Bonn durch.
- Ab 15. Februar absolvierte Peter ein 6-monatiges Berufspraktikum, um auch den praktischen Teil der Fachhochschulreife zu erhalten.
- Am 1. Oktober begann Peter dann sein BWL-Studium an der FH Rhein-Sieg in St. Augustin.
- Zur Bestreitung seiner Hobbys behielt er seinen Mini-Job über 450 € bei der Tankstelle in Bonn bis August bei.
- Im Monat September hat Peter Urlaub in Spanien bei Freunden gemacht.
- Mit Studienbeginn hat er wieder bei der Tankstelle das Beschäftigungsverhältnis mit einer wöchentlichen Arbeitszeit von 18 Stunden aufgenommen; die monatliche Vergütung beträgt 850 €.

Lernjob 1

Halten Sie zunächst für Sohn Peter die zeitlichen Angaben mittels eines Zeitstrahls fest, indem Sie alle Zeit- und Tätigkeitsangaben von Peter dort vermerken (mit Pfeil für ein festes Datum bzw. Klammer für Zeitraum).

Zeitstrahl für das Jahr 2024:

Jan	Febr	März	April	Mai	Juni	Juli	Aug	Sept	Okt	Nov	Dez

Lernjob 2

Prüfen Sie anschließend für alle im Zeitstrahl dargestellten Zeiträume die steuerliche Relevanz als zu berücksichtigendes steuerliches Kind mit Hilfe des § 32 Abs. 4 EStG.

Lernjob 3

Prüfen Sie, ob und in welcher Höhe Freibeträge für Kinder nach § 32 Abs. 6 EStG den Eltern gewährt werden können. Beachten Sie Satz 2!

Ergänzende Übungsaufgaben

Übungsaufgabe 1

Die Tochter Sandra des Mandanten-Ehepaares Oliver und Miriam Floßdorf, geb. 15. März 2006, hat am 25.01.2024 ihre Berufsausbildung zur Industriekauffrau erfolgreich abgeschlossen, obwohl sie noch sehr jung ist. Sie konnte in der Schule ein Jahr überspringen und auch ihre Ausbildung verkürzt abschließen.

Bis Ende September 2024 hatte sie in ihrem Ausbildungsbetrieb noch weiter in Vollzeit für monatlich 2.600 € gearbeitet, um danach am 1. Oktober des gleichen Jahres ihr Studium in Mathematik aufzunehmen.

Mit Studienbeginn hat sie das bisherige Beschäftigungsverhältnis mit einer wöchentlichen Arbeitszeit von 18 Stunden fortgesetzt. Die monatliche Vergütung beträgt 850 €.

Prüfen Sie für die Mandanten Floßdorf, ob und für welchen Zeitraum evtl. ihre Tochter im VZ noch als steuerliches Kind betrachtet wird. Nutzen Sie wie in der obigen Lernsituation 2 einen Zeitstrahl, um sich die Veränderungen der Tätigkeiten/Ausbildung deutlich zu machen!

Beachten Sie insbesondere § 32 Abs. 4 Satz 2 u. 3 EStG.

MEDIEN

Zu den „steuerlichen Kindern" gibt es ein ausführliches BMF-Schreiben v. 08.02.2016 – IV C 4 – S 2282/07/0001 - 01 BStBl 2016 I S. 226. Dieses können Sie im Internet, z. B. auf mein**kiehl**.de, aufrufen.

Übungsaufgabe 2

Die alleinerziehende Susanne Zor, wohnhaft in Bonn, arbeitet als kaufmännische Angestellte. Sie bezieht im VZ 2024 Einkünfte aus nichtselbstständiger Arbeit i. H. v. 33.250 €.

Ihre Kinder wohnen mit ihr in der gemeinsamen Wohnung in Bonn.

- Am 5. März 2024 hat sie Sohn Selvin geboren.
- Sohn Kadir, aus 1. Ehe, besucht das Gymnasium in Rheinbach. Er hat am 23. September 2024 das 19. Lebensjahr vollendet. Er hat neben der Schule einen regelmäßigen Job und verdient im VZ insgesamt brutto 12.000 €.
- Ihre Tochter Zeynep, 22 Jahre alt, hat nach dem Abitur vor 2 Jahren direkt mit einem Studium auf Lehramt in Siegen begonnen. Sie hat sich dort ein Studentenzimmer gemietet, ist aber noch bei der Mutter in Bonn mit Hauptsitz gemeldet. Sie fährt jedes Wochenende zur Mutter.

Frau Zor kann ihre Kinder mittels der steuerlichen Identifikationsnummer dem Finanzamt nachweisen.

Am 25. November 2024 zieht der Vater von Sohn Selvin bei Frau Zor mit in die Wohnung ein. Er ist nicht mit Frau Zor verheiratet.

a) Handelt es sich bei Selvin, Kadir und Zeynep um steuerlich berücksichtigungsfähige Kinder für Frau Zor?

b) Berechnen Sie für Frau Zor den Gesamtbetrag der Einkünfte.

I. Die Sonderausgaben

Lernsituation 1

Nachdem Sie zwischenzeitlich für mehrere Mandate bei der Erstellung der Steuerklärungen mitarbeiten durften, wünscht Ihr Ausbilder für die nächsten Tage Ihre gezielte Mitwirkung bei der Feststellung der steuerlichen Abzugsfähigkeit von Sonderausgaben.

Zum Einstieg erhalten Sie folgende Informationen des Ihnen neuen Mandanten Willi Schulze für 2024:

- Geburtsdatum 16. Mai 1989
- wohnhaft in Berlin-Lichtenfelde
- kinderlos und nicht verheiratet
- Angestellter bei der Spedition Grass. Das steuerpflichtige Jahresarbeitsentgelt beträgt 50.400 €, abzugsfähige Werbungskostenbelege liegen i. H. v. 1.400 € vor.

Lernjob 1

Zunächst werden Sie gebeten, den Gesamtbetrag der Einkünfte des Herrn Schulze für den VZ 2024 in einer übersichtlichen Darstellung unter Berücksichtigung des Ermittlungsschemas des § 2 EStG zu ermitteln.

Ferner liegt Ihnen von Herrn Willi Schulze die Lohnsteuerbescheinigung für den VZ 2024 vor. Diese wurde von seinem Arbeitgeber, der Fa. Grass, erstellt. In dieser sind die folgenden Aufwendungen (**Fachausdruck: Sozialversicherungsbeiträge**) aufgeführt:

Arbeitnehmeranteil zur gesetzlichen Rentenversicherung	4.687,20 €
Arbeitgeberanteil zur gesetzlichen Rentenversicherung	4.687,20 €
Arbeitnehmerbeitrag zur gesetzlichen Krankenversicherung	4.233,60 €
Arbeitnehmerbeitrag zur sozialen Pflegeversicherung	1.159,20 €
Arbeitnehmerbeitrag zur Arbeitslosenversicherung	655,20 €

Weiterhin teilt Ihnen Herr Schulze mit, dass er noch einen sog. zertifizierten Rürup-Vertrag zur Absicherung im Alter gem. § 10 Abs. 1 Nr. 2b EStG abgeschlossen hat. Hierfür muss er monatlich 200 € an Beiträgen leisten.

Außerdem hat er noch die folgenden weiteren Versicherungsaufwendungen in 2024 geleistet:

- Kfz-Haftpflichtversicherung: 620 €
- Private Haftpflichtversicherung 80 €
- Private Unfallversicherung 240 €

Ferner erfahren Sie über Ihren Ausbildungsbetrieb, dass sozialversicherungspflichtige Arbeitnehmer in aller Regel einen Anspruch auf eine Lohnfortzahlung im Krankheitsfalle haben. Dies gilt auch für Herrn Schulze.

Lernjob 2

Damit Sie Verständnis für die auf der vorigen Seite aufgelisteten Abgaben entwickeln, beauftragt Sie Ihr Ausbilder, die Höhe der bescheinigten Renten- und Arbeitslosenversicherungsbeiträge für 2024 nachzuvollziehen. Können Sie das? Nutzen Sie dazu das Internet als Informationsquelle.

Ermittlung der abgeführten Rentenversicherungsbeiträge (RV):

Ermittlung der abgeführten Arbeitslosenversicherungsbeiträge:

Die Beiträge zur Kranken- und Pflegeversicherung sind bereits von Ihrem Ausbilder überprüft und sind in korrekter Höhe einbehalten worden.

Lernjob 3

(1) Ergänzen Sie unter Zuhilfenahme Ihres Fachbuches und des § 10 EStG:

Steuerrechtlich werden die aufgeführten Versicherungsbeiträge als ______________________ bezeichnet.

Sie lassen sich in zwei Gruppen unterteilen:

1. ____

und

2. ____.

(2) Ordnen Sie die geleisteten Versicherungsbeiträge für/von Herrn Schulze der Tabelle im unteren Teil unter 1. oder 2. zu:

____

1. ______________________	2. ______________________
Gesetzesgrundlage: ______________	Gesetzesgrundlage: ______________
Art der abgeführten Beiträge für:	Art der abgeführten Beiträge für:
► ______________________ ______________________	► ______________________
► ______________________ ______________________	► ______________________
► ______________________ ______________________	► ______________________
	► ______________________
	► ______________________
	► ______________________

Lernjob 4

Nun ermitteln Sie anhand des EStG, inwieweit die Beiträge unter 1. in der Tabelle als Sonderausgaben abgezogen werden können:

In § 10 Abs. 3 Satz 1 EStG ist aufgeführt bis zu welchem Höchstbetrag die Altersvorsorgeaufwendungen berücksichtigt werden können, nämlich bis zu dem ______________________________

______________________________. Dieser entspricht 27.566 € in 2024.

Ihr Ausbilder teilt Ihnen noch mit, dass die geleisteten Arbeitgeberanteile Betriebsausgabe beim Arbeitgeber darstellen und deshalb auch nicht vom Arbeitnehmer nochmals steuerlich geltend gemacht werden können. Dies ergibt sich aus § 10 Abs. 3 Satz 5 und Satz 6 EStG.

Ihr Ausbilder stellt Ihnen folgendes Schema zur Verfügung und bittet Sie um Ermittlung der abzugsfähigen Altersvorsorgeaufwendungen des **Angestellten** Willi Schulze:

geleistete Beiträge gem. § 10 Abs. 1 Nr. 2a EStG (AN-Anteil und AG-Anteil zur gesetzlichen RV)	€ €	
+ geleistete Beiträge gem. § 10 Abs. 1 Nr. 2b EStG	€	
= Summe geleisteter Beiträge	€	❶
Höchstbetrag gem. § 10 Abs. 3 Satz 1 EStG	€	❷
niedrigerer Betrag von ❶ oder ❷	€	
- steuerfreier AG-Anteil zur RV	€	
= abzugsfähige Altersvorsorge des Herrn Schulze	€	

Lernjob 5

(1) Anschließend sollen Sie feststellen, inwieweit die Beiträge unter 2. der obigen Tabelle als Sonderausgaben beim Arbeitnehmer Willi Schulze abgezogen werden können. Hierzu erhalten Sie den Hinweis, dass die Fa. Grass als Arbeitgeber auch Beiträge zur Kranken- und Pflegeversicherung leistet (weiterer Hinweis § 3 Nr. 62 EStG).

In § 10 Abs. 4 Satz ________ EStG ist aufgeführt, bis zu welchem **Höchstbetrag in €** die sonstigen Vorsorgeaufwendungen **bei Herrn Schulze** berücksichtigt werden können, nämlich bis zu ________________ €.

Beachten Sie zudem § 10 Abs. 4 Satz 4 EStG:
Welcher Betrag ist abzugsfähig, wenn die Aufwendungen gemäß § 10 Abs. 1 Nr. 3.a) und 3.b) EStG den Höchstbetrag von § 10 Abs. 4 Satz 2 EStG übersteigen:

Der Höchstbetrag nach § 10 Abs. 4 **Satz 2 *oder*** nach § 10 Abs. 4 **Satz 4** EStG? ________________

INFO

Die Anwendung des Satzes 4 ist in der Praxis der Regelfall. Man spricht von der sog. **Basisvorsorge**, die im Rahmen der Krankenversicherung (gem. § 10 Abs. 1 Nr. 3.a EStG) und Pflegeversicherung (gem. § 10 Abs. 1 Nr. 3.b EStG) steuerlich geltend gemacht werden kann, da die Beiträge zur Basisvorsorge meist über dem Höchstbetrag von 1.900 € liegen.

Im Rahmen der Abzugsfähigkeit der Krankenversicherungsbeiträge (=KV-Beiträge) ist der Satz 4 des § 10 Abs. 1 Nr. 3.a) EStG zu beachten: Sofern ein Anspruch auf Krankengeld besteht, ist der geleistete KV-Beitrag um ______ % zu kürzen, um die Basisversorgung der KV zu erhalten.

(2) Ermitteln Sie nun die abzugsfähigen Sonstigen Vorsorgeaufwendungen des **Angestellten** Herrn Schulze.

Hinweis: Die dunklen Felder sind nicht auszufüllen.

	geleistete Beiträge	**abzugsfähige Basisvorsorge**
AN-Beitrag zur gesetzlichen Krankenversicherung § 10 Abs. 1 Nr. 3.a) EStG	€	€
AN-Beitrag zur gesetzlichen (sozialen) Pflegeversicherung § 10 Abs. 1 Nr. 3.b) EStG	€	€
Summe der Basisvorsorge		€
Höchstbetrag gem. § 10 Abs. 4 Satz 2 EStG		€
abzugsfähige Sonstige Vorsorgeaufwendungen		€

Antwort: ____

____

Sofern die Basisvorsorgeaufwendungen unter dem Höchstbetrag von 1.900 € liegen, wären weitere Vorsorgeaufwendungen bis zum Höchstbetrag abzugsfähig (= sog. Aufstockungsbetrag). Das Schema würde dann im Falle des Herrn Schulze wie folgt erweitert werden können:

bisherige Basisvorsorgeaufwendungen (< 1.900 €)
+ AN-Anteil Arbeitslosenversicherung
+ Kfz-Haftplichtversicherung
+ private Haftpflichtversicherung
+ private Unfallversicherung
Höchstbetrag gem. § 10 Abs. 4 Satz 2 EStG
Summe: maximaler Ansatz 1.900 € bei Einzelveranlagung

Auch die die Basisvorsorge zur Krankenversicherung übersteigenden Aufwendungen (sog. Komfortleistungen) sowie der Anspruch auf Krankengeld i. H. v. 4 % der gesetzlichen KV-Beiträge könnten im Rahmen des Aufstockungsbetrages bis zur Summe von 1.900 € geltend gemacht werden.

Lernsituation 2

Eine weitere Mandantin, Frau Josefine Jakobs, ist seit 1. Januar 2024 Beamtin einer Berliner Bundesbehörde. Ihnen liegen folgende Informationen vor:

- Geburtsdatum 05. Februar 1990
- wohnhaft in Berlin-Tiergarten
- kinderlos und nicht verheiratet
- steuerpflichtiges Jahresarbeitsentgelt für den VZ 2024: 40.400 €.

Von Ihrem Ausbilder erhalten Sie einige allgemeine Hinweise zur Altersvorsorge von Beamten:

- Im Unterschied zu einer sozialversicherungspflichten Arbeitskraft müssen Beamte keine eigenen Beiträge zu ihrer späteren gesetzlichen Altersvorsorge leisten.
- Sollten sie auf freiwilliger Basis eine zusätzliche Altersvorsorge aufbauen wollen, können sie auch in einen zertifizierten Rürup-Vertrag einzahlen, aus dem sie dann im Alter eine lebenslange Rente beziehen werden. Diese Beiträge können Beamte steuerlich als Altersvorsorge geltend machen.

Aber: Bei Beamten wird der Höchstbetrag für Altersvorsorge (im VZ 2024: 27.566 €) um einen fiktiven Höchstbetrag zur allgemeinen Rentenversicherung gekürzt.

Die Kürzung beträgt in 2024 18,6 % vom Bruttoarbeitslohn, max. 18,6 % von 90.600 € (= jährliche Beitragsbemessungsgrenze zur RV).

Lernjob 1

Finden Sie die genaue Gesetzesgrundlage (den Satz) in § 10 Abs. 3 EStG für diese vorzunehmende

Kürzung bei Beamten ______________________________.

Lernjob 2

Frau Jakobs leistet auf freiwilliger Basis monatlich einen Beitrag i. H. v. 200 € in einen zertifizierten Rürup-Vertrag. Geld für weitere Altersvorsorge investiert sie nicht, da ihr Arbeitgeber, das Land Berlin, sich um ihre Pension im Alter kümmern wird.

Ermitteln Sie nun den als Altersvosoge abzugsfähigen Sonderausgabenbetrag für die **Beamtin** Frau Jakobs: (Die dunklen Felder sind nicht auszufüllen)

geleistete Beiträge gem. § 10 Abs. 1 Nr. 2.a) EStG (AN-Anteil und AG-Anteil zur gesetzlichen RV)		
geleistete Beiträge gem. § 10 Abs. 1 Nr. 2.b) EStG	€	❶
Kürzung des Höchstbetrags gem. § 10 Abs. 3 Satz 1 EStG **Berechnung:**	€	❷
niedrigerer Betrag von ❶ oder ❷	€	
= abzugsfähige Altersvorsorge der Frau Jakobs	€	

Lernjob 3

Zu den Sonstigen Vorsorgeaufwendungen liegen Ihnen folgende Angaben der Frau Jakobs vor:

- Private Krankenversicherung:
  gezahlter Gesamtbeitrag 3.746,28 €
  davon gezahlt für die Basisabsicherung 2.883,68 €
- Gesetzliche (private) Pflege-Pflichtversicherung 637,68 €
- Kfz-Haftpflichtversicherung: 620,00 €
- Private Haftpflichtversicherung 80,00 €
- Private Unfallversicherung 240,00 €

Ermitteln Sie die abzugsfähigen Sonstigen Vorsorgeaufwendungen der Frau Jakobs:

	geleistete Beiträge	**abzugsfähige Basisvorsorge**
Beitrag zur privaten Krankenversicherung § 10 Abs. 1 Nr. 3.a) EStG	€	€
AN-Beitrag zur gesetzlichen (privaten) Pflegeversicherung § 10 Abs. 1 Nr. 3.b) ESt	€	€
Summe der Basisvorsorge		€
Höchstbetrag gem. § 10 Abs. 4 Satz 2 EStG		€
abzugsfähige Sonstige Vorsorgeaufwendungen		€

Antwort: Die Höhe der abzugsfähigen Sonstigen Vorsorgeaufwendungen beträgt: ____________ €.

Begründung:

____

____

Lernjob 4

Frau Jakobs fragt nach, ob grundsätzlich sämtliche Versicherungsbeiträge steuerlich als Vorsorgeaufwendungen geltend gemacht werden können.

Antworten Sie Ihr unter Zuhilfenahme Ihres Fachbuchs (Kapitel: Sonderausgaben):

____

____

Führen Sie fünf Beispiele zu nicht abzugsfähigen Versicherungen auf:

- ____
- ____
- ____
- ____
- ____

Lernsituation 3

Nachdem Sie die Vorsorgeaufwendungen für mehrere Mandate festgestellt und korrekt berechnet haben, erfahren Sie über Ihren Ausbildungsbetrieb, dass auch noch weitere Beträge im Rahmen der Sonderausgaben als sog. **„Übrige Sonderausgaben"** abzugsfähig sind.

Lernjob 1

Ihr Ausbilder legt Ihnen Belege über verschiedene Aufwendungen vor, für die Sie jeweils beurteilen sollen, ob ein Sonderausgabenabzug als „Übrige Sonderausgabe" möglich ist. In allen Fällen sollen Sie eine Gesetzesgrundlage aufführen.

Neben Ihrem Vorwissen aus den bisherigen Kapiteln können Ihnen Ihr Fachbuch (Kapitel: Sonderausgaben) sowie die folgenden Gesetzesgrundlagen weiterhelfen: § 10, § 10b und § 34g EStG.

Aufwendungen für ...	**als „Übrige Sonderausgabe" abzugsfähig ja / nein**	**genaue Gesetzesgrundlage**
... eine Spende an eine politische Partei.		
... eine Spende an den Förderverein eines Berufskollegs.		
... die Fortbildung im ausgeübten Beruf.		
... die eigene Berufsausbildung als Student/ Studentin im Fach BWL (Erstausbildung).		
... eine Spende an die evangelische Kirchengemeinde in Köln.		
... die laut Lohnsteuerbescheinigung abgeführte Kirchensteuer.		
... die Kosten des Besuchs eines privaten Gymnasiums des 12-jährigen Sohnes.		
... den Besuch des Kindergartens der 5-jährigen Tochter.		

Lernjob 2

Entscheiden Sie, ob und in welcher Höhe die folgenden Aufwendungen im VZ 2024 als Sonderausgaben bei der Mandantin/dem Mandanten abzugsfähig sind:

- durch den Arbeitgeber einbehaltene Kirchenlohnsteuer für 2024 — 911 €
- geleistete Kirchensteuer im Rahmen der Steuervorauszahlungen — 87 €
- für den VZ 2023 erstatte Kirchensteuer gemäß Steuerbescheid vom 15.03.2024 — 120 €

Lernjob 3

Entscheiden Sie, ob und in welcher Höhe die folgenden Aufwendungen der Eheleute Rudolf und Tanja Moosmeier, Bielefeld, im VZ 2024 als Sonderausgaben abzugsfähig sind:

- Rudolf Moosmeier, Orthopäde mit eigener Praxis in Bonn, hat an einem dreitägigen Fortbildungslehrgang in München teilgenommen. Die Kosten des Lehrgangs betrugen 1.800 €.
- Frau Tanja Moosmeier befindet sich nach dem Abitur und einer angeschlossenen Elternzeit seit Oktober des Vorjahres im Studium. Sie studiert Medizin an der Universität in Münster. In diesem Zusammenhang sind ihr in 2024 entstanden:

Studiengebühren[1]	624 €
Kosten für medizinische Übungsgeräte	223 €
Druckkosten für eine Semesterarbeit	42 €

- Die Eheleute Moosmeier besuchen in 2024 noch einen Sprachkurs in Thailändisch, da sie ihren Urlaub im kommenden Jahr in Bangkok und Phuket verbringen wollen. Die Kursgebühren betragen 132 € je Teilnehmer.

1 Hierin sind die Kosten für die Nutzung öffentlicher Verkehrsmittel zwischen Münster und Bielefeld als fester Rechnungsbestandteil enthalten.

Lernjob 4

Die Eheleute Moosmeier (siehe Lernjob 3) haben zwei Kinder: Maximilian, 7 Jahre alt und Ann-Sophie, 2 Jahre alt. Für Ann-Sophie zahlen die Eheleute Moosmeier in 2024 monatlich 620 € an Kindergartenbeitrag U3. Maximilian geht nach der Schule in die offene Ganztagsbetreuung (Beaufsichtigung bei der Erstellung der Hausaufgaben). Hierfür zahlt Familie Moosmeier 1.200 € im Jahr.

Maximilian besucht noch einen Tenniskurs. Hierfür fallen monatlich 80 € an Trainingsgebühren an.

Über sämtliche Ausgaben liegen Rechnungen und Überweisungsbelege vor.

Entscheiden Sie, ob und in welcher Höhe die aufgeführten Aufwendungen der Eheleute Rudolf und Tanja Moosmeier im VZ 2024 als Sonderausgaben abzugsfähig sind:

Lernjob 5

Ines Wetzel, 47 Jahre alt und wohnhaft in Magdeburg, ist seit 2 Jahren verwitwet. Da sie als Handelsvertreterin häufig im Ausland verweilen muss, hat sie ihre 14-jährige Tochter in einem privaten Internat am Bodensee untergebracht. Die Kosten hierfür betrugen im VZ insgesamt 24.000 €. Davon entfallen 15.000 € auf Unterkunft und Verpflegung.

Ermitteln Sie die Höhe der abzugsfähigen Sonderausgaben für den VZ 2024:

Lernjob 6

(1) Frau Wetzel (siehe Lernjob 5) ist Mitglied einer politischen Partei in Magdeburg. Sie leistet im VZ einen Mitgliedsbeitrag i. H. v. 1.650 €.

Stellen Sie zunächst mit Hilfe des Gesetzestextes fest, ob der Mitgliedsbeitrag im Rahmen der Sonderausgaben gem. § 10b Abs. 2 EStG oder im Rahmen der Steuerermäßigungen des § 34g EStG abzugsfähig ist:

Fazit:

____.

Begründung:

____

____

____

(2) Ermitteln Sie nun den abzugsfähigen Betrag und entscheiden Sie, an welcher Stelle im System der ESt-Berechnung der Abzug erfolgt:

(3) Frau Wetzel spendete darüber hinaus weitere 300 € an den Landesverband der Partei.

Nach welcher Gesetzesgrundlage und in welcher Höhe ist die Spende abzugsfähig?

Lernjob 7

(1) Frau Wetzel leistete in 2024 darüber hinaus weitere Zuwendungen an diverse Institutionen.

Stellen Sie fest, ob es sich um Zuwendungen des § 52, 53 oder 54 der AO handelt. Ergänzen Sie und kreuzen Sie an:

Art der Zuwendung	**§ 52 AO:** **Zwecke**	**§ 53 AO:** **Zwecke**	**§ 54 AO:** **Zwecke**
Mitgliedsbeitrag an den Förderverein des Internats der Tochter: 25 €			
Spende an die evangelische Kirchengemeinde Magdeburg: 100 €			
Spende an ein wissenschaftliches Institut der Universität Magdeburg: 250 €			
Mitgliedsbeitrag an den Sportverein TUS Magdeburg. Frau Wetzel besucht gelegentlich einen vom Verein angebotenen Pilateskurs: 80 €			
Spende an eine Pflegeeinrichtung für Demenzerkrankte in Magdeburg 50 €			
Mitgliedsbeitrag an das Deutsche Rote Kreuz 60 €			
Spende an den Ortsverschönerungsverein Magdeburg 40 €			
Spende an das Aktionsbündnis „Deutschland hilft", anlässlich einer Naturkatastrophe 300 €			
Summen in €:	€	€	€

(2) Frau Wetzel teilt Ihnen mit, dass ihr über sämtliche Zuwendungen die zur steuerlichen Abzugsfähigkeit erforderlichen Zuwendungsbescheinigungen gem. § 50 EStDV vorliegen. Lediglich die Spende an das Aktionsbündnis „Deutschland hilft" kann sie nur mittels Kontoauszug nachweisen.

Kann sie diese Spende i. H. v. 300 € dennoch steuerlich geltend machen? Führen Sie auch die genaue Gesetzesgrundlage des § 50 EStDV an:

(3) Ferner fragt Frau Wetzel an, ob sie die Zuwendungsbescheinigungen nach Abgabe der Steuerklärung weiter aufbewahren muss? Überprüfen Sie dies mittels des § 50 EStDV.

(4) Ermitteln Sie nun die Höhe der abzugsfähigen Zuwendungen unter Beachtung des Höchstbetrags. Gesamtbetrag der Einkünfte von Frau Wetzel: 127.800 €.

Ergänzende Übungsaufgaben

Übungsaufgabe 1

Ermitteln Sie die abzugsfähigen Altersvorsorgeaufwendungen für die folgenden Sachverhalte:

a) Ein lediger kaufmännischer Angestellter erzielte im VZ 2024 einen Bruttoarbeitslohn i. H. v. 40.000 €. Die Beiträge i. H. v. 18,6 % des Bruttoarbeitslohnes wurden von dem Angestellten und dem Arbeitgeber jeweils zur Hälfte aufgebracht.

b) Ein lediger Beamter hat im VZ 2024 zur zusätzlichen Altersvorsorge eine private zertifizierte Leibrentenversicherung (Rürup-Vertrag) abgeschlossen. Die aufgewendeten Beträge beliefen sich im VZ auf insgesamt 4.000 €. Der Bruttoarbeitslohn des Beamten betrug 50.000 €.

c) Die Eheleute A und B werden zusammenveranlagt. Beide sind Angestellte in einem Versicherungsunternehmen. Der Ehemann erhält einen Bruttoarbeitslohn von 50.000 € und die Ehefrau von 60.000 €.

   Beide haben in 2024 neben der gesetzlichen Altersvorsorge gem. § 10 Abs. 1 Satz 1 Nr. 2.a) EStG an Beiträgen für eine private Leibrentenversicherung gem. § 10 Abs. 1 Satz 1 Nr. 2.b) EStG **jeweils** 5.000 € aufgewendet. [Lösungshinweis: § 10 Abs. 3 Satz 2 EStG.]

Übungsaufgabe 2

Entscheiden und begründen Sie, ob und ggf. an welcher Stelle die folgenden Aufwendungen steuerlich geltend gemacht werden können:

a) Aufwendungen für ein erstmaliges Hochschulstudium, die einem Studenten entstehen, der Jurist werden möchte. Es ist keine andere Berufsausbildung vorausgegangen.

b) Aufwendungen, die einer 21-jährigen Auszubildenden für ihre Ausbildung zur Steuerfachangestellten entstehen. Arbeitgeber ist die Kanzlei Weber in Leverkusen.

c) Aufwendungen für ein erstmaliges Hochschulstudium der Bildenden Künste, die einer 68-jährigen Person im Ruhestand entstehen.

d) Aufwendungen für die Vorbereitung zur Prüfung des Fachassistenten Lohn und Gehalt, die einem Steuerfachangestellten entstehen.

e) Aufwendungen für den Erwerb eines Führerscheins der Klasse 3, die einer Steuerfachangestellten-Auszubildenden entstehen. Sie wohnt auf dem Land und kann mit dem Pkw zukünftig die Fahrzeit zur Arbeitsstelle um 30 Minuten je Strecke verkürzen.

Übungsaufgabe 3

Ermitteln Sie den Sonderausgabenabzug im VZ 2024 für den folgenden Sachverhalt:

Gerlinde Voß ist seit zwei Jahren geschieden. Sie wohnt mit ihrer 5-jährigen Tochter Chantal in einer Eigentumswohnung in Freiburg. Da Frau Voß berufstätig ist, besucht Chantal im gesamten Jahr ganztägig einen Kindergarten. Die monatlichen Kosten beliefen sich auf 316 € zzgl. 74 € für Frühstück und Mittagessen im Kindergarten. Frau Voß kann die Aufwendungen anhand von Rechnungen nachweisen. Die Beiträge wurden auf ein Konto der Stadt Freiburg überwiesen.

Ferner besuchte Chantal im VZ einen Schwimmkurs. Hierfür entstanden Frau Voß Kosten über 180 €. Auch hierüber liegen eine Rechnung und ein Überweisungsbeleg vor.

Übungsaufgabe 4

Ermitteln Sie die Steuerermäßigung nach § 34g EStG sowie die Höhe der als Sonderausgaben abzugsfähigen Zuwendungen für den VZ 2024:

Die Eheleute Bayer, Wohnsitz in Bremen, zusammenveranlagt, weisen folgende Zuwendungen nach:

► Beiträge und Spenden an eine politische Partei	5.000 €
► Spenden für kulturelle Zwecke	7.500 €
► Spenden für kirchliche Zwecke	14.500 €
► Mitgliedsbeitrag an den Musikverein „Jazz 4 US“, Bremen	800 €

Der Gesamtbetrag der Einkünfte des Ehepaares beträgt 120.000 € im VZ.

Übungsaufgabe 5

Ermitteln Sie die Höhe der insgesamt abzugsfähigen Sonderausgaben für den VZ 2024.

Manfred (M.) Zimmer, Angestellter bei der Telekom, wird zusammen mit seiner Ehefrau Bettina (B.), Hausfrau, veranlagt. Beide sind jeweils 35 Jahre alt, konfessionslos und weisen für den VZ Folgendes nach:

► AN-Anteil und AG-Anteil ges. Rentenversicherung, M. Zimmer, jeweils	3.530 €
► AN-Beitrag ges. Krankenversicherung (inkl. Krankengeld), M. Zimmer[1]	2.970 €
► AN-Beitrag ges. Pflegeversicherung, M. Zimmer	358 €
► AN-Beitrag ges. Arbeitslosenversicherung, M. Zimmer	545 €
► Zusatzversicherung für Private KV- Komfortleistungen, B. Zimmer	220 €
► Privathaftpflichtversicherung, B. und M. Zimmer, insgesamt	80 €
► Gebäudeversicherung für das selbst genutzte Einfamilienhaus	430 €
► Rechtschutzversicherung, B. und M. Zimmer,	300 €
► Leibrentenversicherung i. S. d. § 10 Abs. 1 Nr. 2.b) EStG (Rürup-Rentenversicherung), M. Zimmer	1.200 €

Weitere Sonderausgaben werden **nicht** nachgewiesen. Lösungshinweis: § 10c EStG.

Der Höchstbetrag zur knappschaftlichen Rentenversicherung gem. § 10 (3) Satz 1 EStG beträgt in 2024: 27.566 €.

Sämtliche erforderliche Einwilligungen zur Datenübermittlung gem. § 10 Abs. 2.a) und 2.b) EStG liegen vor.

1 Frau Zimmer ist im Rahmen der Familienversicherung mit krankenversichert.

Übungsaufgabe 6

Hubert Hammes, verbeamteter Lehrer im öffentlichen Dienst, wird zusammen mit seiner Ehefrau Helene, Hausfrau, veranlagt. Beide sind katholisch und 40 Jahre alt.

Der Gesamtbetrag der Einkünfte der Eheleute beträgt im VZ 2024:		77.336 €
Die Eheleute Hammes weisen für den VZ 2024 Folgendes nach:		
► Beiträge zur privaten Krankenversicherung		6.200 €
davon entfallen laut Mitteilung der Versicherungsgesellschaft 60 % auf die Basisabsicherung		
► Beiträge zur gesetzlichen privaten Pflege-Pflichtversicherung		530 €
► KFZ-Versicherung Eheleute Hammes, insgesamt		423 €
davon entfallend		
auf Haftplicht:	235 €	
auf Kaskoversicherung:	188 €	
► Berufshaftpflichtversicherung H. Hammes		60 €
► Hausratversicherung Eheleute Hammes		185 €
► Seit Sommer 2024 besucht Frau Hammes Abendkurse an der Volkshochschule. Sie möchte das Abitur nachholen, um anschließend eine berufliche Erstausbildung zur Steuerfachangestellten absolvieren zu können. Entstandene Kurskosten		1.800 €
Bislang liegt bei Frau Hammes noch keine berufliche Erstqualifikation vor. Nach ihrem mittleren Bildungsabschluss vor 10 Jahren kümmerte sie sich bis Juni 2024 ausschließlich um die Erziehung ihrer Kinder und den Haushalt.		
► geleistete Kirchenlohnsteuer in 2024		1.575 €
Kirchensteuer-Erstattung in 2024 für den VZ 2023		280 €

Weitere Aufwendungen werden **nicht** nachgewiesen.

a) Welche der aufgeführten Aufwendungen gehören zu den „Übrigen Sonderausgaben"?

b) Welche der aufgeführten Aufwendungen können nicht im Rahmen der Sonderausgaben abgezogen werden?

c) Ermitteln Sie in einer übersichtlichen Darstellung die Höhe der abzugsfähigen Sonderausgaben der Eheleute Hammes für den VZ 2024.

d) Ermitteln Sie das Einkommen der Eheleute Hammes für den VZ 2024.

J. Außergewöhnliche Belastungen

Lernsituation 1

Bisher haben Sie für einige Steuerpflichtige besondere Steuererleichterungen kennengelernt, wie Altersentlastungsbetrag, Entlastungsbetrag für Alleinerziehende und Sonderausgaben, also u. a. Aufwendungen/Versicherungsbeiträge, die die sozialen Risiken bei Krankheit, Alter, Unfall usw. absichern sollen, und weitere Ausgaben, die abschließend in den §§ 10, 10a und 10b EStG aufgeführt sind. Obwohl diese Aufwendungen eindeutig den Kosten der privaten Lebensführung zuzuordnen sind.

Nun fallen Ihnen in der täglichen Arbeit im Steuerbüro durchaus weitere Mandanten-Gruppen auf, die besondere finanzielle Belastungen in ihrem privaten Bereich zu tragen haben.

So u. a. die alleinstehende Mandantin Elisabeth Schmied aus Aachen, die soeben zu einem Gespräch im Steuerbüro erscheint. Sie berichtet, dass sie im vorangegangenen Jahr einen privaten Unfall mit tragischen Folgen für sie hatte und seitdem hohe Krankheitskosten selbst tragen müsse, da ihre Krankenkasse diese leider nicht komplett übernimmt.

Sie ist seither stark gehbehindert und hat vom zuständigen Versorgungsamt seit März 2024 einen Grad der Behinderung (GdB) von 60 bescheinigt bekommen.

Frau Schmied musste unter anderem im VZ für eine aufwendige, orthopädische Behandlung in einer Privatklinik 2.930 €, für eine neue, vom Augenarzt verordnete Brille 659 €, Rezeptgebühren insgesamt 325 €, Kosten für Physiotherapie 355 € und dann noch anlässlich einer ärztlich verordneten Kur 2.250 € selbst zahlen. Die Erstattungen durch die Krankenkasse sind bereits abgezogen.

Dies sind aber nicht alle Belastungen, denn Frau Schmied unterstützt ihre verwitwete Mutter Elvira Schuster, da sie nur eine kleine Witwenrente i. H. v. 600 € bezieht. Frau Schmied überweist ihrer Mutter regelmäßig monatlich 450 €.

Außerdem unterstützt Frau Schmied auch ihr einziges Kind, ihren 20-jährigen Sohn Alexander, der in Düsseldorf studiert und auch dort wohnt, mit monatlich 850 €. Für ihn erhält sie weiterhin Kindergeld. Er ist noch in der Wohnung von Frau Schmied gemeldet und kommt oft an den Wochenenden zur Mutter.

Sie selbst empfinden eine Ungerechtigkeit im Steuersystem, wenn Frau Schmied hierfür keine steuerliche Entlastung bekäme.

Frau Schmied verdient als angestellte Dolmetscherin in einer Bundesbehörde ganz gut. Ihre Einkünfte aus nichtselbstständiger Arbeit im VZ belaufen sich auf 71.500 €.

Ihr Ausbilder, Herr Klein, erläutert Ihnen nach dem Gespräch mit der Mandantin, dass es bei besonderen Umständen im Privatleben eines/einer Steuerpflichtigen steuerliche Abzugsmöglichkeit unter dem steuerlichen Begriff „Außergewöhnliche Belastungen" gibt, wenn der/die Steuerpflichtige mehr Geld hierzu benötigt als im Normalfall.

Dadurch trägt der Gesetzgeber der steuerlichen Gleichmäßigkeit und der sozialen Gerechtigkeit Rechnung und mindert die Belastungen und Härten der betroffenen Steuerpflichtigen ab (= Besteuerung nach der wirtschaftlichen Leistungsfähigkeit).

Herr Klein erteilt Ihnen den Auftrag sich mit den Gesetzesgrundlagen zu „Außergewöhnlichen Belastungen" (agB) in den §§ 33, 33a und 33b EStG näher zu beschäftigen.

Dazu gibt er Ihnen einige vorbereitete Unterlagen zur Ein- und Ausarbeitung im Themenkomplex „Außergewöhnliche Belastungen". Er gibt Ihnen den Hinweis, auch das Fachbuch hinzuzuziehen.

Lernjob 1

Vervollständigen Sie die nachfolgende Übersicht zu den agB entsprechend der §§ 33, 33a und 33b EStG:

Gruppen der Außergewöhnlichen Belastungen

______ gem. § 33 EStG	______ gem. §§ 33a und 33b EStG. Diese Fälle werden im Gegensatz zu § 33 EStG besonders im Gesetz benannt, weil sie im Alltag der Steuerpflichtigen oft anzutreffen sind.	
§ 33 EStG nennt hier keine konkreten Fälle. Erfüllen die Aufwendungen der/des Steuerpflichtigen die genannten Voraussetzungen (siehe Lernjob 2), so sind diese als agB nach Abzug einer zumutbaren Belastung steuerlich absetzbar. **Berechnungsschema:** Entstandene Aufwendungen: - Erstattungsbeträge: = Belastung der Höhe nach: - zumutbare Belastung: = abziehbare agB	Gemäß **§ 33a EStG** sind diese beiden besonderen Fälle: ► Abs. 1: ______ ______ ► Abs. 2: ______ ______ ______ ______ ______	Gemäß **§ 33b EStG** werden für bestimmte Umstände ______ ► ______ ______ ► ______ und ► ______ ______ gewährt, wenn nicht größer Ausgaben nachgewiesen werden.

Lernjob 2

Befassen Sie sich näher mit den außergewöhnlichen Belastungen **allgemeiner Art** nach § 33 Abs. 1 EStG und vervollständigen Sie die Voraussetzungen, die erfüllt sein müssen, damit die Kosten/Aufwendungen der/des Steuerpflichtigen als agB abgesetzt werden können.

Voraussetzungen der agB *allgemeiner* Art nach § 33 Abs. 1 EStG:

- ______
- ______
- ______
- ... als ______
  - gleicher ______
  - gleicher ______
  - gleichen ______
- ______

Lernjob 3

Was ist unter Zwangsläufigkeit der Aufwendungen gem. § 33 Abs. 2 EStG zu verstehen?

Vervollständigen Sie den folgenden Text:

Die agB sind zwangsläufig dem Grunde nach, wenn man sich aus

1. ______________________________ Gründen
   (z. B. Steuerpflichtiger kann sich zivilrechtlich nicht entziehen;
   gesetzliche Unterhaltspflicht an Kinder, die nicht unter § 32 EStG fallen),

2. ______________________________ Gründen
   (z. B. unausweichliche Ereignisse wie Krankheit, Unfall, Tod, Katastrophen) oder

3. ______________________________ Gründen
   (z. B. Unterhalt/Unterstützung bedürftiger Angehöriger, sofern nicht § 33a Abs. 1 EStG greift.
   Dies wird als eine moralische Verpflichtung gesehen, denn eine Missachtung dieser Erwartung
   würde als moralisch anstößig empfunden werden.)

nicht entziehen kann.

Lernjob 4

Nun wollen Sie Ihr Wissen zu den agB bei der Mandantin Frau Schmied anwenden.

a) Ermitteln Sie zuerst den Gesamtbetrag der Einkünfte für Frau Schmied.

b) Stellen Sie nun für Frau Schmied die selbst getragenen Aufwendungen, die Ihrer Auffassung nach unter den § 33a Abs. 1 EStG fallen, zusammen und berechnen Sie nach dem folgenden Schema die steuerlich abzugsfähigen agB **allgemeiner** Art.

a)

b)

	Entstandene Aufwendungen:		
			€
-	Erstattungsbetrag		€
=	Belastung der Höhe nach		€
-	Zumutbare Belastung nach § 33 Abs. 3 EStG Berechnung der zumutbaren Belastung:		€
=	**abzugsfähige agB *allgemeiner* Art**		€

Lernjob 5

Bestehen für Frau Schmied weitere steuerliche Abzugsmöglichkeiten im Rahmen der typisierten agB, die ihr in Form von Frei- bzw. Pauschbeträge gewährt werden (außer § 33a Abs. 1 EStG)? Geben Sie die genauen Gesetzesgrundlagen an.

Lernjob 6

Für die Berechnung der Abzugsfähigkeit des Unterhalts an die Mutter Elvira Schuster nach § 33a Abs. 1 EStG benötigen Sie noch weitere Angaben der Mutter:

Aus der Witwenrente errechnen sich Sonstige Einkünfte i. H. v. 5.838 €. Der steuerfreie Anteil der Rente beträgt 1.260 €. Die Beiträge zur Kranken- und Pflegeversicherung in Höhe von 620 € jährlich zahlt Frau Schuster selbst, denn die Beiträge werden direkt von ihrer Rente abgezogen.

Frau Schuster erhält keine staatlichen Zuschüsse (wie bspw. Wohngeld) und hat kein nennenswertes Vermögen. Sie hat nur ein Sparkonto i. H. v. 10.000 €.

Die Steuer-Identifikationsnummer von Frau Schuster liegt vor.

a) Prüfen Sie die Voraussetzungen für einen Antrag zur steuerlichen Abzugsfähigkeit von Unterhaltsleistungen an die Mutter nach § 33 Abs. 1 Sätze 1 und 4 EStG ...

1. ____________________

____

2. ____________________

____

3. ____________________

____

b) ... und überprüfen Sie, ob diese Voraussetzungen in diesem Fall alle erfüllt werden. Zur Prüfung, ob die Mutter trotz ihres angegebenen Vermögens bedürftig ist, lesen Sie in R 33a Abs. 1 Satz 4 EStR.

____

____

____

____

____

____

____

____

____

____

c) Berechnen sie mit Hilfe des unten dargestellten Berechnungsschemas die Abzugsfähigkeit der Unterhaltsleistungen von Frau Schmidt.

	Ungekürzter Höchstbetrag (= Grundfreibetrag nach § 33a Abs. 1 Satz 1 i. V. m. § 32a Abs. 1 Satz 2 Nr. 1 EStG)			€
+	evtl. Erhöhung um für eine Basisabsicherung der unterhaltsberechtigten Person aufgewendete KV- oder PV-Beiträge (§ 33a Abs. 1 Satz 2 EStG)			€
=	Zwischensumme			€
	Ermittlung der Einkünfte und Bezüge der unterhaltenen Person			
	Einkünfte: **Bezüge:** (von den Bezügen wird eine jährliche Kostenpauschale von 180,00 € abgezogen)	€		
=	Summe der Einkünfte und Bezüge	€ →	€	
-	Karenzbetrag, gem. § 33a Abs. 1 Satz 5 EStG		€	
= -	**steuerschädliche Einkünfte und Bezüge** (diese kürzen den Höchstbetrag, daher Übertrag in die rechte Spalte)		€ →	- €
=	**Gekürzter Höchstbetrag** (max. steuerlich abziehbare Unterhaltsaufwendungen)			❶ €
	tatsächlich aufgewendete Unterhaltsleistungen			❷ €
	steuerlich ansetzbar ist der niedrigere Betrag von ❶ und ❷			€

Lernjob 7

Stellen Sie nun die gesamten abzugsfähigen außergewöhnlichen Belastungen der Mandantin Frau Schmied zusammen.

Lernsituation 2

Ihnen liegen Unterlagen eines weiteren Mandanten-Ehepaars Thomas (geb. am 31.07.1958) und Sandra (geb. 05.03.1971) Filter, wohnhaft in Düren, vor:

Das Ehepaar hat drei Kinder, für die sie auch Kindergeld im VZ 2024 beziehen.

Jule hat am 15. Mai 2024 ihr 18. Lebensjahr vollendet. Sie ist in einem Schulinternat in Marburg untergebracht.

Martin ist 23 Jahre alt und studiert seit seinem Abitur in Mannheim Elektrotechnik. Er kommt jedes zweite Wochenende nach Hause, weil er gern seine Eltern etwas entlasten möchte, denn mit im Haushalt in Düren lebt seine behinderte Schwester Kathi. Sie hat mit ihren 14 Jahren tiefgreifende Entwicklungsstörungen und hat einen Behindertenstatus „H" (hilflos) mit einem GdB 80. Kathi wurde schon seit längerem ein Pflegegrad 3 bescheinigt. Zum Glück haben die Eltern relativ wenig Krankenkosten selbst zu tragen, da die Krankenkasse bei Kindern vieles übernimmt. Aber trotzdem haben sie im VZ einige Ausgaben i. H. v. 2.100 € selbst übernommen, da für diese die Krankenkasse nicht aufkommen wollte.

Sandra Filter kümmert sich ausschließlich um ihre Tochter Kathi und den Haushalt und kann keiner weiteren beruflichen Beschäftigung nachgehen. Thomas Filter ist oft auf Dienstreisen und kann seine Frau werktags wenig entlasten. Er ist angestellter Handelsreisender mit einem monatlichen Gehalt von 6.100 € brutto, seine Werbungskosten sind bereits berechnet und liegen bei 4.300 € im VZ. Das Ehepaar wird zusammen veranlagt. Kathi hat keine eigenen Einnahmen.

Lernjob 1

Berechnen Sie für die Eheleute Filter den Gesamtbetrag der Einkünfte für den VZ 2024.

Lernjob 2

Klären Sie, ob dem Ehepaar Filter im Rahmen der außergewöhnlichen Belastungen steuerliche Abzugsmöglichkeiten zustehen. Beachten Sie auch § 33b Abs. 5 EStG, erforderliche Anträge gelten als gestellt.

Notieren sie die genauen gesetzlichen Grundlagen und berechnen Sie die agB:

Ergänzende Übungsaufgaben

Übungsaufgabe 1

Die Geschwister Evelyn und Angelika unterstützen ihre kranke Mutter, die in ihrer eigenen Wohnung lebt. Sie ist jedoch bettlägerig und benötigt regelmäßig Unterstützung im Alltag, da sie seit einem Sturz im Frühjahr pflegebedürftig ist. Dies übernehmen ihre Töchter gern und wechseln sich in der Pflege und Betreuung der Mutter ab. Die Mutter hat seit Juni 2024 einen Behindertenausweis mit den Merkmalen **aG**/GdB 80 und ist in den Pflegegrad 3 eingestuft.

Beide überweisen ihrer Mutter monatlich einen Betrag von jeweils 250 €, weil sie nur eine kleine Rente erhält und vermögenslos ist. Die Beiträge zur Basis-Kranken- und Pflegeversicherung für die Mutter von monatlich 180 € teilen sich auch beide Geschwister. Die Summe der Einkünfte und Bezüge der Mutter belaufen sich im VZ 2024 auf insgesamt 9.350 €.

Berechnen Sie die abzugsfähigen Unterhaltsleistungen beider Geschwister und prüfen Sie, ob für die Geschwister noch weitere agB in Frage kommen. Berechnen Sie die abzugsfähigen agB jeweils für Evelyn und Angelika.

Übungsaufgabe 2

Der Gesamtbetrag der Einkünfte des Mandanten-Ehepaars Dieter (50 Jahre) und Irene (48 Jahre) Munk, wohnhaft in Speyer, beläuft sich in 2024 auf 51.000 €. Sie haben zusammen drei Söhne, für zwei Kinder erhalten sie Kindergeld. Für die Erstellung der Einkommensteuererklärung 2024 geben sie folgende Aufwendungen an:

Herr Munk war wegen seines Asthmas in einer von der Krankenkasse genehmigten Kur. Die Kosten betrugen:

Heilbehandlung	1.500,00 €
Unterbringung	1.000,00 €
Verpflegung (20 % Eigenanteil wegen Haushaltsersparnis ist noch abzuziehen.)	400,00 €
Fahrtkosten (Deutsche Bahn)	200,00 €

Die Krankenkasse ersetzte einen Betrag von 2.000 €.

Sohn Tim (23 Jahre) wohnt und studiert seit dem Schulabschluss in Heidelberg. Er hatte in 2024 eigene Einkünfte aus nichtselbstständiger Arbeit i. H. v. 1.000 €. Bafög erhielt er nicht. Die Eltern unterstützen ihn mit 500 € monatlich.

Sohn Andreas ist 27 Jahre alt und studiert noch immer in Kaiserslautern Psychologie. Er besitzt nur ein geringes Vermögen von 7.800 €. Die Eltern unterstützen ihn mit 850 € monatlich und zahlen seine Basis-Kranken- und Pflegeversicherung von monatlich 155 €.

Der jüngste Sohn Henry ist 19 Jahre alt und ist von Geburt an blind, bescheinigter Grad der Behinderung „hilflos“. Er wohnt zuhause und studiert das Fach Geschichte an der Fernuniversität Hagen. Henry hat keinerlei Einnahmen.

Im August des VZ ist der Vater von Herrn Munk verstorben. Folgende Kosten hat das Ehepaar für die Beerdigung übernommen:

Sarg	1.900,00 €
Trauerkarten und -anzeigen	150,00 €
Bestattungskosten	600,00 €
Grabstein	2.000,00 €
Grabstelle	500,00 €
Schwarzer Anzug und Kleid	900,00 €
Bewirtung der Trauergäste	700,00 €

Der Verstorbene hat ein Sparbuch mit einem Guthaben i. H. v. 3.000 € hinterlassen.

Frau Munk pflegt ihre Nachbarin unentgeltlich in ihrer Wohnung. Der Nachbarin wurde Pflegegrad 3 bescheinigt.

Die Steuerkanzlei hat schon für den VZ 2024 die abzugsfähigen die Sonderausgaben berechnet, sie betragen insgesamt 9.300 €.

Die Eheleute werden im VZ zusammenveranlagt.

a) Berechnen Sie die abzugsfähigen außergewöhnlichen Belastungen in einer übersichtlichen Darstellung. Notwenige Anträge werden gestellt.

b) Berechnen Sie das Einkommen der Eheleute Munk.

K. Steuerermäßigungen

Lernsituation 1

Sie als Auszubildende/Auszubildender sind bisher gut mit der Ermittlung des zu versteuernden Einkommens zurechtgekommen. Bisher haben Sie ausschließlich Ausgaben berücksichtigt, die das zu versteuernde Einkommen - und damit auch die Bemessungsgrundlage für die Berechnung der tariflichen Steuer - gemindert haben.

Nun erfahren Sie von Steuerermäßigungen, die ein Steuerpflichtiger auf Antrag in seiner Einkommensteuererklärung nutzen kann und die direkt seine tarifliche Einkommensteuerschuld mindert. Dies empfinden Sie nun als sehr steuergerecht, da alle Steuerpflichtigen für die entsprechenden Ausgaben, vorausgesetzt sie haben Einkommensteuer zu zahlen, alle gleichermaßen entlastet werden.

Die Steuerermäßigung § 35a EStG wurde eingeführt, da der Gesetzgeber die Beschäftigungsverhältnisse im Privathaushalt und die Handwerkerleistungen aus der „Schattenwirtschaft“ herausführen wollte, sprich man wollte die Schwarzarbeit im Privatbereich bekämpfen.

Lernjob 1

Ergänzen Sie nachfolgende Tabelle, um einen Überblick der Aufwendungen, die nach § 35a EStG zu Steuerermäßigungen führen, zu erhalten.

Überblick der **Steuerermäßigungen nach § 35a EStG**

nach Abs. 1	**nach Abs. 2**	**nach Abs. 3**
Tatbestände		
Aufwendungen für	Aufwendungen für	Aufwendungen für
► ______	► ______	► ______
______	______	______
______	► ______	______
______	______	______
______	► ______	______
______	______	______
______	► ______	______
______	______	______
______	► ______	______
______	______	______
Umfang der Steuerermäßigungen auf Antrag		
______	______	______
______	______	______
______	______	______

Lernjob 2

Allerdings sind noch einige Voraussetzungen zu erfüllen, damit diese Steuerermäßigungen gewährt werden.

§ 35a Abs. 4 und Abs. 5 EStG benennt diese Voraussetzungen:

1. ____________________

2. ____________________

3. ____________________

4. ____________________

5. ____________________

Lernsituation 2

Ihnen wird folgender Fall des Mandanten-Ehepaars Susanne und Christian Rick vorgelegt. Sie sind konfessionslos und haben gemeinsam einen Gesamtbetrag der Einkünfte i. H. v. 98.500 €.

Ihre beiden Kinder Tim (11 Jahre) und Uta (14 Jahre) wohnen mit ihnen in einer großen Eigentumswohnung im Erdgeschoss in Landau. Tim besucht das Gymnasium am Ort und Uta geht auf ein privates Internat am Bodensee, kommt aber jedes Wochenende nach Hause. Die Eheleute haben 21.600 € an Schulgeld gezahlt, darin enthalten sind 7.200 € für die Verpflegung und Unterbringung im Internat.

Die Eheleute sind beide berufsmäßig sehr eingespannt und können sich um den Haushalt kaum kümmern. Sie haben die Haushälterin Frau Ehrlich fest eingestellt. Frau Ehrlich kümmert sich um die anfallenden Hausarbeiten wie Bügeln, Einkaufen und Kochen als auch um die Betreuung von Tim. Sie hat Tim bei den Hausaufgaben zu beaufsichtigen und ggf. auch zu helfen. Ihre Tätigkeit bei der Familie Rick ist ungefähr aufgeteilt in 60 % Betreuung von Tim und 40 % für Haushaltsarbeiten. Frau Ehrlich hat eine Anstellung von 20 Stunden/Woche und erhält hierfür 1.400 € brutto an Lohn, es fallen noch 20,375 % an Sozialversicherungsbeiträgen für die Eheleute Rick an.

Für die Reinigungsarbeiten in der Wohnung der Familie Rick wurde zusätzlich eine Raumpflegerin im Rahmen eines geringfügigen Beschäftigungsverhältnisses eingestellt. Sie kommt einmal in der Woche und erhält monatlich 240 € ausgezahlt, zusätzlich fallen für haushaltsnahe Mini-Jobber noch Abgaben i. H. v. 14,94 % an.

Für alle anfallenden Gartenarbeiten wird hin und wieder ein selbstständiger Gärtner Herr Grün beauftragt. Seine Rechnungen betragen jährlich 1.200 € brutto. Es sind nur Arbeitsleistungen aufgestellt.

Jedes Jahr erscheint auch der Schornsteinfeger, um den Kamin in der Wohnung zu überprüfen und die Kehrarbeiten der Rohre vorzunehmen. Kosten brutto: 145 €.

Tims Kinderzimmer wurde neu tapeziert und gestrichen. Der selbstständige Maler hat hierfür 1.904 € brutto in Rechnung gestellt. An Materialkosten sind insgesamt 650 € netto ausgewiesen.

Damit die Eltern ab und zu in Zukunft im Homeoffice arbeiten können, haben sie im Souterrain einen Kellerraum, den sie als Büro und Hobbyraum nutzen wollen, renovieren lassen. Die gesamten Kosten betragen 22.930 €. An Arbeitskosten und Anfahrt fielen netto 5.500 € an.

Lernjob 1

Berechnen Sie das (zu versteuernde) Einkommen der Eheleute Rick. Die abzugsfähigen Vorsorgeaufwendungen des Ehepaars sind bereits für den VZ 2024 berechnet und belaufen sich auf 8.230 €. Die Freibeträge nach § 32 Abs. 6 EStG sind nicht in die Ermittlung mit einzubeziehen.

Lernjob 2

Berechnen Sie die Steuerermäßigungen nach § 35a EStG für das Ehepaar Rick in Reihenfolge der Absätze. Gehen Sie davon aus, dass alle Voraussetzungen nach § 35a Abs. 4 und 5 EStG erfüllt sind.

Absatz 1:

Absatz 2:

Absatz 3:

Lernjob 3

Gehen Sie nun davon aus, dass das Ehepaar auf das zu versteuernde Einkommen 19 % tarifliche Einkommensteuer zahlen muss. Berechnen Sie die festzusetzende Einkommensteuerschuld unter Beachtung der Steuerermäßigungen.

Ergänzende Übungsaufgaben

Übungsaufgabe 1

Prüfen Sie für die folgenden Sachverhalte, ob der Gesetzgeber eine Steuerermäßigung ermöglicht und berechnen Sie ggf. die Beträge, die als Abzug von der tariflichen Einkommensteuer möglich sind. Bestimmen Sie auch die genauen gesetzlichen Grundlagen.

	Sachverhalt	steuerliche Grundlage	anzusetzender Betrag
(1)	Für das ältere Ehepaar Braun hat die Firma Saubermann e. K. in dem selbst genutzten Reihenhaus und dem angrenzenden Garten gründliche Reinigungs- und Aufräumarbeiten durchgeführt. Die Rechnung lautet über 530 € brutto.		
(2)	Der allein stehende Steuerpflichtige Raphael Müller hat an eine politische Partei 5.600 € gespendet.		
(3)	Die zusammenveranlagten Eheleute Petra und Peter Weiße haben an eine politische Partei 5.600 € gespendet.		
(4)	Karin Unger hat ein Unternehmen mit Straßenreinigung und Winterdienst beauftragt. Hierfür hat sie eine Rechnung i. H. v. 950 € brutto bezahlt. Materialkosten wurden keine ausgewiesen.		

	Sachverhalt	steuerliche Grundlage	anzusetzender Betrag
(5)	Das Ehepaar Reich hat drei Kinder. Sie haben eine Haushälterin seit 2 Jahren eingestellt, die sich sowohl um die Arbeiten im Haushalt als auch um die Zubereitung des Mittagessens kümmert. Ehepaar Reich zahlt monatlich 850 € zzgl. 20,375 % an Sozialversicherungsbeiträgen.		
(6)	Die zusammenveranlagten Eheleute Petra und Peter Weiße haben an eine politische Partei 3.600 € und an eine Wählergemeinschaft 1.500 € gespendet.		
(7)	Die Steuerpflichtige Helga Brandt hat sich im Wohnzimmer neues Parkett legen lassen. Sie hat hierfür 8.500 € brutto bezahlt. In der Rechnung sind die Arbeitskosten i. H. v. 1.260 € netto ausgewiesen.		
(8)	Der Steuerpflichtige besitzt ein Mehrfamilienhaus in Ladenburg, das er komplett vermietet hat. Er beauftragt einen Hausmeisterdienst vor Ort die Reinigung im Flur und um das Haus herum vorzunehmen. Hierfür erhielt er eine Rechnung i. H. v. 3.120 € netto.		
(9)	Die 85-jährige Hildegard Baum lebt seit einigen Jahren in einem Seniorenheim. Sie zahlt dort laut Rechnung für Betreuung und Pflege monatlich 1.700 €.		

Übungsaufgabe 2

Manuela Bunt erzielt im VZ 2024 einen Gesamtbetrag der Einkünfte i. H. v. 42.000 €. Sie macht zutreffend abziehbare Sonderausgaben i. H. v. 4.500 € geltend.

Folgende Angaben zur Steuerpflichtigen Frau Bunt liegen Ihnen vor:

- Frau Bunt, ledig, ist gehbehindert. Das Versorgungsamt bescheinigt ihr einen GdB von 80.
- Krankheitsbedingt ist ihr 14-jähriger Sohn Henry, der über keinerlei eigenes Vermögen verfügt und keine Einkünfte und Bezüge erzielt, in einem Heim untergebracht. Die durch die Heimunterbringung entstandenen Aufwendungen belaufen sich entsprechend der vorliegenden Rechnungen im VZ auf 18.000 €. Von diesen entfallen 9.500 € auf Kosten für Dienstleistungen, die mit denen einer Hilfe im Haushalt vergleichbar sind. Der restliche Betrag entfällt auf Pflege und Betreuung.
- Frau Bunt beauftragte im VZ einen selbstständigen Gärtner mit der Pflege ihres Gartens. Laut vorliegender Rechnung verlangt dieser für den Ersatz von Pflanzen 350 € und für seine Arbeitsleistung 1.890 € jeweils netto.
- Frau Bunt steht einer bestimmten politischen Partei nahe und spendet im VZ einen Betrag von 1.000 €.
- Seit Mai 2024 kommt 14-tägig eine Raumpflegerin für vier Stunden in die Wohnung. Diese ist geringfügig beschäftigt. Die monatlichen Gesamtausgaben, einschließlich der Abgaben an die MiniJob-Zentrale für Frau Bunt, belaufen sich hierfür auf 330 €.

a) Berechnen Sie die Höhe des zu versteuernden Einkommens. Kinderfreibeträge sind nicht zu beachten.

b) Gehen Sie von einer tariflichen Steuerschuld von 3.875 € aus und berechnen Sie unter Beachtung der Steuerermäßigungen die festzusetzende (restliche) Steuerschuld für Frau Bunt.

L. Die Ermittlung der Einkommensteuerschuld

Lernsituation

Sie haben bereits mehrfach bei der Ermittlung des zu versteuernden Einkommens von diversen Mandanten mitgewirkt.

Die Mandanten interessiert allerdings meistens nicht dieses Ergebnis, sondern eher eine Antwort auf die Frage, ob sie eine Einkommensteuerrückerstattung oder eine Einkommensteuernachzahlung zu erwarten haben.

Lernjob 1

Erinnern Sie sich noch?

Die gesetzliche Grundlage zur Ermittlung des zu versteuernden Einkommens steht in § ______ EStG.

Lernjob 2

Ihre Ausbilderin bittet Sie, die folgenden Begriffe in die folgende, verkürzt dargestellte Tabelle zu übernehmen. Als Hilfestellung für die richtige Reihenfolge sind Teile schon ausgefüllt.

Summe der Einkünfte　　Kindergeld　　Einkommen

Steuerermäßigungen　　Sonderausgaben　　Freibeträge für Kind(er)

Festzusetzende Einkommensteuer　　Einkünfte aus nichtselbstständiger Arbeit

Außergewöhnliche Belastungen　　Einbehaltene Lohnsteuer laut Lohnsteuerbescheinigung

Steuernachzahlung/Steuererstattung　　zu versteuerndes Einkommen

=		
=	Gesamtbetrag der Einkünfte	**§ 2 Abs. 3 EStG**
-		
-		
=		§ 2 Abs. 4 EStG
-		
=		§ 2 Abs. 5 EStG
→	Tarifliche Einkommensteuer gem. Grund- oder Splittingtabelle oder Berechnung nach § 32a Abs. 1 EStG	
-		
+		§ 2 Abs. 6 Satz 3 EStG
=		§ 2 Abs. 6 Satz 1 EStG
-		
=		

Lernjob 3

Sie sollen nun in einem ersten Arbeitnehmerfall die Ermittlung der Einkommensteuernachzahlung/ Einkommensteuererstattung für die Eheleute Maus vornehmen.

Ermitteln Sie hierzu zunächst die tarifliche und die festzusetzende Einkommensteuer gemäß des obigen Schemas, um dann die Nachzahlung oder Erstattung bestimmen zu können.

Ihnen liegen zu dem Ehepaar Werner und Thekla Maus, Wohnort Düsseldorf, die folgenden Informationen für den VZ 2024 vor:

- Ein gemeinsamer Sohn Max, 6 Jahre alt.

  Die Eltern haben für ihn 3.000 € Kindergeld erhalten.
- Werner Maus, geb. 10.10.1984, kümmert sich überwiegend um die Erziehung von Max und ist daher teilzeitbeschäftigt bei einem Personaldienstleister direkt im Nachbarhaus. Sein Jahresarbeitslohn beträgt 28.800 €.

  Seiner Lohnsteuerbescheinigung sind u. a. zu entnehmen:

- Einbehaltene Lohnsteuer:	5.535,00 €
- Arbeitgeberanteil zur gesetzlichen Rentenversicherung	2.678,40 €
- Arbeitnehmeranteil zur gesetzlichen Rentenversicherung	2.678,40 €
- Arbeitnehmerbeitrag zur gesetzlichen Krankenversicherung	2.419,20 €
- Arbeitnehmerbeitrag zur sozialen Pflegeversicherung	489,60 €
- Arbeitnehmerbeitrag zur Arbeitslosenversicherung	374,40 €

- Thekla Maus ist leitende Sachbearbeiterin bei einem Energieversorger in Düsseldorf. Ihr Jahresarbeitslohn beträgt laut Lohnsteuerbescheinigung 72.866 €.

  Angefallene Fahrten zwischen Wohnung und erster Tätigkeitsstätte der Frau Maus: mit dem PKW an 224 Arbeitstagen, einfache Entfernung 8 km. Weitere beruflich bedingte Aufwendungen sind nicht angefallen.

  Der Lohnsteuerbescheinigung von Frau Maus sind weiterhin zu entnehmen:

- Einbehaltene Lohnsteuer:	8.530,00 €
- Arbeitgeberanteil zur gesetzlichen Rentenversicherung	6.776,54 €
- Arbeitnehmeranteil zur gesetzlichen Rentenversicherung	6.776,54 €
- Arbeitnehmerbeitrag zur gesetzlichen Krankenversicherung	5.216,40 €
- Arbeitnehmerbeitrag zur sozialen Pflegeversicherung	1.055,70 €
- Arbeitnehmerbeitrag zur Arbeitslosenversicherung	947,26 €

- Werner Maus erhielt in 2024 mehrere Zahnimplantate. Die Kosten i. H. v. 8.250 € wurden von der Krankenkasse nicht übernommen.
- Für beauftragte Malerarbeiten in der Wohnung der Familie Maus erhielten die Eheleute eine Rechnung über 2.680 € inkl. USt, die am 10. Oktober 2024 mit Banküberweisung beglichen wurde. In dem Rechnungsbetrag waren Materialkosten i. H. v. 770 € inkl. USt enthalten.
- Für die Pflege des Gartens überwiesen die Eheleute Maus im April 2024 an den Gartenbaubetrieb Forster an reinem Arbeitslohn 1.200 € inkl. USt.
- Die Eheleute sind konfessionslos.
- Die Eheleute leisten eine Spende an den Förderverein des Kindergartens i. H. v. 120 €.

Ihre Ausbilderin teilt Ihnen zudem mit,

- dass Sie von einer Zusammenveranlagung der Eheleute ausgehen sollten,
- dass die Berücksichtigung der Freibeträge i. S. d. § 32 Abs. 6 EStG für den Sohn aufgrund der hohen Einkünfte der Eheleute günstiger sei als die Gewährung von Kindergeld (siehe Hinweis) und Sie deshalb die Ermittlung der Steuernachzahlung oder Erstattung auf jeden Fall gemäß der o. a. Tabelle vornehmen sollen,
- dass die Eheleute bei Bedarf weitere Belege über Versicherungsaufwendungen nachreichen könnten, sie aber bislang aus Zeitgründen nicht zum Zusammenstellen dieser gekommen wären,
- und dass Sie bei Ihrer Ermittlung der tariflichen Einkommensteuer von einem durchschnittlichen Steuersatz von 16 % ausgehen sollen.

INFO

§ 31 EStG in Verbindung mit § 2 Abs. 6 Satz 3 EStG regelt:

Als steuerliche Entlastung für ein Kind erhalten die Eltern

- entweder die Gewährung von Kindergeld

  oder

- die Gewährung der Freibeträge für das Kind gemäß § 32 Abs. 6 EStG bei gleichzeitiger Hinzurechnung des erhaltenen Kindergeldes in der Berechnung der festzusetzenden Einkommensteuer.

Es erfolgt eine automatische Günstigerprüfung durch die Finanzbehörde.

Lernjob 4

Im Rahmen der Ermittlung der Steuererstattung/Steuernachzahlung der Eheleute Maus ergaben sich für Sie zwei Fragen, die Sie nun unter Zuhilfenahme des Gesetzestextes (§ 26 EStG) lösen wollen:

1. Werden Eheleute stets zusammen veranlagt?

2. Wäre eine Zusammenveranlagung für 2024 auch dann möglich, wenn die Eheleute erst im Dezember 2024 geheiratet hätten?

Ergänzende Übungsaufgaben

Übungsaufgabe 1

Ihnen liegen zu dem verwitweten Steuerpflichtigen, Hans-Joachim Wirtz, geb. 10.12.1957, wohnhaft in Frankfurt die folgenden Informationen für den VZ 2024 vor:

- Eine leibliche Tochter, Julia, aus der Ehe mit seiner vor drei Jahren verstorbenen Ehefrau Gerlinde. Julia ist 23 Jahre alt und studiert Rechtswissenschaften an einer Universität in Frankfurt. Sie wohnt noch bei ihrem Vater.
- Hans-Joachim Wirtz war bis zu seiner Pensionierung Lehrer an einem Berufskolleg in Frankfurt. Seit dem 1. August bezieht er eine Pension.

  Seiner Lohnsteuerbescheinigung sind zu entnehmen:

- TZ 3:	Bruttoarbeitslohn	62.760,00 €
- TZ 4:	Einbehaltene Lohnsteuer	12.383,00 €
- TZ 6:	Einbehaltene Kirchensteuer	815,31 €
- TZ 8:	In TZ 3. enthaltene Versorgungsbezüge	20.895,00 €
- TZ 29:	Bemessungsgrundlage für den Versorgungsfreibetrag zu 8.	50.148,00 €
- TZ 30:	Maßgebendes Kalenderjahr für den Vesorg.freibetrag zu 8.	2024
- TZ 31:	Bei unterjähriger Zahlung: Erster und letzter Monat, für den Versorgungsbezüge gezahlt wurden	08 bis 12

  Bis zu seiner Pensionierung fuhr Herr Wirtz an 115 Tagen zur Schule. Die einfache Entfernung betrug 22 km. Für seine Tätigkeit nutzte er an 187 Tagen ein häusliches Arbeitszimmer, da ihm in der Schule kein gesonderter Arbeitsplatz zur Verfügung stand.

  An Arbeitsmitteln hat Herr Wirtz Belege i. H. v. 235 € vorgelegt.
- Herr Wirtz entrichtete im VZ folgende Beiträge zur privaten Kranken- und Pflegeversicherung:
  - Beiträge zur Basis-Krankenversicherung 2.150,00 €
  - Beiträge zur Pflegversicherung 315,00 €
  - Beiträge für Komfortleistungen Krankenversicherung 850,00 €
- Mitgliedsbeitrag an eine politische Partei, monatlich 80,00 €
- Kirchensteuererstattung aus 2023, erhalten am 24. Juni 2024 45,00 €

Ihre Ausbilderin teilt Ihnen noch mit,

- dass das für Julia erhaltene Kindergeld i. H. v. 3.000 € günstiger sei als die Berücksichtigung der Freibeträge

  und
- dass Sie bei Ihrer Ermittlung der tariflichen Einkommensteuer von einem durchschnittlichen Steuersatz von 22 % ausgehen sollen.

Ermitteln Sie in einer übersichtlichen Darstellung, ob Herr Wirtz für den VZ 2024 mit einer Steuernachzahlung oder Steuererstattung rechnen kann.

M. Diverse Belege eines Arbeitnehmers und sich anschließende Fragen

Lernsituation

Gestern hat sich Frau Rosi Mayer, Software-Entwicklerin bei der Firma Signario GmbH in Bonn, an Ihre Kanzlei gewandt und eine Fülle von Belegen mitgebracht.

Ihre Kanzlei möge ihre Einkommensteuererklärung 20xx (= VZ 2024) erstellen und ihre voraussichtlich endgültige Steuerbelastung für 20xx ermitteln.

Ihr Ausbilder vertritt die Auffassung, dies sei für Sie ein idealer Fall zur Bearbeitung, Überprüfung und Erweiterung Ihres bisher Erlernten. Er wünscht, dass Sie das zu versteuernde Einkommen und die endgültige Steuerschuld der Mandantin Mayer ermitteln.

Ihr Ausbilder gestattet Ihnen, sich bei Rückfragen direkt per E-Mail an Frau Mayer zu wenden: r.mayer@online.come.

Aber: Er macht Sie darauf aufmerksam, dass Frau Mayer sehr beschäftigt sei und sie deshalb eine Kontaktaufnahme nur in äußerst dringenden Fällen wünscht.

Lernjob 1

Ermitteln Sie für die Mandantin Rosi Mayer, ledig und kinderlos, anhand der nachfolgenden unsortierten Belege das zu versteuernde Einkommen und die Steuerschuld für den VZ 20xx.

Ihr Ausbilder legt Wert auf eine übersichtliche Darstellung. Er wünscht zudem Stichworte zu steuerlich nicht berücksichtigungsfähigen Belegen.

Beleg Nr. 1:

Informationen an die Kanzlei:

Mein Arbeitgeber ermöglicht mir seit Januar diesen Jahres einmal wöchentlich von zu Hause aus zu arbeiten. Hiervon machte ich in 20xx an 45 Tagen Gebrauch. An 185 Tagen fuhr ich mit Straßenbahn und Bus zur Signario. Die Monatsfahrkarte kostet 49,00 € und wird meinem Konto belastet. Die einfache Entfernung beträgt 8,7 km.

Die Signario ist seit 20xx Mitorganisatorin einer sog. „Paralympic-Bonn", an welcher gehandicapte Mitarbeiter mehrerer Software-Unternehmen in Bonn sich beteiligen. Das Training findet einmal wöchentlich im Anschluss an die Arbeitszeit statt.

Seit zwei Jahren bin ich Mitglied der XY-Partei Bonn.

R. Mayer

xx.xx.20xx

Auszug aus der elektronischen Lohnsteuerbescheinigung 20xx – Rosi Mayer
(Die Daten wurden maschinell an die Finanzverwaltung übertragen)

Beleg Nr. 2:

1. Dauer des Dienstverhältnisses		vom - bis **01.01. - 31.12.20xx**	
2. Zeiträume ohne Anspruch auf Arbeitslohn		Anzahl „U“: 0	
		EUR	Ct
3. Bruttoarbeitslohn einschl. Sachbezüge ohne 9. und 10.		**78.943**	**50**
4. Einbehaltene Lohnsteuer von 3.		**16.240**	**00**
5. Einbehaltener Solidaritätszuschlag von 3.		**0**	**00**
6. Einbehaltene Kirchensteuer des Arbeitnehmers von 3.		**1.461**	**60**
7. Einbehaltene Kirchensteuer des Ehegatten von 3. (nur bei konfessionsverschiedener Ehe)			
8. In 3. enthaltene steuerbegünstigte Versorgungsbezüge			
9. Ermäßigt besteuerte Versorgungsbezüge für mehrere Kalenderjahre			
10. Ermäßigt besteuerter Arbeitslohn für mehrere Kalenderjahre (ohne 9.) und ermäßigt besteuerte Entschädigungen			
11. Einbehaltene Lohnsteuer von 9. und 10.			
12. Einbehaltener Solidaritätszuschlag von 9. und 10.			
13. Einbehaltene Kirchensteuer des Arbeitnehmers von 9. und 10.			
14. Einbehaltene Kirchensteuer des Ehegatten von 9. und 10. (nur bei konfessionsverschiedener Ehe)			
15. (Saison-) Kurzarbeitergeld, Winterausfallgeld, Zuschuss zum Mutterschaftsgeld, Verdienstausfallentschädigung (Infektionsschutzgesetz), Aufstockungsbetrag und Altersteilzeitzuschlag			
16. Steuerfreier Arbeitslohn nach	Doppelbesteuerungsabkommen		
	Auslandstätigkeitserlass		
17. Steuerfreie Arbeitgeberleistungen, die auf die Entfernungspauschale anzurechnen sind		**444**	**00**
18. Pauschal mit 15 % besteuerte Arbeitgeberleistungen für Fahrten zwischen Wohnung und erster Tätigkeitsstätte			
19. Steuerpflichtige Entschädigungen und Arbeitslohn für mehrere Kalenderjahre, die nicht ermäßigt besteuert wurden – in 3. enthalten			
20. Steuerfreie Verpflegungszuschüsse bei Auswärtstätigkeit			
21. Steuerfreie Arbeitgeberleistungen bei doppelter Haushaltsführung			
22. Arbeitgeberanteil zur gesetzlichen Rentenversicherung und an berufsständische Versorgungseinrichtungen		**7.341**	**75**
23. Arbeitnehmeranteil zur gesetzlichen Rentenversicherung und an berufsständische Versorgungseinrichtungen		**7.341**	**75**
24. Steuerfreie Arbeitgeberzuschüsse zur .... Krankenversicherung und zur Pflegeversicherung			
25. Arbeitnehmerbeiträge zur gesetzlichen Krankenversicherung		**5.216**	**40**
26. Arbeitnehmerbeiträge zur sozialen Pflegeversicherung		**1.428**	**30**
27. Arbeitnehmerbeiträge zur Arbeitslosenversicherung		**1.026**	**27**
Anschrift des Arbeitgebers		**Signario GmbH, Rheinstraße 2, 53777 Bonn**	
Finanzamt, an das die Lohnsteuer abgeführt wurde (Name, und dessen vierstellige Nr.)		**Bonn-Innenstadt I 5 I 4 I 3 I 2**	

Beleg Nr. 3:

DEVK
VERSICHERUNGEN

DEVK Versicherungen, Postf. 100863, 50448 Köln

Frau
Rosi Mayer
Kölnstr. 10
53111 Bonn

Regionaldirektion Köln
Riehler Str. 3
50668 Köln
Tel.: 0180 2 456805
Fax: 0221 757-393388
www.devk.de

Beitragsbescheid Kfz-Versicherungen Nr. 17 760 532 7 für das Jahr 20xx

Diese Rechnung wird auch vom Finanzamt als Beitragsnachweis anerkannt.

Versichertes Fahrzeug: amtl. Kennzeichen BN-CC 105

Versicherung	jährlicher Beitrag	Zahlungsweise
Haftpflicht	360,25 EUR	¼ jährlich
Unfall	130,10 EUR	¼ jährlich
Teilkasko	248,15 EUR	¼ jährlich

Die Beiträge werden von Ihrem Konto Kölner Sparkasse, IBAN DE53 2005 0550 1120 2399 02 zu den entsprechenden Terminen eingezogen.

Beleg Nr. 4:

IBAN DE53 2005 0550 1120 2399 02 — Kontoauszug 03

Kölner Sparkasse — Blatt 1

Datum	Erläuterungen		Betrag
03.01.20xx	Kontostand in EUR am 03.01.20xx		**3.223,17 (+)**
04.01.20xx	Abonnement Programmiersprache Zeitschrift „Rust" Jahr 20xx Basislastschrift	Wert 04.01.20xx	**180,00 (-)**
05.01.20xx	Mitgliedschaft XY-Partei Monatsbeitrag Basislastschrift	Wert 05.01.20xx	**25,00 (-)**
06.01.20xx	Lastschrift PayPal Europe Spende „Aktion Deutschland hilft"	Wert 06.01.20xx	**100,00 (-)**
Ihr aktueller Kontostand in EUR	**am 07.01.20xx**		**2.918,17 (+)**

Rosi Mayer
Kölnstr. 10, 53111 Bonn

Ihr Dispositionskredit: 10.000,00 €

Beleg Nr. 5:

Sporty Berlin

Sporty Berlin, Am Ufer 350, 11177 Berlin

Frau
Rosi Mayer
Kölnstr. 10
53111 Bonn

Am Ufer 350, 11177 Berlin

Bankverbindung:
IBAN: DE53 4305 0000 0000 5247 00

USt-IDNr: DE999999999
St-Nr: xxx/yyyy/1234

Datum: 8. Januar 20xx

Rechnung-Nr. 200-01-xx

Sehr geehrte Frau Mayer,

Wir lieferten Ihnen laut Lieferschein Nr. 200-01/20xx:

		Stückpreis	Gesamtpreis
1 Stück	Bay-SheSporthose lang, wetterfest	80,00 €	80,00 €
1 Stück	Bay-She Sportshirt Langarm, wetterfest	60,00 €	60,00 €
	Rechnungspreis netto		140,00 €
	Frachtkosten, pauschal netto		10,00 €
	zzgl. 19 % Umsatzsteuer		28,50 €
	Rechnungspreis brutto		178,50 €

Zahlen Sie innerhalb von 10 Tagen ohne jeden Abzug.

Notiz zu Beleg Nr. 5:

Zur Information :

Diese Sportkombination nutze ich ausschließlich für das wöchentliche von meinem Arbeitgeber organisierte Training in Vorbereitung auf die Teilnahme an den Paralympics Bonn.

Beleg Nr. 6:

Deutsche Versicherung AG

Theodor-Heuss-Ring 42, 50706 Köln

Theodor-Heuss-Ring 42
50706 Köln

Frau
Rosi Mayer
Kölnstr. 10
53111 Bonn

20. November 20xx

Bescheinigung

Sehr geehrte Frau Mayer,

hiermit bestätigen wir, dass Sie Leistungen zur privaten Rechtschutzversicherung in Höhe von 385,00 EUR in 20xx geleistet haben.

Mit freundlichen Grüßen

Brückner

Beleg Nr. 7:

IBAN DE53 2005 0550 1120 2399 02 — Kontoauszug 08, Blatt 1

Kölner Sparkasse

Datum	Erläuterungen		Betrag
01.03.20xx	Kontostand in EUR am 01.03.20xx		**4.017,23 (+)**
03.03.20xx	Abonnement „Börse aktuell" Jahr 20xx Basislastschrift	Wert 03.03.20xx	**360,00 (-)**
06.03.20xx	Landeshauptkasse, Erstattung Einkommensteuer 2023 2.586,28 EUR, Kirchensteuer 232,72 EUR	Wert 06.03.20xx	**2.819,00 (+)**
06.03.20xx	Mitgliedschaft XY-Partei Monatsbeitrag Basislastschrift	Wert 06.03.20xx	**25,00 (-)**
Ihr aktueller Kontostand in EUR am 06.03.20xx			**6.451,23 (+)**

Rosi Mayer
Kölnstr. 10, 53111 Bonn

Ihr Dispositionskredit: 10.000,00 €

Notiz zu Beleg Nr. 7:

Zur Information:

Als Software-Entwicklerin interessiere ich mich natürlich auch für die Kurswerte der im DAX-orientierten Softwareunternehmen und beziehe daher die Zeitschrift „Börse aktuell".

Beleg Nr. 8:

Netto €		Ct		**Quittung**
+ % MwSt €		Ct		Nr.
Brutto €	55	Ct	00	

Gesamtbetrag € in Worten

Fünfundfünfzig ----- Cent wie oben

(im Gesamtbetrag sind 19 % Mehrwertsteuer enthalten.)

von

Rosi Mayer

für

1 Brille mit Blaulichtfilter, Modell Jil

erhalten zu haben.

Ort	Datum
Bonn	03.05.20xx
Buchungsvermerke	Stempel/Unterschrift Optik-Heinrich Bahnhofstraße 8 53111 Bonn Heinrich

Notiz zu Beleg Nr. 8:

Zur Information:

Diese Brille mit Blaulichtfilter entlastet meine Augen bei längerem Arbeiten/Lesen am PC.

Eine ärztliche Verordnung liegt nicht vor.

Beleg Nr. 9:

Interoffice Leverkusen

Interoffice Leverkusen, Königstr. 350, 53118 Bonn

Frau
Rosi Mayer
Kölnstr. 10
53111 Bonn

Königstraße 350, 53118 Bonn

Bankverbindung:
IBAN: DE53 4305 0000 0000 5247 00

USt-IDNr: DE999999999
St-Nr: xxx/yyyy/1234

Datum: 2. Januar 20xx

Rechnung-Nr. 42-20xx

Wir liefern Ihnen laut Lieferschein Nr. 42/20xx:

		Gesamt
1	Schreibtisch Modell Cult höhenverstellbar	733,00 €
1	Bürodrehstuhl mit Lehne Modell Ergo Task	248,00 €
	Rechnungspreis netto	918,00 €
	zzgl. 19 % Umsatzsteuer	186,39 €
	Rechnungspreis brutto	1.104,39 €

Zahlungsbedingungen: Zahlung innerhalb von 10 Tagen ohne jeden Abzug.

Notiz zu Beleg Nr. 9:

Zur Information:

Schreibtisch und Stuhl habe ich erworben, damit ich von zu Hause aus arbeiten kann.

Beleg Nr. 10:

Auszug aus dem Ausweis des Versorgungsamtes für Rosi Mayer

Merkzeichen **G**					**GdB** **70**

Name
Mayer

Vorname
Rosi

Geburtsdatum
28.12.1987

Ausstellungsbehörde/Geschäftszeichen
Bundesstadt Bonn/22RM2764870

Gültig ab: 02.12.2020

Beleg Nr. 11:

IBAN DE53 2005 0550 1120 2399 02 — Kontoauszug 16, Blatt 1

Kölner Sparkasse

Datum	Erläuterungen		Betrag
28.04.20xx	Kontostand in EUR am 28.04.20xx		**2.003,24 (+)**
28.04.20xx	Gehalt 4/20xx Signario GmbH Bonn	Wert 28.04.20xx	**3.852,44 (+)**
02.05.20xx	Generali Deutschland Versicherung AG Haftpflichtversicherung, Basislastschrift	Wert 02.05.20xx	**65,81 (-)**
02.05.20xx	Überweisung online Der Gebäudereiniger Bonn ReNr. 20230374 Datum 02.05.20xx 6:32 Uhr	Wert 02.05.20xx	**91,08 (-)**
Ihr aktueller Kontostand in EUR	**am 03.05.20xx**		**5.698,79 (+)**

Rosi Mayer
Kölnstr. 10, 53111 Bonn

Ihr Dispositionskredit: 10.000,00 €

Beleg Nr. 12:

Der Gebäudereiniger Bonn

Der Gebäudereiniger Bonn, Am Bahnhof 1, 53225 Bonn

Frau
Rosi Mayer
Kölnstr. 10
53111 Bonn

Am Bahnhof 1, 53225 Bonn

Bankverbindung:
IBAN: DE53 4305 0000 0000 6633 00

USt-IDNr: DE999999999
St-Nr: xxx/yyyy/1234

Datum: 26. April 20xx

Rechnung-Nr. 20xx0374

Nachfolgende Positionen stellen wir Ihnen in Rechnung:

		Gesamt
1	**Glas- und Rahmenreinigung** lt. Auftrag in Ihrer Wohnung Kölnstr. 10, 53111 Bonn Fensterflächen incl. Rahmen zweiseitig reinigen Pauschal je Reinigung 76,54 € netto	76,54 €
	Netto	76,54 €
	MwSt.-Betrag 19 %	14,54 €
	Gesamt EUR	91,08 €

Zahlungsbedingungen: sofort ohne Abzug.

Ermittlung des zu versteuernden Einkommens und Feststellung der Steuerschuld.

Ergänzen Sie Ihre Darstellung/Berechnung um die jeweilige Belegnummer.
Nicht-Ansätze sind zu notieren und zu begründen.

Lernjob 2

Ihnen ist auf der Lohnsteuerbescheinigung folgender Hinweis aufgefallen:

„Die Daten wurden maschinell an die Finanzverwaltung übertragen."

Besorgt wenden Sie sich an Ihren Ausbilder und fragen nach, ob der Arbeitgeber von Frau Mayer hier nicht gegen datenschutzrechtliche Vorschriften verstoßen habe.

Ihr Ausbilder hat nicht viel Zeit und verweist nur kurz auf den § 41b EStG.

Können Sie die genaue Gesetzesgrundlage finden, die Ihre Bedenken klären?

---

a) Durfte die Signario GmbH die Lohnsteuerbescheinigung der Frau Mayer an das Finanzamt übermitteln?

---

b) Welche Finanzbehörde erhält die Lohndaten? Lösungshinweis: § 19 AO

---

c) Sie hatten bereits an einer anderen Stelle erfahren, dass bestimmte Daten übermittelt werden.
Können Sie sich noch daran erinnern?

Lernjob 3

Frau Mayer wendet sich heute nochmals an Ihre Kanzlei. Sie hatte von ihren Kollegen und Kolleginnen erfahren, dass diese gar keine Einkommensteuererklärungen abgeben.

Sie fragt nun an, ob das auch für sie gelten würde.

Falls ja, würde sie sich ärgern, dass sie Ihrer Kanzlei den Auftrag erteilt hätte, die Steuererklärung zu erstellen. Das Zusammensuchen der Belege wäre schon sehr aufwendig gewesen. Und schließlich käme ja auch noch die Rechnung der Steuerkanzlei hinzu.

Versuchen Sie mit Hilfe des § 46 Abs. 2 und Abs. 4 EStG zunächst die Frage zu klären, ob Frau Mayer als Arbeitnehmerin grundsätzlich zur Abgabe einer Einkommensteuererklärung verpflichtet ist.

Wie können Sie Frau Mayer ermuntern, auch zukünftig weiterhin Mandantin Ihrer Kanzlei zu bleiben?

Ergänzende Übungsaufgaben

Übungsaufgabe 1

Entscheiden Sie, ob in den folgenden Sachverhalten eine Verpflichtung zur Abgabe einer Einkommensteuererklärung besteht (sog. Veranlagungspflicht) oder ob eine freiwillige Abgabe einer Einkommensteuererklärung (sog. Antragsveranlagung) sinnvoll erscheint. In allen Fällen liegen als ausschließliche Einkunftsart Einkünfte aus nichtselbstständiger Arbeit vor.

Sachverhalt	Veranlagungspflicht	Antragsveranlagung
Die tatsächlichen Werbungskosten und Sonderausgaben übersteigen die Pauschbeträge		
Bezug von Krankengeld für 3 Monate		
Bezug von Arbeitslohn von zwei Arbeitgebern		
Gehaltserhöhung innerhalb eines Jahres		
Ehemann und Ehefrau beziehen beide Arbeitslohn. Bei der Ehefrau erfolgt die Besteuerung nach der Steuerklasse V		
Ansatz von Unterhaltsaufwendungen für die 27-jährige noch in Ausbildung befindliche Tochter		
Ehemann und Ehefrau beziehen beide Arbeitslohn. Bei Beiden erfolgt die Besteuerung nach der Steuerklasse IV unter Anwendung des Faktorverfahrens		
Der Arbeitnehmer hat einen Freibetrag gem. § 39a Abs. 1 Satz 1 Nr. 1 EStG aufgrund von sehr hohen Werbungskosten eintragen lassen		
Bezug von Kurzarbeitergeld durch die Argentur für Arbeit		

Vorlage T-Konten

S	H

S	H

S	H

S	H

S	H

S	H

S	H

S	H

S	H

S	H

Vorlage T-Konten

S Saldenvorträge H

S Schlussbilanzkonto (SBK) H

S Gewinn- und Verlustkonto (GuVK) H

Vorlage Buchungstabelle

Nr.	SOLL		Betrag in €	HABEN		Auf-wand	Er-trag
	Konto-Bezeichnung	Konto-Nr. SKR 03 (SKR 04)		Konto-Bezeichnung	Konto-Nr. SKR 03 (SKR 04)		